suhrkamp taschenbuch 804

Bohumil Hrabal, geboren am 28. März 1914 in Brünn, lebt heute als Schriftsteller in Prag. Er studierte Rechtswissenschaften und war als Notariatsbeamter tätig. Später wechselte er mehrmals die Berufe, arbeitete als Versicherungsagent, Bahnbeamter, danach in einem Stahlwerk und an einem Theater.

Eine skurrile Gesellschaft bevölkert diese Erzählungen, kauzige Gestalten, die ihren Ahnherrn Schwejk nicht verleugnen. Aus eigener Anschauung kennt der typische Prager Hrabal die Welt der sogenannten kleinen Leute, denen die Liebe zum Leben »einen Ozean schöner Visionen« beschert. Hrabal wird nicht müde, nach der kleinen Perle der Menschlichkeit am Grunde ihrer Seelen zu forschen.

»Welt ist das, als was man sie sieht. Hier wird sie nicht ernster genommen als unbedingt nötig. Mit hinterhältigem Witz und unter Harmlosigkeit getarnter Ironie erredet sich Hrabal eine Freiheit, die immun macht, weil es die Freiheit der Narren ist.« *Wolfgang Werth*

Bohumil Hrabal
Erzählungen, Moritaten und Legenden

Aus dem Tschechischen von
Franz Peter Künzel

Suhrkamp

Umschlagfoto: Věra Caltová, Plzeň

suhrkamp taschenbuch 804
Erste Auflage 1982

Satz: IBV Lichtsatz KG, Berlin
Druck: Nomos Verlagsgesellschaft, Baden-Baden
Printed in Germany
Umschlag nach Entwürfen von
Willy Fleckhaus und Rolf Staudt

Inhalt

Bafler 7
Der Tod des Herrn Baltisberger 16
Automat Welt 30
Wollen Sie die Goldene Stadt sehn? 40
Das Haus der Freude 46
Der Herr Notar 54
Das diamantene Auge 70
Abendkurs 77
Kafkarei 86
Reise nach Sondervorschrift, Zuglauf überwacht 98
Schöne Poldi 156
Die Mai-Moritat oder Es war eine stille Maiennacht . . . 166
Die Legende von der schönen Julinka 171
Die Legende von Egon Bondy und dem Vladimírek . . . 185
Die Legende vom Spiel auf den Saiten, die zwischen Wiege und Sarg gespannt sind 197
Legende von den Lamertz-Nadeln 214
Die Moritat von den Weltreisenden 226
Die Moritat von der Ermordung Anežka Hrůzovás 233
Die Moritat von der öffentlichen Hinrichtung 243

Copyrightvermerk 248

Bafler

1

Auf dem Bänkchen vor der Zementfabrik saßen alte Männer, schrien einander an, packten einer den andern beim Revers, maulten sich gegenseitig die Ohren voll.
Es schneite Zementstaub; die ganze Gegend, Häuser und Gärten, war mit feingemahlenem Kalkstein bedeckt.
Ich ging in die bestaubten Felder hinaus.
Unter einem einsamen Birnbaum schnitt ein winziger Mann mit der Sichel Gras.
»Sagen Sie, was sind das für Schreihälse dort bei der Pförtnerbude?«
»Die am Haupttor? Das sind unsere Rentner«, antwortete er. Und sichelte weiter.
»Schön alt sind die«, sagte ich.
»Gelt? In ein paar Jährchen sitze ich auch so dort.«
»Wenn Sie es nur erleben!«
»Aber ja. Die Landschaft hier ist sehr gesund. Durchschnittsalter siebzig«, erwiderte das Männchen und hieb weiter flink ins Gras. Zementstaub flog auf, wie Qualm aus schwelendem nassen Holz.
»Sagen Sie, worum streiten eigentlich die Opas? Müssen die denn ununterbrochen belfern?«
»Denen macht der Betrieb in der Zementfabrik einen Mordsspaß. Die glauben, sie würden alles viel besser machen. Und dann: wenn sie sich tagsüber richtig ausgebrüllt haben, ist abends ihr Durst größer. Wissen Sie, die haben ihr Leben lang dort geschuftet, die sind mit der Zementfabrik verwachsen; sie können ohne die Fabrik nicht mehr sein.«
»Warum gehen sie nicht lieber Pilze sammeln? Und überhaupt, warum ziehen sie nicht in die Grenzwälder? Dort bekäme jeder ein Häuschen mit Garten.«
Ich wischte mir die Nase mit dem Handrücken; ein schleimiger schwarzer Strich blieb auf der Haut zurück.
»Auch das noch!« sagte das Männchen und hörte zu sicheln auf.
»Einer von denen, Mareček heißt er, der ist in die Wälder hinter Klattau gezogen... Vierzehn Tage später brachte ihn das Sani-

tätsauto zurück. Von der guten Luft dort hatte er Asthma gekriegt. Hier stand er nach zwei Tagen wieder auf den Beinen. Der drüben am Haupttor am lautesten schreit, das ist der Mareček. Wissen Sie, hier bei uns ist die Luft kräftig wie Erbsensuppe.«
»Ich mag keine Erbsensuppe«, sagte ich und trat unter den Baum.
Auf dem Feldweg kam ein Gespann angetrabt. Der Wagen verschwand in den Staubschwaden, die unter den Hufen der Pferde aufwirbelten. Der Kutscher sang in der Wolke. Das Handpferd, ein Wallach, zog plötzlich die Zügel lang, riß an einem Zweig des Birnbaums und schüttelte einen Zentner Zementstaub aus dem Geäst. Die Arme vorgestreckt, tappte ich aus der Wolke. Mein dunkler Anzug war grau geworden.
»Lieber Herr, können Sie mir sagen, wo hier Jirka Burgán wohnt?« fragte ich den Alten.
Der sichelte weiter, balancierte mit der anderen Hand sein Gleichgewicht aus. Da traf die Sichel einen Maulwurfshaufen, der kleine Mäher sprang hoch und rannte entsetzt querfeldein. »Wespen!« schrie er und fuchtelte mit der Sichel wild um seinen Kopf herum. Ich holte ihn ein.
»Hören Sie, wo wohnt hier Jirka Burgán?«
»Ich bin Jirkas Vater«, schnaufte er, immer noch laufend, und haute mit der Sichel nach den Wespen.
»Freut mich, Sie kennenzulernen. Ich bin Jirkas Freund.«
»Da wird mein Sohn aber froh sein. Er erwartet Sie schon.« Und als er so herumfuchtelte, auf die Wespen einhieb, hackte sich der Unglücksmensch die Sichel in den Kopf. Aber er rannte weiter. Die Sichel ragte aus seinem Schädel wie eine Hutfeder. Erst vor dem Tor des kleinen Anwesens blieben wir stehen. Blut rann dem Alten in Rinnsalen durchs verstaubte Haar, an den Ohren vorbei und sammelte sich unterm Kinn zu raschen Tropfen.
»Ich ziehe Ihnen die Sichel raus«, sagte ich.
»Warten Sie, vielleicht will mich unser Junge so malen... Da kommt meine Frau.«
Durchs Zauntor trat eine Frau, dick, die Ärmel aufgekrempelt, die Hände fettig, als hätte sie gerade eine Gans ausgenommen. Das linke Lid lappte über das Auge, die Unterlippe hing ihr herab.
»Hab schon ausgeschaut nach euch«, begrüßte sie uns und knetete meine Hand. »Willkommen bei uns.«

Jetzt kam auch Jirka zu uns. Er schüttelte mir die Hand und wies mit der Linken auf die Gegend.
»Freund, das ist eine Pracht, was? Hab ich gelogen oder nicht? Sind das Farben? Das ist Paysage! Das ist Pleinair!«
»Ja, ja. Aber schaut mal, was eurem Vater passiert ist.«
»Was denn?« Jirka drehte sich um.
»Was? Das!« rief ich und rüttelte an der Sichel, die wie ein Raubvogelschnabel von Herrn Burgáns Kopf abstand.
»Au!« sagte Herr Burgán.
»Ach so, das meinst du!« Mein Freund winkte ab. »Ich dachte wunder was passiert ist. Mutter, guck mal, Vater hat wieder Wespen gejagt. Väterchen, Väterchen!« Jirka drohte mit dem Finger. »Wir haben immer unseren Spaß mit ihm. Vor einiger Zeit verschwanden bei uns immer wieder Kaninchen, und da bastelte Vater, der Weltverbesserer, eine Falle; er legte die Bohlen über der Mistgrube so raffiniert, daß einer, wenn er nachts darauf trat, in die Jauche fallen mußte. Der Kaninchenstall steht nämlich gleich neben der Grube. Klar, Vater vergaß den Trick und fiel am Morgen selber hinein.«
»Es ist nicht tief«, meinte Herr Burgán.
»Wie tief?« Jirka legte die Hand um die Ohrmuschel.
»So tief«, sagte Herr Burgán und zeigte auf seinen Hals.
»Na eben!« wieherte Jirka. Dann erzählte er weiter: »Eines Tages spielt Vater plötzlich den Hygieniker. Er schüttet einen Eimer Karbid ins Aborthäuschen, und eine Weile danach klopft er dort seine Pfeife aus. Ich gehe gerade hinaus, und was kommt mir entgegen? Ein Schlag wie aus der Kanone, fünf Zentner Fäkalien in der Luft, und dazwischen schießt der Vater, sechs Meter über der Erde, Purzelbäume. Nur gut, daß er auf den Mist fiel.«
»Hehehehe...«, lachte Frau Burgánová, daß ihr der Bauch wakkelte.
»Stimmt nicht, es waren keine sechs Meter über dem Mist«, sagte Herr Burgán strahlend. Das langsam eintrocknende Blut um seine Ohren glänzte wie Email.
»Wieviel denn?« Jirka legte wieder die Hand um die Ohrmuschel.
»Meter waren es allerhöchstens fünf – und Fäkalien bestenfalls vier Zentner. Unser Junge, weil er Künstler ist, muß immer übertreiben.«
»Gewiß nur deshalb«, versicherte ich. »Leute, seid mir nicht

böse, aber mich macht die Sichel nervös.«
»Eine Kleinigkeit, ogottogott«, sagte Frau Burgánová, packte den Handgriff, rüttelte und riß die Sichel aus der Wunde.
»Wird Herr Burgán auch keine Blutvergiftung bekommen?« erkundigte ich mich.
»Nein, hier kurieren wir alles mit der gesunden Luft«, widersprach Frau Burgánová, ballte liebevoll die Faust und schlug sie Herrn Burgán gegen die Stirn. »Es ist am besten, wenn unser Vater gleich morgens eins zwischen die Hörner bekommt. Und warum? Weil er ein Tunichtgut ist.«
Dann faßte sie ihren Mann beim Schopf, zog ihn in den kleinen Hof, drückte ihm mit einer Hand den blutigen Kopf unter die Wasserpumpe und bewegte mit der anderen den Schwengel.
»Freund«, erklärte Jirka, »unser Vater, das ist ein ganz Schneidiger. Dieses Jahr im Urlaub reparierte er die Dachrinne, spazierte ohne Seilsicherung am äußersten Dachrand entlang und lachte. Mutter patrouillierte unten auf dem zementierten Bürgersteig, um gleich den Santitätswagen zu holen, falls der Vater abstürzen sollte. Am vierzehnten Tag band sich der Vater an, rutschte vom Dach und blieb kopfunter hängen. Durch das Kammerfenster gab ich ihm zu trinken, unterdessen häufte Mutter alle unsere Federbetten auf dem Bürgersteig auf. Als ich ihn dann abschnitt, ich weiß wirklich nicht, wie das passieren konnte, schlug er mit dem Kopf genau neben die Federbetten. Auf den Zement.«
»Hehehehe«, lachte Frau Burgánová, »auf den Zement. Aber ein paar Stunden später hockte er schon wieder im Wirtshaus.« Sie pumpte weiter.
»Unser Vater fährt nämlich auch Motorrad«, setzte Jirka seinen Bericht lauter fort, damit ihn der Vater hören konnte. »Bewährte Fahrer hatten uns gewarnt: ›Nichts für ungut, aber euer Vater hält sich so wenig an die Vorschriften zur Erhöhung der Verkehrssicherheit, daß ihr ihn einmal im Buckelkorb heimtragen werdet!‹ Hahaha! Eines Tages kam der Vater nicht zurück, da nahmen wir den Buckelkorb und gingen ihn suchen. In einer Kurve, dort ganz weit hinten, kamen wir an einer Schlehdornhecke vorbei, in der es gräßlich blökte. Wir schauten nach und, Mutter, was fanden wir?«
»Hehehehe«, lachte Frau Burgánová, die noch immer den Kopf des Alten unter die Pumpe hielt.
»Väterchen steckte samt seinem Motorrad wie festgenagelt in

den Schlehen!« Jirka erstickte fast vor Lachen. »Er hatte die Kurve nicht geschafft und war mitten hineingejagt in die Hecke... Da saß er nun drin, die Finger um die Lenkstange gekrallt, volle zwei Stunden konnte er sich nicht rühren, er war rundherum aufgespießt von Dornen und Stacheln und spitzen Zweigen...«
»Ein Dorn steckte mir in der Nase und einer hob mir das Augenlid – und ich hätte dringend niesen müssen!« rief Herr Burgán und richtete sich auf. Doch Frau Burgánová packte ihn am Schopf und riß ihn wieder unter die Pumpe.
»Und wie habt ihr ihn aus dem Schlehdorn herausgeholt?« fragte ich schaudernd.
»Ich probierte es zuerst mit der Schafschere, das ging nicht recht, also holte ich die Gartenschere, führte an der Hecke einen sogenannten Preislerschnitt aus, und eine runde Stunde später war Väterchen frei«, erklärte Jirka.
Herr Burgán wollte etwas dazu sagen, aber als er den Kopf hob, stieß er sich das Pumpenrohr ins Genick. In diesem Augenblick blitzte es drüben auf dem nahen Hügel, dann erfolgte die Detonation.
»Zehn Uhr«, sagte Jirka.
»Nichtsnutze«, sagte die Mutter zärtlich und schaute hinüber zum Hügel. Aus einem Kahlschlag flatterte ein weißes Wölkchen auf. Zwischen den Kiefern sah man Soldaten stehn, einer von ihnen trat heraus auf die Lichtung, entsicherte auf ein Flaggensignal hin eine Handgranate, warf sie weit in die Waldlücke, ging in Dekkung; und wieder die Detonation, dann das milchige Wölkchen. Der dünne Luftdruck, der sich ins Tal fortpflanzte, wischte Zementstaub von den Haselnußsträuchern und Sonnenblumen.
»Nichtsnutze«, wiederholte Frau Burgánová sanft. Packte ihren Mann am Schopf und führte ihn von der Pumpe weg. Sie fuhr ihm mit der Hand ins Haar und untersuchte die Wunde.
»An der gesunden Luft wird es schon eintrocknen«, sagte sie. Und lud mich höflich ein, ins Haus zu kommen.

2

An der Küchenwand hingen Dutzende verstaubter Bilder.
Frau Burgánová rückte einen Stuhl an die Wand, stieg auf den

Sitz und fing an, die Leinwände mit einem feuchten Lappen abzuwischen. Farben leuchteten auf und erfüllten die Küche. Draußen krachten jetzt alle fünf Minuten die Detonationen und erschütterten das Haus. In der Kredenz klirrten jedesmal die Töpfe und Teller. Nach jedem Donnerschlag setzte sich das Messingbett auf seinen Rädchen in Bewegung. Frau Burgánová schaute jedesmal zum Truppenübungsplatz und sagte sanft: »Nichtsnutze.«

Herr Burgán deutete mit der Sichel auf die Bilder und bafelte drauflos: »Bitte, unser Sohn, als er diesen *Sonnenuntergang über böhmischem Teich* malen wollte, zog er Schuhe an, die eine Nummer zu klein waren, und dieses *Motiv aus Karlstein* gestaltete er, während er einen Nagel im Schuhabsatz hatte, die Spitze steckte einen halben Zentimeter tief in seiner Ferse... Als er an dem *Buchenwald bei Leitomischl* arbeitete, da ging er den ganzen Tag nicht auf die kleine Seite, und die *Weidenden Pferde bei Přibyslav,* die entstanden in einem stinkenden Sumpf, bis zum Gürtel stand der Junge drin; auch *Auf dem Berggipfel* ist unter schwierigen Umständen geschaffen worden, nämlich nach drei Fasttagen.«

Herr Burgán redete, und Frau Burgánová rückte unverdrossen mit ihrem Stuhl von Bild zu Bild, stieg ächzend auf den Sitz, wischte mit dem feuchten Lappen über die Leinwand. Alle fünf Minuten, wenn auf dem Übungsplatz eine neue Granate explodierte, murmelte sie: »Nichtsnutze.«

Es läutete Mittag. Das Messingbett fuhr auf seinen Messingrädchen zur gegenüberliegenden Wand. Herr Burgán zeigte auf das letzte der Bilder. »Bitte, Herr, dieses Gemälde heißt *Winterstimmung*. Unser Junge stand damals barfuß, die Hosen hochgekrempelt, eine Stunde lang in einem Bach, im Januar wars, da stand er im Eiswasser vor seinem Motiv...«

»Nichtsnutze«, sagte Frau Burgánová und stieg vom Stuhl.

Eine Weile herrschte drückende Stille.

Frau Burgánová schob das Messingbett durch die Küche, an den alten Platz.

»Schöne Bilder und tief empfunden«, begann ich, »aber warum zog Jirka Schuhe an, die ihn drückten, warum hatte er beim Malen einen Nagel in der Ferse, warum stieg er im Januar barfuß in einen Bach?«

Jirka wurde verlegen, stierte auf den Küchenboden.

»Wissen Sie«, erklärte Herr Burgán, »unser Sohn hat keine Akademie, darum ersetzt er Bildung durch starkes Erlebnis... Mm, eigentlich haben wir Sie eingeladen, weil Sie uns sagen sollen, ob er mit seiner Kunst nach Prag gehen könnte.«
»Jirka«, fragte ich, »malst du die Landschaften in Pleinair? Woher nimmst du bloß diese Farben? Dies Blau, und das Rot – dafür brauchten sich die Impressionisten nicht zu schämen. Wo findest du das alles?«
Herr Burgán schob mit der Sichel den Vorhang, aus dem feiner Staub fiel, zur Seite.
»Sehen Sie das? Sehen Sie die Farben? Fast alle Bilder, die in der Küche hängen, hat er in dieser Gegend gemalt. Sehen Sie die Farben?«
Herr Burgán hielt den Vorhang fest, ich betrachtete die Landschaft; sie war grau wie Elefantenhaut. Wo immer sich etwas bewegte, sprangen Staubfahnen hoch. Ein Traktor, der einen Mäher durch ein Luzernenfeld zog, schleppte eine graue Wolke hinter sich her. Ein junger Kerl, der, drei Felder weiter, Korngarben gabelte, wirbelte mit jedem Stich Staub auf; Rauch und Qualm, als hätte man die Garben angezündet.
»Sehen Sie die Farben?« Herrn Burgáns Sichel zitterte.
Drüben betrat ein Infanterist die Lichtung, entsicherte die Handgranate und warf sie weit von sich.
Das Messingbett rollte vor.
Frau Burgánová blieb diesmal stumm.
»Nichtsnutze«, sagte ich.
Sie legte die Hand auf meinen Arm; das eine Lid hing schlaff wie eine Kolatsche über dem Augapfel.
»Sie nicht, Herr, Sie nie und nimmer. Darauf schimpfen dürfen nur wir. Und wir schimpfen ja gar nicht, es ist nur wegen der Erleichterung. Ein Spiel. Es sind ja unsere Soldaten. Es ist, Herr, das gleiche wie daheim. In der Familie hat das seine Ordnung, da darf man schimpfen, den andern reizen, verdrehte Ratschläge geben. Untereinander, ja. Aber sonst niemand, keiner. Über unsern Vater dürfen nur wir uns lustig machen, sonst niemand... Aber was halten Sie davon, soll unser Jirka nach Prag gehen? Wird er dort etwas leisten für die tschechische Malerei?«
Frau Burgánová sah mich durchdringend an.
Ich blickte zu Boden. »Prag ist eine Geburtszange. Diese Bilder dort, das ist kein Torso, das ist ein Werk. Ich glaube, er wird sei-

nen Weg machen.«
»Wir werden sehn«, sagte Frau Burgánová.
Unterdessen hatte Herr Burgán eine Tür aufgestoßen. Mit der Sichel wies er ins angrenzende Zimmer. »Jirka bildhauert auch.« Und er klopfte mit der Sichelspitze gegen eine Gipsfigur.
»Das ist *Bivoj ohne den Eber.*«
»Kolossal! Die Bizepse! Jirka, wer hat dir Modell gestanden? Ein Gewichtheber oder ein Schwergewichtsboxer?«
Jirka wurde wieder verlegen.
»Weder ein Stemmer noch ein Boxer«, antwortete Herr Burgán, »sondern ich.«
»Sie?«
»Ich! Wissen Sie, unser Junge denkt sich alles hinzu. Wenn er den Wasserhahn tropfen hört, langt er gleich nach dem Bleistift und zeichnet den Niagarafall, wenn er sich in den Finger gestochen hat, fragt er sofort, was ein Begräbnis dritter Klasse kostet. Minimale Anlässe, maximale Folgen.«
»Es wundert mich, Herr Burgán«, sagte ich, »daß Sie das alles so gut verstehen.«
»Aber bedenken Sie doch, ich stamme aus Wrschowitz!« rief er und kratzte sich mit der Sichel im Haar. »Haben Sie *Troilus und Cressida* von Shakespeare einmal gesehen? Vor zirka einem Vierteljahrhundert war ich Statist im Theater in den Weinbergen, ich habe mitgespielt beim Shakespeare. Im fünften Aufzug brauchte der Regisseur zwei überzeugende nackte Statuen fürs Gesimse. Die eine, mit Bronze bemalt, war ich, die andere war ein Mädchen. Wir lagen im fünften Akt blank auf dem Gesimse, im Licht der Scheinwerfer, von oben glotzten die Kulissenschieber zu uns herunter, vor allem das schöne Mädchen, jaja... Und als es aus war mit *Troilus und Cressida,* da machte ich dem nackten, mit Bronze angestrichenen Mädchen einen Heiratsantrag. Sie sagte ja. Das war vor einem Vierteljahrhundert.«
»Ist das die mit Bronze angestrichene Statue?!«
Herr Burgán lächelte und nickte.
»Die im fünften Akt auf dem Gesimse lag?«
Herr Burgán nickte und lächelte.
»Wollen wir ein bißchen frische Luft hereinlassen?« fragte Frau Burgánová.
Zementstaub rieselte auf den Teppich.
»Wenn Sie mal Erholung nötig haben«, sagte Frau Burgánová,

»dann kommen Sie zu uns, meinetwegen eine ganze Woche.«
»Die Granaten, geht das hier immer so?« erkundigte ich mich.
»Nein«, erwiderte sie und zog den Staubsauger aus dem Schrank, »nur montags bis samstags, und nur von zehn bis drei. Der Sonntag ist hier schrecklich traurig. Da ist es so still, daß es fast schon wieder laut ist. Wir hören dann Radio, Jirka spielt vom hellen Morgen an Helikon. Und wir freuen uns, daß wir nur noch einmal schlafen müssen, bis wir wieder unsere Soldaten haben.«
»Sie beide lagen wirklich nackt, mit Bronze angestrichen, auf dem Gesimse? Wirklich?« fragte ich noch einmal.
»Wirklich«, beteuerte Frau Burgánová, ging mit schweren, schwankenden Schritten auf ihren Mann zu, drückte ihm die aufgerollte Schnur und den Stecker in die Hand. »Vater, geh und sauge das Asternbeet vor der Mauer, ich mache dem Herrn einen hübschen Strauß zurecht.« Sie schaute durchs Fenster zur Hügellehne, wo wieder ein weißes Wölkchen wuchs; wie ein Strauß Weißdorn.
»Nichtsnutze«, sagte Frau Burgánová.

Der Tod des Herrn Baltisberger

Fast den ganzen Vormittag, am Abend dann noch einmal, lagen sie auf alten Säcken unterm Auto und reparierten die Hinterradfederung.
»Wie hat bloß die Feder brechen können, wie?« fragte der Vater erbost.
»Wie? Als wir neulich nachts heimfuhren«, antwortete Onkel Pepin, der die Lampe hielt, »da meinte Slávek: Onkel, einen Tod müssen wir schließlich sterben, nimm das Lenkrad und fahr! Und ich habs getan, obwohl ich doch weit über siebzig bin und nicht mehr gut seh, und denk dir, nur ein paarmal sind wir im Graben gelandet.«
»Euch leih ich noch einmal den Wagen, den habt ihr gesehen! Wie viele sind mitgefahren?«
»Überhaupt nicht viel«, sagte Onkel Pepin, »ganze sechs, aber während der Fahrt ist das Bodenblech rausgefallen, das war schlimm, wir mußtens aufs Dach schnallen, auf das Bett drauf.«
»Was für ein Bett?«
»Einem Metzger haben wir ein Bettgestell mitgenommen. Er selber war bei uns im Auto.«
»Jessesmaria, und ich überleg die ganze Zeit, wie die Kratzer aufs Dach gekommen sind. Na, euch leih ich meinen Wagen noch einmal!« Der Vater schimpfte und schlug mit dem Schraubenschlüssel auf die Karosserie, daß ihm der eingetrocknete Straßenkot in die Augen spritzte. Sie machten weiter mit der Reparatur, wechselten die gebrochene Feder aus, denn sie wollten nach Brünn zum Großen Preis; im Fond befestigten sie mit Draht einen zusammenklappbaren Gartenstuhl. Schon vor fünf Jahre hatte sich der Vater vorgenommen, seinen Škoda 430 aufzumöbeln. Damals trennte er Polsterung und Innenverkleidung heraus, stellte die Sitze in die Remise und träumte dann mit der Mutter jahrelang davon, wie sie eines Tages alles im Auto waschen und säubern und ein paar Scheine in die Kiste stecken würden, damit der Škoda wieder ansehnlich wäre. Es war nicht viel aus dem Traum geworden. Immer noch sagten die Leute, wenn die Eltern in ihrem Auto losfuhren: »Sakrament, eure Kredenz hat wohl die Bleichsucht? Hattet ihr sie während des Protektorats in der Elbe versteckt?« Den Vater ärgerte das, weil es stimmte. »Wieso sitzt

ihr in dem Auto wie in einer Badewanne?« wunderten sich die Leute. Weil Vater die Sitze ausgebaut hatte, mußten die Fahrgäste auf Margarinekistchen Platz nehmen. Aber all das, hoffte er, sei nur provisorisch, und er ließ nur seine eigene Vision gelten: einen sauberen, innen schön ausgestatteten Škoda 430.
Da sie zum Großen Preis fahren wollten, stellte der Vater zusätzlich zu dem Klappstuhl zwei alte Polstersessel in den Fond. Die Mutter briet Schnitzel, füllte eine Ein-Liter-Maggiflasche mit Magenbitter, und um Mitternacht brach man auf nach Brünn, zum Motorradrennen.

Sie aßen die Schnitzel. Der Vater schlief ein. Die Mutter und der Onkel legten sich am Waldrand ins Gras, nahe den Farina-Kurven; ab und zu nahmen sie einen Schluck aus der Maggiflasche. Sie verfolgten das Rennen. Die Hundertfünfundzwanziger fuhren grade die letzte Runde, Franta Bartoš auf seiner Čz OHC führte das Feld an. Sicher zog er die Maschine über die Strecke, gut zweihundertfünfzigtausend Zuschauer brachen der Reihe nach in Jubel aus, Franta sah es, sah die winkenden Hände, die Schals und Taschentücher, die ganze wedelnde Pracht, und er empfand nicht die geringste Furcht, nein, Franta Bartoš empfand niemals Furcht, es sei denn vor Kerzenschaden oder vorm Kolbenfresser. Jetzt bog er in die letzte der Farina-Kurven ein, nahm nicht einmal Gas weg, duckte sich nur tief, und schon war er auf der nächsten Geraden.
Onkel Pepin sah schlecht, es war ihm langweilig geworden, und so fing er an zu erzählen: »Vergangenes Jahr war ich in der erzbischöflichen Residenz, wollte die Bauwerke besichtigen, es war aber nicht viel los dort, der Garten öde, alles voll Laub, ein Weib saß da und kaute schmatzend Äpfel, wenn das der selige Erzbischof Kohn gesehn hätte, der hätte nicht lang gefackelt, es hätte gleich Fußtritte gesetzt, einfach so rumzuhocken statt die Wege zu kehren, ja, der Kohn war ziemlich nervös, eigentlich erst seit der Geschichte mit dem Oberförster, dessen Frau ihm so gut gefallen und der ihn angeschossen hatte, und eines Tages übersiedelte er dann mit der Köchin nach Tirol, um Gott näher zu sein, so geht das.«
Die Mutter unterhielt sich mit einem Mann, der in einem Rollstuhl saß; Verwandte hatten ihn bereits am Abend zuvor zur Strecke geschoben, denn um Mitternacht war das Gelände abge-

sperrt worden. Der Onkel trat zu den beiden, stellte sich vor den Rollstuhl und redete auf den Mann ein. »In einer Gegend wie der hier durfte ich einmal den Begleiter einer intelligenten Schönheit spielen, Heda hieß sie, und sie forderte mich auf: Machen wir doch zusammen einen Spaziergang zum Friedhof, ich ließ mir das nicht zweimal sagen, war ja damals ein röscher Mann, ziemlich aufgeregt war ich, wie eine Königin stand sie beim Gottesacker vor mir in ihrem weißen Fähnchen und sagte: Wir sollten ein wenig der Romantik huldigen, deswegen führte ich sie über die Schründe auf den Březský vrch hinauf, eine Landschaft wie gemalt, dort siehts aus wie in Donja Tuzla, in Bosnien und der Herzegowina. Sie setzte sich auf einen Felsblock und fragte: Was machen Sie denn dauernd, daß man Sie überhaupt nicht mehr zu sehen kriegt? Ich antwortete, ich hätte Schmerzen in der Brust, damit sie glaubte, ich würde Gedichte schreiben, da legte sie den Sonnenschirm auf den Stein, bog sich zurück und starrte in die Wolken, bis mir ganz anders ums Herz wurde, sie fragte mich, ob ich nicht zu ihr nach Hause zum Abendessen kommen wollte, ihre Mutter hätte mich sehr gern, aber ich mochte nicht, denn ihr Bruder hatte die Syphilis, die Heda jammerte: Ich hab es auf der Lunge, wenn ich nur schon auf dem Friedhof läge, ich stimmte zu und tröstete sie mit der Weisheit der Dichter, die der Meinung sind, die schönste Sache von der Welt sei eine tote Schönheit.«
Der Mann im Rollstuhl hatte nur Augen für die Mutter. »Schade, liebe Frau, daß sich Mandolini beim Training im Gesicht verletzt hat. Der würde Bartoš zeigen, wie man fährt.«
»Ach, gehn Sie mir weg mit dem«, erwiderte die Mutter, die sich nicht so leicht beeindrucken ließ, »meiner Ansicht nach würde der Herr Bartoš den Mandolini besiegen.«
»Alles können Sie mir weismachen, liebe Frau, nur das nicht. Wenn sich Mandolini bloß nicht verletzt hätte!«
»Hat er sich aber nun mal«, sagte die Mutter und nahm einen Schluck aus der Maggiflasche.
»Wir werden sehen«, meinte der Krüppel. »Gleich jetzt bei den Dreihundertfünfzigern rechnen wir ab. Das gibt einen grando tocco, liebe Frau, der Baltisberger schlägt alle, auch den Herrn Šťastný!«
»Der Baltisberger, ist das ein Deutscher?« fragte der Onkel.
»Ein Deutscher«, antwortete der Mann leise und zog die Decke unter sich zurecht.

»Dann gewinnt der, die Deutschen sind Mordshunde«, behauptete der Onkel. »Doktor Karafiát, Kommandant des Sokol, Junggeselle und ein fescher Mann wie ich, Zwicker auf der Nase und Freidenker, führte uns vor Jahren zu einer Übung nach Suchdol, auf dem Rückweg mußten wir durch das deutsche Dörfchen Runar. Unterwegs fragte ich den Doktor: Warum haben Sie nicht geheiratet? Er gab mir zur Antwort, ein rechter Mann sei eine Zierde der Natur und durch und durch vornehm, deswegen könnte ers auch nicht ausstehen, wenn sich eine Alte mit dem Nachttopf in seinem Zimmer breitmacht, wir gingen also durch das deutsche Dorf und sangen patriotische Lieder, die Leute erwarteten uns schon mit Knütteln, lauter Hirschs und Lorenze und Seidls, kaum hatten wir das Sokol-Lied angestimmt *Mit Löwenkraft, im Falkenflug,* da flogen die Ungeheuer auch schon auf uns zu, sie zerrten den Doktor Karafiát vom Pferd und prügelten uns, bis wir schielten, der Herr Doktor trug ein blaues Auge und eine geknickte Nase davon, ich besuchte damals seine Sprechstunde wegen meiner Augen...«
»Der Baltisberger hat ein großes Herz«, unterbrach der Krüppel den Onkel und schlug mit dem Stock auf die Decke.
»Sie meinen, der Šťastný hat kein großes Herz?« fragte die Mutter und hob die Augenbrauen.
»Wer behauptet das? Hat er. Aber wenn Herr Šťastný fährt, tut ers wie im Zorn. Die Haare stehen einem zu Berge.«
»Jawohl, Herr, Zorn ist zu gar nichts nutze«, bestätigte der Onkel. »Der Ferdinand, Sie wissen schon, der da Kaiser werden wollte, der war auch ein rechter Zornkopf, ein Bulle, zwei Meter groß, mit einem Hintern wie ein Karnickelstall, so daß er einen Thron brauchte wie die Maria Theresia, stabil wie ein Marktbrunnen, der Ferdinand also, wenn der in Konopiště den Weibern mit den Reisigbündeln auf dem Buckel begegnete, zündete er ihnen das Reisig auf lebendigem Leib an, der war unberechenbar, einmal stieß er den Gärtner mit dem Kopf gegen die Mauer, weil der einen angeknacksten Blumentopf im Treibhaus hatte.«
»Da haben Sie es gehört, Frau«, sagte der Krüppel und wies auf den Onkel. »Und genauso werden bei den Fünfhundertern die Bayern den František dengeln. Der Klinger und der Peter Knees. Erst gestern habe ich in Pisárky erlebt, wie der František im Training sich flachlegte, ich dachte, es sei aus. Eins stimmt ja, hinlegen kann sich der František, da tät ich ihm Unrecht. Glauben Sie mir,

liebe Frau, sich so hinzulegen, das ist eine Kunst. Freilich, der František hat auch viel Pech, und dann: der gute František Šťastný fährt noch immer nicht die passende Maschine, er fährt noch nicht die Maschine, die seinem Zorn entspricht. Die Maschine muß den Fahrer ziehen, aber bei Herrn Šťastný ist es genau umgekehrt, denn Mut hat der wie sonst keiner. Wie sonst keiner, liebe Frau, lassen Sie sich das gesagt sein.«

»Doch, die Přemyšlovicer hatten keinen kleineren Mut«, widersprach der Onkel, »als die zur Musterung mußten, droschen sie alle Deutschen samt ihrem Bürgermeister zusammen, sie scheuchten sie ins Brauhaus, und zum Schluß steckte einer dem Bürgermeister das Messer in den Nacken, als Andenken.«

»So was hört man gern«, sagte der Krüppel. »Denn wer außer mir könnte beurteilen, was ein großes Herz ist? Mit einem einzigen Bein fuhr ich die Harley, aber als ich dann auch das zweite verlor...« Er sagte es bitter, hob die Hände und ließ sie schwer auf die Lehnen des Rollstuhls fallen.

»Entschuldigen Sie«, flüsterte die Mutter.

»Nichts zu entschuldigen, liebe Frau. Doch zur Abwechslung etwas Lustiges. Ich hatte meinen Bruder im Beiwagen sitzen. Mein linkes Bein war damals schon futsch, ich trug eine eiserne Prothese. Wie wir so dahinfuhren, machte sich plötzlich der Beiwagen los. Ich hatte die Prothese auf die Verbindungsstange zwischen Beiwagen und Motorrad gelegt. Als die Stange brach, riß es mir die Prothese samt dem ledernen Hosenbein ab. Der Bruder krachte in den Graben, ich flog auf die Straße, meine Prothese aber schwirrte ein Stück durch die Luft und ging dann vor zwei Frauen nieder. Die eine fiel gleich in Ohnmacht. Mir war nichts passiert, ich hüpfte auf einem Bein die Straße entlang, um mir die Prothese zu holen. Als mich die zweite Frau so ankommen sah, ging auch sie zu Boden. Mit einem Bein läßt sich noch einiges anstellen, aber jetzt? Ich bin mürrisch und unangenehm geworden.«

Onkel Pepin versuchte, den Mann zu trösten: »So wie Sie waren auch Havlíček und Christus, die haben auch niemals gelacht, obwohl sie durch und durch feine Männer waren.«

»Schon gut«, sagte der Krüppel, »aber wir wollen nicht vergessen, daß uns heute beim Großen Preis die wirkliche Weltklasse fehlt. Vor zwei Jahren hat der Australier Campbell das Rennen gewonnen. Am Abend danach war eine Veranstaltung mit den

Rennfahrern in Lužánky, ich ließ mich im Rollstuhl hinbringen, und als die Debatte mit dem Australier anfing, meldete ich mich, es war ja ein Übersetzer dabei. Ich fragte: Wie fühlten Sie sich, Herr Campbell, wenn Sie Rennen gegen George Geoffrey Duke fuhren? Der Australier antwortete, Duke sei der größte Fahrer aller Zeiten und er, Campbell, habe seinen wichtigsten Erfolg errungen, als er einmal ein halbes Rad hinter Duke durchs Ziel kam. Das sagte Campbell, und die Fans applaudierten und brüllten: Es lebe Duke!«

»Solche Leute sind eine wahre Pracht, ich denk da an meinen Kamerad Římský«, bafelte Onkel Pepin, »ein Hannake von den Vierundfünfzigern, grüne Litzen, dem wagte keiner was zu sagen, o nein, wenn fünfzig Leute im Gasthaus beieinander hockten und einer wurde frech zu mir, Římský ließ sich nicht lumpen und legte los, so wie damals, als er den Tisch zerschmetterte, den Lüster herunterschlug, nach einer Minute lag die ganze Bude in Trümmern, vier Gendarmen starben später im Spital, die andern hatten beizeiten durchs Fenster das Weite gesucht, und der Římský trat, während er unter den Pickelhauben wütete, der Kellnerin die Prothese mitten durch, erst als die Feuerwehr anrückte und dem Římský Wasser in die Augen spritzte, gab der berühmte Hannake klein bei und fiel um, aber im Kriminal blühte er bald wieder auf, er feilte die Ketten durch, Ketten wie für einen Stier, stemmte die Tür mit dem ganzen Futter auf und haute mit den Hölzern die Profose nieder.«

»Es gibt noch Männer auf der Welt!« rief der Krüppel. »Leutchen, stellt euch vor, wenn unser Großer Preis für die Weltmeisterschaft anerkannt würde. Das wäre was! Ubbiali auf Augusta und in Brünn! Bill Lomas auf Guzzi und all die andern Kanonen, John Surtees und Armstrong und vielleicht sogar George Geoffrey Duke, sie alle in Brünn. Das gäbe ein Fest!«

»Wohl ein Fest wie damals, als der Erzbischof Kohn zu Besuch kam«, fing Onkel Pepin wieder an, »Haare wie Flachs, goldener Zwicker, am Finger den Ring im Wert von einigen Millionen und eine Moschuswolke um sich wie ein Barmädchen, die Weiber wollten ihm die Hand küssen, aber die Kanoniker schubsten sie weg, damit sie dem Erzbischof nicht den Ärmel besabberten, den Notarsfräulein im Schloß jedoch küßte er selber die Hände, ganz anders in diesen Dingen war der Erzbischof Stojan, ein schrecklich gutmütiger Mensch, der alles verteilte und dem es egal war, ob ein Bettler soff oder nicht, jeder bekam einen Gulden, das sind die Unterschiede der Lebewesen, ich erinnere mich an den Erzbischof Bauer, der war so häßlich im Gesicht, daß einem angst werden konnte, lauter Geschwüre und lauter blaues Blut, das war sehr unangenehm bei der Firmung, und noch viel schlimmer wirkte es sich aus, wenn er zu Sterbenden gerufen wurde, während der Letzten Ölung standen ein paar wieder auf, so sehr waren sie erschrocken über die Häßlichkeit des blauen Bluts, immerhin gabs unter den Geistlichen auch Menschenfreunde wie den Erzbischof Prečan, der während einer deftigen Kirchenfeier meine Mutter bei den Händen packte und ihr zuredete: Mutter, Gott grüße Sie, passen Sie auf, daß man Sie nicht niedertrampelt, und er erteilte ihr den Segen, gab ihr sogar einen Gulden drauf, weil er die Frauen über alles schätzte, diese Hauptstützen der Kirche, o ja, er liebte es, über ungewöhnliche Themen zu predigen, zum Beispiel darüber, daß ein Christ nicht nach Schnaps riechen darf, wenn er das Gotteshaus betritt, und doch sind fast alle Erzbischöfe richtige Sportler, was die Fresserei angeht, so hat der Prečan, ich weiß es von Gewährsleuten, auf einen Sitz einen ganzen Tiegel voll Tauben gefressen, und sein Kollege Bauer schaffte zum Mittagessen allein ein ganzes Spanferkel, dazu trank er ein halbes Fäßchen Bier.«

Während Onkel Pepin erzählte, war das Rennen der Dreihundertfünfziger gestartet worden; als erster erreichte František Šťastný auf einer Jawa OHC die Farina-Kurven.

»Ist es der mit dem roten Halstuch?« fragte die Mutter.

»Der mit dem roten Halstuch«, antwortete der Krüppel, als die erste Gruppe den Motorenlärm hinter eine Waldzunge getragen hatte. Die Mutter hielt sich an einer Birke fest und beugte sich weit vor, um die Fahrer beim Anschneiden der Kurven besser beobachten zu können. Jedesmal, wenn das rote Halstuch vorüberflog, bekam sie Herzklopfen.

»Was der für eine Haltung hat, der František!«

»Hat er«, stimmte der Krüppel zu und blickte weg.

»Übrigens wundert es mich nicht, daß sich in Zandvoort die Holländer nach den ersten Runden fragten, was da für ein Wahnsinniger auf der Strecke sei. Aber als sie merkten, daß František Ordnung und Stil hat, wurden sie ganz wahnsinnig vor Begeisterung. Baltisberger gefällt mir als Rennfahrer aber besser.«

»Gefallen hin, gefallen her – am wichtigsten ist, wies ausgeht«, meinte Onkel Pepin. »Wir haben früher auch Wettrennen gemacht, mit den Feuerspritzen, die Mühle brannte, und unsere Pferde scheuten und wollten nicht ins Geschirr, und so mußten wir die Spritzen eigenhändig zum Brandplatz ziehen, verschwitzt wie Muli machten wir uns fertig, ich war bei der Feuerwehr, weil meine Freundin es gewollt hatte, sie meinte, Beil und Leiter stünden mir gut, die Mühle war leider schon halb abgebrannt, als wir die Spritze einsatzbereit hatten, die Männer fingen an zu pumpen, dabei erwischte mich die Eisenkurbel am Kopf, ich kippte weg, und sie mußten viel Zeit daran wenden, mich wieder munter zu machen, dadurch gelang es der Feuerwehr aus Přemyšlovice, einen Vorsprung herauszuholen, sie fingen vor uns an zu spritzen, und als die Mühle vollends heruntergebrannt war, beschimpfte mich der Kommandant, ich hätte ihn um den Sieg und seine Ehre gebracht.«

Der Lautsprecher meldete, Baltisberger halte wegen Kerzenschadens an den Boxen, und Hinton sei eine volle Minute im Rückstand. Trotzdem fuhr František Šťastný, als säßen ihm die beiden Verfolger noch im Nacken; er drehte voll auf, ließ sich mit hundertneunzig Stundenkilometern in die Kurve tragen. Die Zuschauer klatschten nicht Beifall und jubelten nicht; sie waren entsetzt über Františeks irrsinnige und rachsüchtige Fahrweise.

»Wenn ihm nur die Kerzen keinen Possen spielen«, seufzte die Mutter und langte nach der Flasche mit dem Magenbitter.

»Baltisberger war sich seiner Sache zu sicher. Schon in der ersten Runde kam er mir ziemlich hochmütig vor«, brummte der Krüppel.

»Mit dem Hochmut nimmt es allemal ein schlimmes Ende«, sagte der Onkel, »ich hatte als Junge Religionsunterricht bei einem Pfarrer, er hieß Zbořil und war ein Hannake aus Pustoměř, zwei Meter hoch, ein richtiger Riese war das, eines Tages stellte er im Unterricht die Frage: Was ist die Heilige Dreieinigkeit? Ein Klassenkamerad meldete sich zur Antwort, die Heilige Dreieinigkeit, sagte er, sei die Schwester von der Jungfrau Maria, er hatte noch nicht zu Ende gedacht, da griff ihn schon der Pfarrer Zbořil, schüttelte ihn, schlug ihm mit dem Knöchel gegen die Nase, knallte den Kopf des Schülers auf die Tafel, er war ungeheuer wütend, denn zu meiner Zeit galt die pädagogische Lehre von Johann Amos Comenius, die vorschreibt, daß Schüler niemals überheblich sein dürfen und in der Schule allzeit der Stock

paratstehen muß.«
»Hat sicher schon zwei Minuten Vorsprung«, stellte die Mutter fest. Sie schien erleichtert und korkte die Flasche wieder zu. František nahm jetzt die Farina-Kurven noch präziser; noch verwegener zog er die Maschine durch die Schleifen. Er fuhr nicht mehr für die Leute, sondern nur noch für sich selbst; er folgte mit seiner Maschine der Ideallinie und empfand Vergnügen dabei. Er hatte Glück an diesem Tag, und er wußte es. Die Zuschauer hatten ihre Fassung wiedererlangt, bangten nicht mehr um ihn, seit sie erkannt hatten, mit welcher Sicherheit er fuhr. Die letzte Runde führte František Šťastný durch ein Tal, das gepolstert war mit dem Jubel der Stimmen, der Hände, mit dem Geflatter der Taschentücher. Wo er vorüberkam, verwandelten sich die Sitzplätze in Stehplätze.

In der Pause, vor dem Beginn des Zweihundertfünfziger-Rennens, weckte die Mutter den Vater, der noch immer in Decken eingehüllt schlief.
»Steh auf und schau dir das Rennen an. Mir machts Spaß.«
»Was für Spaß?« Der Vater trank vom Magenbitter.
»Was für Spaß denn, ha? Bei Motorrädern Spaß? Ja, wenn hier Rennwagen starteten, Hermann Lang, Rudolf Caracciola, Tazio Nuvolari, fünf Liter Hubraum, drei Kompressoren, da gäbs was zu bewundern. Ich versteh, daß Caracciola gesagt hat, erst wenn die Kompressoren dröhnten, begänne sein Leben.«
Der Mann im Rollstuhl war still geworden. »Herr, Sie kennen Caracciola?«
»Ja. Ich stand beim Begräbnis seiner Frau direkt neben ihm. Sie ist in den Alpen durch eine Lawine umgekommen. Ein wirklich geordnetes Leben führte dieser Champion.«
»Sie haben eins der großen Rennen gesehen?«
»Ja, aber erinnern Sie mich nicht daran! Der Große Preis von Tripolis nahm ein tragisches Ende. Ein Köter lief Varzi in die Bahn, und aus wars, Achille Varzi stürzte sich zu Tode.« Der Bericht des Vaters ähnelte sehr den Darstellungen in den Büchern Caracciolas und Stucks, doch niemand merkte es. »Ich habe auch das tragische Training zum Großen Preis von Monza miterlebt. Ein Monoposto hatte auf der Strecke Öl verloren, Borzacchini und Campari kamen ins Schleudern; sie waren auf der Stelle tot. Eine Stunde später ging Czajkowski auf die Bahn und verun-

glückte an derselben Stelle, er raste über den Felsen ins Meer. Ich war in der Trafik unten am Fuß der Felsen, wo man die Leichen aufgebahrt hatte. Der Trafikant sagte zu mir, so wie die Rennfahrer hätten bei ihm schon gekrönte Häupter gelegen.«
»Sie kannten Borzacchini?«
»Nicht direkt. Ich hab ihn im Hotel beobachtet, als er den Ventilator anstellte und die Banknoten in die Luft warf, die er gewonnen hatte. Er tanzte auf den Geldscheinen.«
»So ein Typ war auch der Sohn vom Baron Königsvater!« rief der Onkel. »Der Kaiser hatte den alten Königsvater zum Baron gemacht, obwohl dessen Großvater noch mit Schnürsenkeln auf den Dörfern hausiert hatte, der Enkel wohnte bereits in einem Schloß und züchtete Pferde, in den Stallungen hatte er Spiegel anbringen lassen, damit die Pferde sich selber begaffen konnten und ihnen das Fressen besser schmeckte, leider führte der Sohn ein regelrechtes Lotterleben, heiratete eine Schauspielerin und verlumpte einen Haufen Geld, den alten Baron rührte vor Gram der Schlag.«
»Ulkige Geschichte. Aber was ist Ihrer Meinung nach der beste Wagen? Mercedes, Maserati oder Alfa Romeo?«
»Unser Škoda 430 ist der beste«, antwortete der Vater, ohne zu überlegen. »Verläßlicher Motor, im Wagen warm, einfache Wartung. Und Sie können ihm ohne weiteres zehn Doppelzentner Kartoffeln aufladen. Erst vorige Woche sind mit meinem Škoda sechs Leute gefahren, und auf dem Dach wurde noch ein Schrank mittransportiert.«
Aus dem Lautsprecher meldete sich der Ansager: »Die Zweihundertfünfundzwanziger sind startbereit. Bevor die Streckenmeldungen eintreffen, nehmen Sie bitte Ihre Programme, streichen Sie die Nummer 17, Autengruber, Österreich, und setzen Sie dafür Andersen, Schweden, ein, beide auf Norton. Achtung, streichen Sie... Achtung, zwanzig Sekunden, fünfzehn, zehn, fünf, Start.«
In der Ferne heulten Motoren auf. Der Streckenfunk meldete sich: »Aus Žebětín erfahren wir, daß Baltisberger als erster durchgekommen ist, gleich hinter ihm, ebenfalls auf NSU Sport-Max, Kassner, hinter ihm Brown, der sympathische Australier mit dem Känguruh auf dem Sturzhelm. Die Fahrer erreichen auf den Geraden Geschwindigkeiten bis zu zweihundert Stundenkilometer.«

Hans Baltisberger flog durch die erste Farina-Kurve, die Mutter sah ihn nur als flitzenden Schatten. Ihm folgten Brown und Kassner. In der Luft blieb der Geruch verbrannten Benzingemischs zurück.
»Hans führt, aber mir gefällt es nicht, gar nicht! Er fährt so zornig«, sagte der Krüppel und klopfte mit dem Stock gegen seine Prothese.
»An Unglücken herrscht keine Not in der Welt«, mischte sich der Onkel ein, »als man bei uns Manöver abhielt, erschien der selige Kaiser Franz mit seinem Onkel Albrecht, der die vorstehenden Zähne hatte, nach dem Manöver fand eine Messe statt in der Garnisonskirche, ich war nicht dabei, was soll ein Freidenker in Gotteshäusern, ich hatte damals schon Havliček gelesen. Ein Gewitter zog auf, ein Blitz schlug in den Blitzableiter auf der Kirche, schoß hinunter in den Chor, der Organist fiel in Ohnmacht, die Frauen schrien, rannten in die Sakristei, doch der Pfarrer vertrieb sie von dort, es setzte Hiebe und Fußtritte, der Mesner bekam eine Standpauke, weil er die hysterischen Weiber eingelassen hatte, während der Pfarrer, der Vertreter Gottes, im Hemd dastand, die Frauen stürzten zum Altar, die Panik wurde immer schlimmer, weil sie dachten, die Decke käme herunter, aber der Krach von oben kam aus dem Glockenturm, wo der Ministrant gegen das Gewitter geläutet hatte, dabei war der Draht gerissen, und der rutschte durch die Schallöcher in den Chor und verletzte ein paar Frauen am Kopf.«
Der Streckenfunk rasselte: »An der Veselka ist als erster Hans Baltisberger vorbeigekommen, dicht gefolgt von Kassner. Bartoš hatte Motorschaden und mußte aufgeben. Streckenposten, Vorsicht! Vom Teilstück zwischen Žebětín und den Farina-Kurven wird starker Seitenwind und Regen gemeldet.«
»Das hat gerade noch gefehlt«, ächzte der Mann im Rollstuhl. »Das ist kein Rennen mehr, das ist eine Nervenmühle.«
»Wie das so zu sein pflegt«, tröstete der Onkel. »Meinetwegen wollten sich vor Jahren zwei Fräuleins aus der Bar vergiften, die eine, Vlasta, sagte zu mir: Komm, wir machen es aus Liebe, aber ich verspürte keine Lust, sondern nur Brustbeschwerden, darüber geriet sie in Wut: Du Tropf, soll ich dir eins mit der Flasche überziehn? O ja, die Vlasta wußte nur zu gut, wie man sich ein Männerherz geneigt macht, dann kamen die Fleischer, ich führte ihnen meine Spezialakrobatik vor, und wir unterhielten uns so

großartig, daß zu Vlasta der Doktor kommen mußte und mich die Polizei heimschaffte.«
»Und das andere Fräulein?«
»Die wollte sich meinetwegen mit Sliwowitz vergiften, Zdenka Malíková hieß sie und war überaus freundlich, sie küßte mich mitten im Lokal, so daß die Dragonerleutnants halb krank wurden vor Eifersucht, dann nahm sie mich mit auf ihr Zimmer, dort belehrte ich sie über die transzendentale Wissenschaft, das Übernatürliche, wie es in Mozart vorkommt, die Zdenka freilich bewies wenig Sinn für die hohen Werte, sie redete mir gut zu: Laß den Schwachsinn, mich überzeugst du nur als Mann, also legten wir uns lang, am liebsten jedoch wär ich auf und davon, leider war das Zimmer im ersten Stock, wer springt schon gern aus einem Fenster im ersten Stock? Zdenka drückte sich an mich und erlaubte mir allerhand, mir aber war nur daran gelegen, ihr Wissen beizubringen, deswegen zitierte ich, was Strauß gesagt hat, als er Mozarts Jupiter-Symphonie in die Hände bekam: Mir wird schlecht davon. Zdenka beeindruckte das Zitat überhaupt nicht: Mir wird schlecht von dir, merkst du denn nicht, was ich für einen Körper habe? Eigentlich wollte ich nichts wie abhauen, ich hätte es auch getan, wenn nicht auf dem Gang der Bernhardiner so unverschämt geknurrt hätte, aus diesem Grunde sang ich *Sei nur mein, Violetta* und ergab mich.«
Die Spitzengruppe näherte sich, Motoren lärmten auf; immer noch lag die Nummer drei, Baltisberger, vorn. Die Mutter sah, wie der Rennfahrer sich nach seinen Verfolgern umwandte. Er kam auf der nassen Straße ins Schleudern, das Vorderrad rutschte weg, die silberne NSU Sport-Max fällte einen Telegrafenmast und verschwand, jaulend, in einem Graben. Gleich danach schoß Kassner vorüber und zog mit unverminderter Geschwindigkeit in die Farina-Kurven. Im Lautsprecher knackte es: »Soeben trifft aus Liskovec die Meldung ein, daß als erster Kassner durchgefahren ist. Wo blieb Baltisberger, wo ist die Nummer drei?«
»Ich hab es gewußt, ich habe es geahnt«, murmelte der Mann im Rollstuhl und versuchte, sich zu erheben. »Ich muß immer dabei sein, wenn ein Unglück geschieht. Farina hat sich vor meinen Augen zu Tode gestürzt, Prinz Biro raste neben mir in die Zuschauerreihe. Ich sags ja, ich muß immer dabei sein, wenn ein Unglück geschieht.«
Der Vater stand auf.

»Geh nicht hin«, bat die Mutter; doch der Vater lief bereits den Hohlweg hinunter. Er passierte den Durchlaß. Neben der Böschung lag Baltisberger. Ein junger Mann war bei ihm. »Er ist mit dem Kopf gegen den Baumstumpf geprallt.«
Der Vater war ruhig. Er kniete neben Herrn Baltisberger nieder und half einer Krankenschwester, dem Verletzten den Sturzhelm abzunehmen. Es war schwierig, der Rennfahrer versuchte, sich zu erheben; dann sackte er in sich zusammen und erbrach Blut. Er flüsterte: »Ich bitte... ich grüße...«
Der Streckenfunk meldete: »Soeben ist Horst Kassner und hinter ihm Heck an der Veselka vorbeigekommen, beide auf NSU. Kvěch und Koštýř auf Čz holen auf. Und nun, liebe Zuschauer, achten Sie bitte auf den Hubschrauber, der in Ihrer Nähe landen wird; er wird vor der Landung Flugblätter abwerfen, damit Sie nicht vergessen, daß am kommenden Sonntag Flugtag ist.«
Der Vater schaute auf die Uhr; sie zeigte dreizehn Uhr achtunddreißig.
Der Arzt kam, hielt eine Zeitlang Herrn Baltisbergers Handgelenk und horchte ihn ab. Als er sich aufrichtete, hatte er einen dienstlichen Blick. Der Vater erkannte, daß es aus war. Er legte den Sturzhelm auf die zerschlagene Maschine. Die Krankenschwester wickelte Verbandmull um Baltisbergers Kopf, sie wikkelte unablässig, und ebenso unablässig schlug Blut durch die Binde.
Der Lautsprecher meldete sich, hoch oben im Laub der Bäume: »Jeden Augenblick erwarten wir den Sieger der Zweihundertfünfziger. Wird es Kassner sein oder Heck? Liskovec haben sie hinter sich. Hier vor uns hebt sich jetzt der Hubschrauber in die Luft, schon ist er fünfzig, nein, hundert Meter über uns, noch immer wirft er Flugblätter ab. Und, jawohl, da kommen sie, jawohl, Kassner ist es! Und der zweite? Es ist Heck!«
Als die Mutter dem Onkel mitteilte, daß Hans Baltisberger tot war, sagte er: »Schade, daß ich nicht jünger bin, sonst würde ich mich auf so einen Rappelkasten setzen und es allen zeigen, immerhin habe ich einst bei der besten Armee der Welt gedient, das waren noch Zeiten, ich hatte einen Teint wie mein Vetter, der Kürassier beim Kaiser war, später soff er sich zu Tode, schade um ihn, zu meiner Zeit aber war er ein wirklich schöner Mann, er wog hundert Kilo, und wenn er sich auszog, leuchtete sein Körper wie frischer Schnee, man nannte ihn überall den schönen Fanynek,

ein Photo von mir hing in Proßnitz auf dem Marktplatz in einem Glaskasten, und die Mädchen fragten einander: Welcher gefällt dir am besten? Die meisten zeigten auf meine Photographie, ich stand hinter ihnen, sie merkten es nicht, aber das war ein Gefühl, kann ich Ihnen sagen, ein Gefühl...«
Der alte Mann im Rollstuhl hatte den Kopf gesenkt; er weinte.

Dreihundert Meter weiter, am Rand der Waldzunge, standen um diese Zeit zwei Lehrlinge, die von Komotau gekommen waren, um Hans Baltisberger beim Rennen zu sehen. Abseits, hinter dem Straßendurchlaß, lag die NSU Sport-Max. En Mercedes kam den Hang herauf; es war der Wagen, den sie am Morgen vor dem Hotel Morava bewundert hatten. Ein Mechaniker stieg aus, lief hinüber zur Böschung; er lüpfte mit zwei Fingern die Zeltplane, unter der sich der Tote befand. Dann hob er den Sturzhelm auf und klopfte an einem Baumstamm das gestockte Blut heraus.

Automat Welt

Die Glaswand des Speiseautomaten war stumpf vom Abendregen. Über den Marktplatz liefen Fußgänger; sie krümmten sich unterm Wind, hielten Hut oder Regenschirm fest.
Aus dem Gesellschaftszimmer im ersten Stock drangen Musik und Gerede, das immer wieder in ausgelassenes Lachen überging, in den Automatenraum.
Die Büfettiere füllte ein paar Biergläser; dann ging sie hinaus. Als sie die Tür zur Toilette öffnete, sah sie einen Meter überm Fußboden perforierte Damenschuhe hängen, aus dem gelb-rot karierten Rock baumelten zwei Beine, die Jackenärmel waren erschlafft, überm Kragen stand ein verrenkter Hals. Das Mädchen hatte sich mit dem Gürtel des Regenmantels am Riegel des Entlüftungsfensters erhängt.
»Na, na«, sagte die Büfettiere, holte die Stehleiter, hieß eine Verkäuferin die Erhängte hochheben und schnitt sie mit dem Salamimesser ab. Dann legte sie sich das Mädchen über die Schulter, trug es in die Nische, schob es auf den Abstelltisch und lokkerte den würgenden Gürtel.
Nachdenklich schaute sie auf. Hinter der Glaswand stand ein Mann und glotzte auf den Abstelltisch. Die Büfettiere zog den Kattunvorhang zu. Wenig später kam der Sanitätswagen.
Ein junger Arzt betrat den Automatenraum, draußen zogen zwei Sanitäter die Tragbahre aus dem Wagen. Der Arzt legte das Ohr an die Brust des Mädchens, langte nach dem Handgelenk, schob schließlich den Vorhang beiseite und winkte den Sanitätern. Sie brauchten nicht zu kommen.
»Hier sind wir überflüssig«, sagte er.
»Und was sollen wir mit ihr machen?« fragte die Büfettiere.
»Die Pathologie wird kommen«, antwortete er.
»Hoffentlich bald, wir verkaufen hier nämlich Speisen und Getränke.«
»Schließen Sie doch für eine Weile«, meinte der Doktor. Er trat in den Regen hinaus. Bald darauf startete mit aufheulendem Motor der Santitätswagen.
Aus dem Gesellschaftszimmer im ersten Stock drangen Musik und Gerede, das immer wieder in ausgelassenes Lachen überging.

Hinter der Glaswand standen Neugierige und drückten die Hände gegen die Scheiben; die Handflächen wirkten weiß und unnatürlich groß. Ein hochgewachsener junger Mann erschien an der Tür. Er war völlig durchnäßt, die Ärmel seiner Joppe waren grau von den Häuserwänden. Nachdem er erfolglos die Klinke niedergedrückt hatte, wollte er schon wieder gehen.
Die Büfettiere schloß ihm auf.
»Kommen Sie rein, Mensch, leisten Sie mir ein wenig Gesellschaft«, sagte sie. »Jesses, sind Sie unter die Straßenbahn gekommen? Oder von einem Felsen gestürzt?«
»Schlimmer«, erwiderte er, »meine Verlobte ist mir davongelaufen.« Er fuhr sich mit den Händen über die Augen.
»Sie sind verlobt? Ich hab Sie noch nie mit einem Mädchen gesehn«, sagte sie verwundert, tunkte die leeren Gläser ins Spülbecken, füllte die gespülten nach, stellte sie hinter sich in den Aufzug, zog das Schiebefensterchen herunter und drückte auf den Knopf. Ein Glas schob sie so geschickt über die Zinkplatte der Theke, daß die Halbe rutschte und rutschte und genau unter der Hand des jungen Mannes anhielt.
Er trank, kratzte seinen Schuh an der messingnen Fußstütze ab und schaute zu, wie das Wasser aus den Nähten sickerte. »Ja, davongelaufen ist sie. Zum Abendbrot zerklopften wir altes Brot, da erinnerte sie sich, daß sie von feinen Leuten abstammt, sie kommt aus einer freiherrlichen Familie, und maulte mich an: Karlík, ich würde deiner Mutter am liebsten eine Handgranate zwischen die Zähne stecken, ich wollte sie beruhigen: Rede nicht so mit mir vor der Hochzeit, aber sie hört gar nicht zu, langt nach einem Messer, so einem Klappdings, und haut es in die Tür, das Messer schnappt zu, sie schneidet sich, ich spring gleich zum Fenster, verriegle die Flügel, damit sie nicht durchdreht und sich einfach in den Hof stürzt. Sie war nämlich ganz schön verrückt auf Selbstmord.«
»Altes Brot haben Sie zum Abendessen zerklopft?«
»Ja. Sie wollte sogar, daß wir zusammen Selbstmord machen«, meinte Karlík, »wir reißen das Fenster auf, fassen einander bei der Hand und springen, wir hatten schon gebadet und unsre besten Sachen an, und wie ich kurz vorher noch mal hinunterschau, damit wir nicht auf ein Kind springen, seh ich im ersten Stock einen Antennendraht, der war so blöd gespannt, daß er uns bestimmt ein Ohr oder die Nase abrasiert hätte, wenn wir aus dem

dritten Stock gesprungen wären, wo ich wohne.« Bier rann ihm die Mundwinkel herunter.

»Kann Ihnen doch egal sein, wie Sie nachher aussehn.« Die Büfettiere hatte die Arme verschränkt; sie war schön wie die Statue vor dem Landwirtschaftsministerium.

Aus dem Gesellschaftszimmer im ersten Stock drangen Musik und Gerede, das immer wieder in ausgelassenes Lachen überging, in den Automatenraum.

»Ich bin eben ein Ästhet, wissen Sie, meinem Mädchen wärs ja ganz egal gewesen, die hats nicht mit der Ästhetik, die hat sich schon mal halb erdrosselt mit dem Gürtel vom Regenmantel, ich konnte sie ganz knapp noch retten, aber sie hat kein Gefühl von Dankbarkeit, damals brüllte sie mich an: Du Kretin, warum hast du mich zurückgeholt, ich war schon im Limbus, die Nachbarn klopften an die Wand und riefen: Herr Karlík, was ist denn los, wir haben schließlich Kinder, meine Verlobte schrie zurück: Kinder! Die würd ich am liebsten erschlagen und dann das ganze Haus anzünden! Um sie zu beruhigen, packte ich sie bei der Hand und beim Fuß, wollte sie ein wenig im Kreis schwenken, wegen der Blutstauungen, ich hatte das Ganze aber falsch berechnet, denn sie schlug mit dem Kopf gegen die Tür, durchbrach die Füllung und stieß die Nachbarin um, die im Gang vor unserem Schlüsselloch lauerte, mein Mädchen war nicht kleinzukriegen, sagte zur Nachbarin: Beste Frau, Karlík und ich dürfen daheim machen, was wir wollen, stimmts, Karlík?« Der junge Mann hielt inne; er lächelte jetzt. Seine Augen waren entzündet, die Lidränder rot wie der Rahmen von Telegrammformularen.

»Das ist ja furchtbar«, sagte die Büfettiere, »schauen Sie sich bloß dieses Pack an, die haben sogar Hocker mitgebracht.« Sie schenkte einen Schnitt Bier ein und ging zur Glaswand, hinter der die Gaffer warteten, miteinander flüsterten, einige saßen auf Hockern und hielten die Handflächen an die Scheibe gepreßt, als wollten sie sich daran wärmen. Die Büfettiere nahm einen Schluck, neigte sich ein wenig vor, holte dann plötzlich aus und kippte den Bierrest gegen die durchsichtige Wand. Der Schaum blähte sich über den verglasten Porträts.

»Prager«, knurrte sie und zuckte die Achseln. Sie kehrte zu den Bierhähnen zurück, füllte ein paar Gläser nach, schubste eins davon über die Theke vor den jungen Mann.

»Mensch, es ist wirklich schlimm, wie ich immer in alles mögliche

hineinstolpere. Vergangenes Jahr gehe ich am Bahndamm spazieren, auf der andern Seite kommt ein Mädchen, der Zug kommt, das Mädchen wirft sich vor die Lokomotive, aber dermaßen geschickt, daß ihr Kopf über die Böschung rollt, mir genau vor die Füße. Die Augen blinzelten noch!«
Der junge Mann schien nicht zuzuhören. Er stand in sich versunken.
»Ich lasse von der so oder so nicht, wenn sonst nichts, hat sie wenigstens die tschechische Graphik weitergebracht, weil sie frigid ist. Hätte ich ein normales Mädchen, was käm schon raus dabei? Liebe, aber davon profitiert die absolute Graphik nichts.« Er hob das Glas und trank. Bier schwappte über und floß ihm ins Hemd.
Aus dem Gesellschaftszimmer im ersten Stock drangen Musik und Gerede, das immer wieder in ausgelassenes Lachen überging, in den Automatenraum. In regelmäßigen Abständen brachte der Aufzug Tabletts mit leeren Biergläsern, an denen eingetrockneter Schaum klebte, aus dem Restaurant herunter.
»Sie wirft mir immer vor, ich sei verrückt, aber wie könnt ich verrückt sein und dabei in der Fabrik mit diesen Händen auf ein Hundertstel Millimeter genau Profile von Flugzeugrümpfen oder Strahlumlenkungen von Düsenmaschinen zeichnen...«
»Nein, da hört sich doch alles auf«, fluchte die Büfettiere. Denn jetzt hatten die Gaffer sich sogar in den Kronen der Lindenbäume festgesetzt, sie umklammerten die glitschigen Äste und sahen aus luftiger Höhe in den Automaten hinab, wo hinter dem verrutschten Kattunvorhang die Erhängte auf dem Abstelltisch lag. »Wirklich, bei jedem Malheur muß ich dabei sein. Geh ich neulich nachts heim über den Krčák, komm vom Weg ab, taste in den Hecken rum wie der blinde Meister Hanuš in der astronomischen Uhr und krieg eine eiskalte Hand zu fassen, reiß ein Streichholz an, halt es in die Höhe, und was seh ich: einer, der sich erhängt hat, streckt mir die Zunge raus. Gießt ganz wacker draußen.« Sie schaute über die Gaffer hinweg zu den Neonlampen, hinter denen der Wind die Akazien bog und den Blick freigab auf die beleuchtete Uhr am Zámeček.
Aus dem Gesellschaftszimmer im ersten Stock drangen Musik und Gerede, das immer wieder in ausgelassenes Lachen überging, in den Automatenraum.
In der Glastür zeigte sich ein junger Kerl im Monteuranzug und wies auf eine Biertrage. Die Büfettiere schloß ihm auf, nahm ein

Gefäß nach dem andern heraus und schenkte ein. »Mensch, du bist so ein fescher Kerl und läufst so schlampig rum?«
»Is bei uns iner Fabrik so ne Mode«, antwortete der Monteur, »die Boys, was jeschniegelt aus da Abeit schleichen, sin in da Abeit uff so, he, ne Zeit warn jeflickte Monteursklamotten große Masche, da hats in de Werkhalln jeblinkert wie am Vagabundenball, dann fings an mit de drahtjeflickte Klamotten, iner Fabrik hats da überall jeknistert wie in nen überfälljen Transistor, jetzt sin zerfledderte Latschn dran« – er zeigte einen seiner Arbeitsschuhe, der keinen Absatz und statt der Schnürsenkel ein Stück Draht hatte – »un de Hosn müssen 'n Been abjefahrn ham oda vom Jetriebe durchjekaut sin.«
»Bist ein ganz Flotter, wie?« lobte die Büfettiere und stellte die gefüllten Flaschen in die Biertrage zurück.
»Un die Girls, die in de Fabrik uff Starlets machn, tragn Jummistiefel mit nem Haimaul vorne dran. Aba, Frau Zapferin, auf wat wartn de Leute hia in dem Jusse?«
»Oben ist eine Hochzeit«, antwortete sie. Als der Monteur gegangen war, fragte sie ihren Gast: »Gefällt es Ihnen immer noch in der Fabrik?«
»Immer noch«, antwortete der junge Mann. »Ohne die Fabrik könnt ich nicht leben, das ist wie mit meinem Mädchen. Die haben ja auch meine Ausstellung gemacht. Vorher gabs Krach mit dem Referenten. Der riet mir, bei Nacht meine Graphiken im Saal aufzuhängen. Da bin ich eingestiegen und hab meine Zeichnungen zum Thema *Abstraktes Erlebnis Fabrik* an die Paneelwände geklebt. Der Kulturreferent, als ers am Morgen sah, war schön vergrämt, eine Weile gabs ein gewaltiges Hin und Her, ich riß ihm ein Loch in den Rock, aber die Vernissage hat stattgefunden, den Arbeitern gefiels. Es gab Gesang, blinde Kinder als Chor, über ihnen auf der Galerie hing ein Transparent: *Wie unseren Augapfel müssen wir die Einheit hüten,* heute gibt die Fabrik damit an, daß meine erste Ausstellung im Betrieb war.«
Aus dem Gesellschaftszimmer neben dem Restaurant im ersten Stock drang Lärm die Treppe herab. Zuerst erschien die Braut im weißen Schleier, sie war jung, ihre Augen glänzten, sie drehte sich und führte den Bräutigam die Stufen herunter. Brautführer und Brautjungfern hielten sich am Geländer fest und traten der Braut auf die Schleppe. Die Braut sang und schlug mit dem Strauß den Takt dazu, sie trippelte diagonal den letzten Treppen-

absatz herab in die Glaspassage, foppte die Neugierigen und lief in das Gertendickicht des Regens, breitete die Arme aus und warf den Kopf zurück. Ihr Haar und ihr Hütchen verklebten sich im Guß, das Wasser modellierte ihren schlanken Körper. Der Bräutigam und die Hochzeitsgäste folgten ihr lachend. Auf der anderen Gehsteigseite formierten sie sich zum Gänsemarsch, die Braut mit dem Straußstrunk an der Spitze, sie dirigierte Gesang und Gangart.
»Eine lustige Hochzeit, wies sein soll«, sagte die Büfettiere und stieg von der Bierkiste. »Und Ihre Verlobte ist Ihnen tatsächlich davongelaufen?«
»Vorgestern. Und es wundert mich nicht mal. Das Mädchen hatte die ganze Rote Hausbibliothek verschlungen und zuviel Lebensbeschreibungen berühmter Männer gelesen. Sie verlangte, daß ich zwei Zimmer miete, abends Gäste empfange und meine absolute Graphik nur noch als Hobby betreibe. Sie hat mir auch dauernd in den Ohren gelegen mit ihrer Vergangenheit und ihrer Zukunft, entweder mit den Liebhabern und welcher was ihr getan hatte oder hatte tun wollen, oder mit ihren Eltern, zu denen sie zurück wollte, weil die einen siebenhundert Jahre alten Stammbaum haben, sogar ein päpstlicher Geheimkämmerer war darunter. Was halfs, wenn ich Geld aus der Pfandleihe und Gehaltsvorschüsse mit ihr in zwei Tagen durchbrachte? Nachher mußten wir altes Brot mit dem Hammer zerklopfen, weil wir nichts zu essen hatten, oder sie ging genormte Flaschen verkaufen oder zerschnitt eins ihrer Fähnchen und trug die Stücke zum Altwarenhändler, als Lumpen. Freilich, anregend wars, denn wir führten ein absolutes Leben.«
In der Glastür erschienen zwei Hüter der öffentlichen Ordnung, Mitglieder des SNB.
»Höchste Zeit, daß Sie kommen«, begrüßte sie die Büfettiere, während die SNB-Männer das Wasser von ihren Stiefeln stampften. »Diese Rappelköpfe haben fast ein Panoptikum aus dem Lokal gemacht.« Sie wies auf die Gaffer, die jetzt verstummt waren und erwartungsvoll herübersahen. »Die treiben mich noch zum Wahnsinn, wozu taugt dieses Pack? Bei Hinrichtungen zugukken!« Als sie zu dem jüngeren SNB-Mann aufschaute, stutzte sie: »Haben Sie ein falsches Kontra gespielt?«
Der SNB-Mann zog einen Taschenspiegel heraus, betrachtete den Fleck unter seinem Auge und erwiderte: »Die Sache hatte

einen Pferdefuß.« Und der Oberwachtmeister ergänzte: »Was habe ich gesagt? Laß dich nicht mit einer besoffenen Hochzeit ein. Ein Wort gab das andere, und unser Junger bekam vom Bräutigam ein hochvornehmes Monokel verpaßt.«
»Aber ich hab ihm ganz schön heimgeleuchtet. Jetzt brummt er.« Er befühlte seine Augenbraue.
»Also, wo ist das Mädchen?« fragte der Oberwachtmeister.
»Hier«, antwortete die Büfettiere und zog den Kattunvorhang zur Seite. Draußen preßten sich die weißen Handflächen fester an die Glaswand, die Hintermänner stemmten ihre Fäuste gegen die Vordermänner, einige Neugierige hingen an den Kandelabern, in der Krone eines Lindenbaums wippte ein Alter wie ein Pavian, der Wind peitschte Falten in den Regen.
Der junge SNB-Mann holte einen Notizblock hervor und schob das Kopierpapier zurecht. Die Büfettiere ging vor der Glaswand auf und ab, spuckte gegen die Gaffer; wie Milchtropfen lief der Speichel an der Scheibe herab. »Habe ich vielleicht meinen Vater mit der Kette erschlagen?« rief sie und pochte mit dem Fingerknöchel gegen das Glas. Wütend drehte sie sich um, band die Schürze ab, deckte damit die Bierhahnen zu; dann löste sie ihre langen, aufgetürmten Haare, steckte die Haarnadeln zwischen die Lippen und legte die Strähnen, als flechte sie einen zehnpfündigen Weihnachtsstrietzel. Sie ging in die Nische und setzte sich.
»Gut, daß Sie kommen«, empfing sie der Oberwachtmeister, »knöpfen Sie ihr die Bluse auf. Das Mädchen hat keinen Personalausweis bei sich, ihre Barschaft beträgt ganze dreißig Heller.«
In diesem Augenblick klopfte die Braut an die Glastür. Der junge Mann öffnete ihr. Sie trat ein, schlüpfte aus dem Stöckelschuh und goß das Wasser aus. Das Schleierhütchen tropfte, und von ihren Brauen rann die Schminke.
»Was ist?« fragte sie. »Gebt ihr ihn mir frei, oder gebt ihr ihn mir nicht frei?«
»Ich laß ihn nicht frei«, antwortete der SNB-Mann.
»Und warum nicht?«
»Amtsbeleidigung.«
»Ist Ihnen ja kaum was passiert.« Die Braut beugte sich vor und trank von dem Wasser, das ununterbrochen in den Spültrog lief.
»Mein Auge ist blau wie Kopierpapier«, stellte der SNB-Mann

fest, nachdem er sich noch einmal im Taschenspiegel betrachtet hatte.
»Hätten Sie uns in Ruhe gelassen. Sie haben angefangen. Jetzt sollten Sie es gut sein lassen. Wann geben Sie ihn frei?«
»Morgen.«
»Dann warte ich hier auf Sie. Sie gehen mit mir schlafen, ich bleibe doch in meiner Hochzeitsnacht nicht allein.«
»Sie sind nicht mein Geschmack«, sagte der SNB-Mann und stand auf.
»Ach Gott, es sind ja auch noch andere da!« Die Braut drehte sich zu dem jungen Mann. »Gefalle ich Ihnen?«
»Ja. Sie ähneln sehr dem Mädchen, das mir davongelaufen ist. Sie machen auch so große Augen wie sie, als sie zum erstenmal zu mir in den Keller kam, mit einem Köfferchen, wie kleine Kinder ihn für Puppen benutzen, halb barfuß war sie, hatte abgetragene Schuhe mit perforierter Zunge an, ihre Haare waren gestutzt wie bei den Mädchen in der Besserungsanstalt Kostomlaty. Und Sie haben auch das gleiche trübe Blau in den Augen, wie Chalzedonsplitter. Sie gefallen mir. Sie sind mein Geschmack.«
»Sie meiner auch«, sagte die Braut, ließ Wasser in ihren silbernen Schuh laufen, hob ihn am Glasabsatz wie einen Kelch und trank mit Genuß. »Über Geschmack läßt sich nicht streiten.« Sie schnalzte mit der Zunge.
Der junge SNB-Mann hatte sich wieder gesetzt, der Oberwachtmeister zog den Vorhang noch mehr zur Seite und diktierte: »Die Unbekannte ist ungefähr hundertsechzig Zentimeter groß, bekleidet mit einem gelb-rot karierten Kostüm. An den Füßen schwarze Schuhe mit perforierter Zunge. Die rosa Bluse hat einen Spitzenkragen, die Ecken sind mit einem Rosenmuster bestickt.«
Der junge SNB-Mann stand auf, um die Tür hinter der Braut und dem jungen Mann zu schließen, die in den abendlichen Regen hinausgegangen waren. Der Oberwachtmeister fuhr fort zu diktieren.
Endlich kam der Wagen der Pathologie.
Draußen redete der junge Mann auf die Braut ein. »Mein Mädchen, als das zum erstenmal bei mir zu Besuch war...«
»Ich versteh nichts!« rief die Braut, und der Wind riß auch ihr die Worte von den Lippen.
»Mein Mädchen«, brüllte er ihr ins Ohr, »als das zum erstenmal

zu mir kam, bosselte ich grade an der Totenmaske von meinem Freund. Sie wollte, daß ich auch von ihr so eine Maske machte, danach könnte sie ein neues Leben anfangen, meinte sie. Ich tat ihr den Gefallen, legte sie auf den Tisch, schmierte sie mit Vaseline ein, steckte ihr Stöpsel aus Zeitungspapier in die Nasenlöcher, schüttete ihr den flüssigen Gips aufs Gesicht. Das Handtuch um ihren Hals sah aus wie nach einem Mord. Ich hielt ihre Hand und spürte ihren Herzschlag...«
»Ist das schön!« rief die Braut, und der Wind zog ihr das Hütchen vom Kopf und wehte es in den schwarzen Himmel. Unvermittelt war der junge Mann stehengeblieben; er blickte in den kleinen Park hinter den Neonlampen, wo der Sturm die frisch gepflanzten Pappeln von den Pflöcken gerissen hatte; die Zweige bogen sich tief zur Erde und fegten durch die Pfützen.
»Halten Sie das Bäumchen«, rief er, riß seine Krawatte entzwei und band den dünnen Stamm fest.
»Was gehen Sie die Bäumchen an?« fragte sie.
»Halten Sie ordentlich!«
»Ich frage Sie, was gehen Sie die Bäumchen an?«
»Sie könnten brechen.«
»Sollen sie doch. Was geht Sie das an.«
»Die öffentlichen Bäume sind genauso mein Eigentum wie das, was ich mir denke, und auch was ich tue, ist für die Öffentlichkeit.«
Er trennte mit einem Ruck die nasse Schleppe vom Kleid der Braut und riß mit mächtigen Gesten, als dirigierte er ein Orchester, die Seide in Streifen, die er geschickt zu Stricken drehte.
»Und als der Gips trocken war«, schrie er, »bekam ich ihn nicht ab, nur mit dem Meißel. Ich mußte ihr die Haare abschneiden, und das hat uns einander richtig nahegebracht. Sie hat wirklich probiert, mit der Totenmaske ein neues Leben anzufangen. Drei Tage lang hat sie mir gebeichtet, ich hätte mit dem Kopf gegen die Wand rennen mögen. Nur gut, daß ich ein Faß Teerfarbe bereitstehen hatte zur Isolierung der Kellerwände, ich tunkte den Pinsel in das Teerzeug und fuhr, während sie ihre Beichte ablegte, kreuz und quer über die weiße Wand, sie erzählte mir alles, wie man sie auf den Abort getragen hatte, wo sie sich erbrach, wie sie von einem Kerl im Stich gelassen worden war und nachts im Baumgarten gelegen und vor Schmerz Lehm gefressen hatte, sie hat mir so lange Schwarzes gebeichtet, bis sie weiß war, und ich

verschmierte unterdessen den ganzen Teer auf den Kellerwänden. Haben Sie noch ein Stück Kleid übrig, die Stricke sind mir ausgegangen?«
»Reißen Sie sich was ab.« Sie hielt ihm die Schulter hin. Er griff zu und fetzte ihr das Oberteil des Hochzeitskleids vom Leib. Ein Blitz zuckte. Die Braut stand halbnackt im öffentlichen Park.
»Na«, fragte sie, »nehmen Sie auch mir die Totenmaske ab?«

Wollen Sie die Goldene Stadt sehn?

Ein kleiner Mann, Herr Bamba, Besitzer eines Bestattungsinstituts, verließ die Stadt und stieg zum Fluß hinab. Er schlug die Richtung zum Eichenwäldchen ein.
»Herr Bamba!«
Herr Bamba drehte sich um. »Sieh an, der Herr Kytka!« sagte er. »Was machen denn Sie am Wasser? Holen Sie sich Inspiration?«
»Nein«, antwortete Herr Kytka, »ich war gerade bei Ihnen zu Hause, habe aber Ihre Physik daheim nicht angetroffen. Herr Bamba, hätten Sie etwas Zeit für mich?«
»Für einen Dichter immer«, sagte Herr Bamba.
»Also: wir Surrealisten möchten, daß Sie uns für einen Abend Ihr Magazin zur Verfügung stellen.«
»Das ist wohl nicht Ihr Ernst! Oder wollen Sie auf den Särgen in meinem Lager ein Kabarett veranstalten?«
»Keine Rede von Kabadingsda, Herr Bamba. Damit Sie es wissen, wir schwören nicht nur auf Breton und Eluard, sondern auch auf Karel Hynek Mácha.«
»Na und?«
»Bei Ihnen soll anläßlich seines Todestages ein Gedenkfest stattfinden. Jan z Wojkowic würde einen Vortrag halten.«
»Jan z Wojkowic? Der ist doch schon seit zwanzig Jahren ans Bett gefesselt!«
»Deshalb laufe ich Ihnen ja nach, Herr Bamba«, erklärte der Dichter, »und damit Sie davon unterrichtet werden, daß wir den Dichtergreis samt dem Bett in Ihr Sargmagazin bringen wollen.«
»Das wird ein Ding!«
»Ja.« Der Dichter Kytka schaute über das Steinmäuerchen, hinter dem zwei junge Stiere weideten.
»Da wird dann auch photographiert, oder?« fragte Herr Bamba und erhob sich auf die Zehenspitzen.
»Zweifellos. Und die Pornographien werden nach Paris geschickt, an Herrn André Breton persönlich. – Übrigens, das sind Kühe wie Stiere.«
»Wo?« fragte Herr Bamba und wippte auf den Zehenspitzen.
»Wenn Sie erlauben, hebe ich Sie hoch.«
Der Besitzer des Bestattungsinstituts breitete seine Ärmchen aus,

und der Dichter hob ihn mühelos vom Boden.
»Das sind keine Stiere, sondern Kühe«, sagte Herr Bamba.
»Soll ich Sie absetzen?«
»Es reicht«, sagte Herr Bamba, wieder auf dem Erdboden, und ging nachdenklich weiter. »Wenn der Dichtergreis mit dieser Bettübertragung nur einverstanden ist. Der glaubt doch bloß an Gedankenübertragung.«
»Was das angeht, ist die Sache perfekt«, meinte der Dichter. »Mein letztes Sexualobjekt, das Postfräulein, hat es auf der Brust; sie läßt sich vom Dichtergreis durch Handauflegen heilen. Bei dieser Gelegenheit hat sie es mit ihm abgemacht.«
»Herr Kytka, nehmen Sie mich vielleicht auf den Arm? Haben Sie mich zum besten?«
»Sie zum besten haben?«
»Gut, ich glaube Ihnen.«
Die beiden spazierten am Eichenwäldchen entlang. Auf dem andern Ufer hielt die Feuerwehr eine Übung ab; die Helme blitzten. Zwei Feuerwehrmänner knieten bei der Spritze, ein dritter hielt das Strahlrohr; breitbeinig stand er da und erwartete den Wasserstrahl. Ein wenig abseits von ihm stand der Hornist, die eine Hand in die Hüfte gestemmt, mit der andern hielt er das Signalhorn an die Lippen; als der Kommandant ihm das Zeichen gab, stieß er ins Horn. Aus dem Strahlrohr kam kein einziger Tropfen Wasser.
»Gehemmte Libido«, stellte der Dichter fest.
»Aber es geht doch gar nicht. Ich habe das Sargmagazin im Keller. Die Kohle lagere ich im ersten Stock«, sagte Herr Bamba.
»Um so paranoider wird das Fest ausfallen«, meinte der Dichter, drehte sich um und rief übers Wasser: »Hoffentlich funktionieren eure Spritzen bald!«
»Du jordanische Milchkuh«, schrie ein Feuerwehrmann zurück. »Hoffentlich funktioniert deine!«
»Ob wir das Bett überhaupt in den Keller hinunterkriegen?« fragte Herr Bamba. »Und was wird, wenns regnet? Sollten wir nicht besser das Bett samt dem Dichter in den Leichenwagen schieben und mit dem Wagen an den Arkaden vorüberfahren? Da könnte dann der Jan z Wojkowic hinter dem Glasfenster seine Verbeugungen machen.«
»Genau«, stimmte der Dichter zu. »Das wäre schön schizophren. Herr Bamba, Sie haben vorzügliche Einfälle. Möchten Sie nicht

unserer surrealistischen Gruppe beitreten?«
»O nein.« Herr Bamba wehrte bescheiden ab. »Ich bin schon Mitglied beim Verschönerungsverein.«
»Hauptsache, wir haben genug von dem schwarzen Samtstoff, mit dem Sie die Katafalke beziehen. Es würde sich gut machen, wenn wir mit diesen Schabracken Ihr Kellergewölbe tapezierten.«
»Das ist wahr. Das Samtzeug braucht man nur anzufassen und schon purzeln die Seligen heraus.«
»Genau, und wie wärs, wenn wir die Einladungen zum Mácha-Vortrag auf lila Kranzschleifen drucken ließen?« erkundigte sich der Dichter und rief übers Wasser: »Hoffentlich funktionieren eure Spritzen bald!«
»Du jordanische Milchkuh, willst du ein paar hinter die Löffel?« fluchten die Feuerwehrmänner, sprangen bis zu den Knien ins Wasser und drohten mit den Fäusten.
»Photographien meines Magazins werden also bis nach Paris kommen?«
»Natürlich. Wir, die Surrealisten, sind schließlich eine interkontinentale Bewegung. Wir sind erleuchtete Menschen. Wir liegen zu Füßen der großen Sphinx.«
Der Dichter wandte sich von seinem Begleiter ab, um noch einmal übers Wasser zu rufen: »Hoffentlich funktionieren eure Spritzen bald!«
Die Feuerwehrleute stellten die Reparaturarbeit ein, liefen ins Wasser, auch der Kommandant war jetzt dabei; bis zu den Knien standen sie im Fluß und drohten mit Schraubenschlüsseln und Franzosen:
»Du Ochse von einem Bamba, willst du mit dem Kopf voraus in die Elbe fliegen?«
Herr Bamba erschrak. »Nicht ich habe gerufen!«
»Beim nächsten Begräbnis zertrümmern wir das Kreuz auf deinem Schädel!« brüllte der Kommandant.
»Da, schauen Sie, Mensch, was Sie mir eingebrockt haben«, sagte Herr Bamba. Er blickte finster drein. »Feuerwehrleute gibt es die Menge, und jetzt werden sie ihre Begräbnisse bei der Konkurrenz bestellen. Feuerwehrbegräbnisse sind immer was Feierliches.«
»Verfremden wir doch ein wenig das Leben der guten Männer«, erklärte der Dichter, legte die Hände an den Mund und schrie: »Ich wars, ich, Kytka!«
»Ah, du Bankert der Kytkas!« johlte der Kommandant. »Du

kriegst auch noch dein Fett!«
Herr Bamba rieb sich die Hände. »Sie sind nicht nur ein Dichter, Herr Kytka, Sie sind auch ein Charakter. Was halten Sie davon, wenn wir von der Drogerie den weißen Engel herabholen und ihn in meinem Magazin über das Bett hängen? Oder wenn wir den Uhrmacher Cerha dazu brächten, seine große Uhr überm Laden abzunehmen und sie über dem Lesepult zu installieren? Es wäre zu hübsch, würde der Sekundenzeiger, lang wie mein Bein, zu dem Mácha-Abend ticken.«
Der Besitzer des Bestattungsinstituts rang nach Luft, der Dichter schluckte.
»Herr Bamba, ein zweifaches maniakalisches Delta durchströmt Sie. Ich grabe mit der Stecknadel nach Einfällen, und Ihnen rutschen sie nur so aus dem Ärmel.« Er hob den Blick zu den Wolken. »Sie sind ein Dichter!«
»Sie übertreiben«, sagte Herr Bamba bescheiden.
»Nein, nein«, widersprach der Dichter. »Die Heiden, den Glauben nicht kennend, gelangten zur Wahrheit... Also, Herr Bamba, abgemacht?« Er streckte seine riesige Hand aus.
»Abgemacht«, echote Herr Bamba und legte sein Händchen in die Pranke des Poeten.
Herr Kytka schaute auf die Uhr. Dann zog er ein paar Ansichtskarten aus der Brusttasche seiner Jacke. »In wenigen Minuten werde ich diese Aspekte dem Postwagen des Prager Zugs mitgeben. Der Herr Postmeister hat nämlich meine Artefakte von der regulären Beförderung ausgeschlossen. Angeblich wegen Pornographie.«
Herr Bamba schob die Ansichtskarten wie einen Fächer auseinander, dann faßte er sich an den Kopf.
»Wie machen Sie das?« fragte er, verwundert.
»Ich zerschneide, erstens, meiner Mutter die Geschlechtsheilkunde, zweitens eine Preisliste für Damenunterwäsche, drittens eine Kralitzer Bibel«, erklärte der Dichter und brachte den Besitzer des Bestattungsinstituts mit einer Handbewegung zum Halten. »Dann lasse ich mich an einem besonders abgelegenen Ort nieder und gebe mich dem automatischen Geflüster hin. Dabei klebe ich die Ausschnitte auf Sezessionsphotographien nackter Frauen.«
»Und was meinen die im Postwaggon dazu?«
»Vorgestern, gestern, heute – es ist immer dasselbe: ich schiebe

die Aspekte durch den Briefschlitz des Postwagens und klopfe mit der Faust gegen die Wagenwand. Der Schaffner sammelt die Ansichtskarten auf, um sie zu stempeln. Ich trete unterdessen zurück, zwischen die Nachbargeleise, und beobachte von dort, wie der Beamte sich an den Kopf faßt, wie er in den Waggon hinein gestikuliert, seine Kollegen herbeiwinkt. Gemeinsam betrachten sie die Aspekte, gemeinsam fassen sie sich an den Kopf. Dann klettert der mit dem grünen Kautschukschild auf die Maschine, die gerade Wasser faßt. Der Lokomotivführer wischt sich die Hände an der Putzwolle ab, sieht sich die Aspekte an und langt sich an den Kopf. Die Attraktivität der surrealistischen Objekte, Herr Bamba, ist ungeheuer.«

»Ich bin leider schon Mitglied des Verschönerungsvereins«, murmelte Herr Bamba. »Wem schicken Sie das eigentlich?«

»Schönen Mädchen, die nicht länger in sexueller Unfreiheit leben wollen«, antwortete der Dichter. »Die Wirklichkeit ist alkoholisch, oder sie ist gar nicht.«

»Stimmt«, bestätigte Herr Bamba und reckte den Hals. »Vorhin, als Sie mich bei dem Mäuerchen emporhoben, fiel mir die Geschichte mit dem Dienstmädchen ein, das dem Jungen, auf den es aufpassen sollte, die Goldene Stadt zeigte. Als es ihn auf den Fußboden zurückstellte, fiel der Junge tot um. Haben Sie davon gehört?«

»Nein...« Der Dichter horchte auf.

»Der Höhepunkt kam allerdings erst vor Gericht, als der Richter schrie: ›Wie hat das nur geschehen können?‹ Worauf das Dienstmädchen, riesengroß wie Sie, den Richter fragte: ›Wollen Sie die Goldene Stadt sehn?‹ und der Richter antwortete: ›Ja!‹. Da nahm die Angeklagte den Kopf des Richters zwischen die Handflächen und hob den Mann bis zur Decke. Als sie ihn wieder auf die Beine stellte, fiel der Richter um und war tot.«

»Das ist einfach fulminant«, sagte der Dichter, schaute zum Himmel auf und klagte: »Ich stochere und grabe mit der Stecknadel die Marktplätze nach Ideen um, und der da schüttelt sie nur so aus dem Ärmel!«

»Herr Kytka«, fuhr Herr Bamba fort, »der Fall läßt mir keine Ruhe, mein Vater hat mir öfters die Goldene Stadt gezeigt, aber nie ist etwas dabei passiert. Ob die Leute heutzutage zerbrechlicher sind? Kommen Sie, wir probieren es!«

»Sie kriegen mich doch nicht hoch«, meinte der Dichter.

»Aber Sie mich. Im Vergleich mit Ihnen bin ich ein Kind.«
Auf der andern Flußseite begann jetzt der Motor zu arbeiten, der Hornist hob das goldene Horn an die Lippen, der Schlauchführer packte das goldene Strahlrohr und grätschte die Beine, damit der Wasserstrahl ihn nicht wanken mache. Die Helme glühten wie goldene Hauben. Der Wasserstrahl schoß aus dem Schlauch und riß den Schlauchführer hin und her.
»Na, also!« rief der Feuerwehrkommandant und zeigte mit theatralischer Geste auf den Wasserstrahl, der einen steilen Bogen beschrieb und in der Mitte des Flusses niederging. »Spritzt es, oder spritzt es nicht?«
»Jetzt schon«, rief der Dichter zurück, »aber wie war es damals, als ihr in Drahelice löschen solltet?«
»Du Ochse, warte nur, wenn wir dich erwischen!« brüllte der Feuerwehrkommandant, schnallte das Beil vom Gürtel und stapfte ins Wasser. Die zwei Männer, die neben der Spritze knieten, taten es ihm nach. Zu dritt standen sie im Flußwasser und drohten mit ihren goldenen Beilen herüber. An ihren Helmen brach sich golden das Licht. »Wir werden dir gleich das Maul stopfen!«
»Im Vergleich mit Ihnen bin ich ein Kind.« Mit diesem Satz brachte sich Herr Bamba mit verklärtem Blick in Erinnerung.
»Wollen Sie die Goldene Stadt sehn?« fragte der Dichter.
»Ja«, antwortete Herr Bamba; und er schloß die Augen.

Das Haus der Freude

An der Gabelung der Kreisstraße stand ein Fuhrwerk. Vor dem Pferd kniete ein Mann in lederner Reithose und maß mit einem Schneidermaßband den Hufumfang des Tiers, dann die Brustbreite, danach die Beinlänge vom Knie bis zum Huf. Und trug alles in ein Notizbuch ein.
Vom Straßenrand führte ein schmaler Weg zu einem Häuschen hinauf, an dem Häuschen lehnte ein Gerüst, hinter dem Gerüst an der weißen Wand prangte, in Emailfarben, das Bild eines riesigen Pferds, dem die Vorderbeine fehlten. Auf dem Pferd saß ein Reiter in Unterhosen und zückte den Krummsäbel.
Als der Mann sämtliche Maße notiert hatte, sagte er: »So, jetzt wirds ganz Natur.«
Die beiden Repräsentanten der *Stütze im Alter,* eben mit dem Autobus angekommen, staunten.
»Wollen Sie dem Pferd Hosen schneidern?« fragte Herr Bucifal.
Der kurzgeratene Kutscher wies mit der Peitsche auf die Hauswand. »Das soll mein Fuchs sein, der gefällt mir aber gar nicht.«
»Ich hab potenziert«, klärte ihn der Mann in der Reithose auf.
»Mein Fuchs ist ein schöner Belgier«, erwiderte der Kutscher und tätschelte seinen Wallach, »aber das dort an der Wand, das ist eine Mähre, die den Bauch auf dem Boden schleift. Von wegen mein Fuchs!«
Der Kutscher spuckte aus, knallte mit der Peitsche, und der Belgier legte sich in die Stränge.
»Ihr Blödiane«, rief ihm der Mann in der Reithose nach. »Ich male es doch für euch! Richte allen Kutschern und Chauffeuren aus, daß ich es bloß mache, damit sie schon von weitem was zum Anschaun haben und daß der Heilige Wenzel abends von unten beleuchtet wird wie der Hradschin!«
Der Kutscher wandte sich um und deutete mit der Peitsche auf das Haus. »Was denn für ein Heiliger Wenzel? Der dort sieht aus, als wär er aus Beřkovic weggelaufen.«
»Ich bin auf dem richtigen Weg«, sagte sich der Mann. »Hätte meine Malerei dem Kutscher gefallen, wäre sie sicher nichts wert.«
»Sie sind Herr Nulíček?« sprach ihn Herr Bucifal an.
»Ja.«

»Welch ein Faktum«, witzelte Herr Tonda. »Wir sind Repräsentanten der Pensionskasse für Gewerbetreibende. Sie schrieben uns, daß Sie Interesse an einer Versicherung haben, deshalb sind wir gekommen.«
»Ja, ja, kommen Sie nur mit.«
Auf Herrn Nulíčeks Stiefelschäften schimmerte eingetrocknetes Blut.
In dem kleinen Hof hing an der Stange eine ausgenommene Ziege, sie hatte glasige blaue Augen, und aus ihrer Nase quoll sulziger Schleim. Der gewendete Balg, umschwirrt von Schmeißfliegen, war auf dem Plankenzaun ausgebreitet. Hühner zerrten Därme über den Hof. Der alte, halbblinde Hund in der Ecke hob das Bein, als spiele er Geige, und pinkelte lange.
»Meine Herren!« brüllte Herr Nulíček.
»Was gibt es?« fragte erschrocken Herr Bucifal.
»Wissen Sie, was ich einmal malen muß? Das Jüngste Gericht aller Ziegen, die ich abgestochen habe. Aber wo treibe ich soviel Weiß auf?«
»Sind Sie erst einmal Mitglied der *Stütze im Alter*«, meinte Herr Tonda, »können Sie eine außerordentliche Beihilfe erhalten.«
»Das ist erfreulich.« Herr Nulíček zog ein Fleischermesser aus dem Stiefelschaft und schnipselte an seinen Niednägeln. »Soll ich denn ein ganzes Leben lang mit dem Fahrrad umherfahren und schreien: Häuteee? Ein schönes Gemälde würde das schon werden, bestimmt, es ist bereits in mir drin. Das Jüngste Ziegengericht. Und ich werde mit diesem Messer in der Mitte stehen. Meine Herren, mit welchem Genuß ich einer Ziege den Stahl in die Gurgel stoße... Da fällt mir ein: bin ich als Häutesammler überhaupt Gewerbetreibender?«
»O ja, gewiß«, gab Herr Bucifal Auskunft, »das ist ein amtlich anerkanntes Gewerbe.«
»Eine frohe Botschaft«, sagte der Häutesammler.
»Dieses Gemälde hier auch«, meinte Herr Tonda.
Die Wände und Mauern der Kleinviehställe, des Schuppens, des Hauses, jeder Quadratmeter war bemalt, ein Bild ging ins andre über, ohne daß sie untereinander zusammenhingen. Der Häutesammler stand neben Herrn Tonda und labte sich an dessen Bewunderung.
»Das alles haben Sie gemacht?«

»Natürlich«, bestätigte Herr Nulíček. An den Schuppenwänden wuchs üppiges Grün, quer durch Farn und Zinnkraut lief ein nacktes Weib mit wehendem Haar, in ihrem Rücken stak ein Messer, über ihr, im Geäst, hockte ein bärtiger Mann, der grinsend Messingdrähte verbog, von einem Hügel herab rodelten Kinder auf einem Waschbrett, ein dürrer Jüngling ging barfüßig über Scherben, neben ihm stand ein Mädchen und hielt einen Pferdeschädel in der Hand.
»Wirklich? Das alles haben Sie gemacht?« staunte Tonda.
»Ich allein«, nickte der Häutesammler und ließ kein Auge von dem Vertreter.
Herr Tonda stieg auf die Leiter, um auch jene Bilder zu prüfen, die vom Verandadach verdeckt wurden. Als er, von der oberen Sprosse aus, einen Blick hinunter in den Hof warf und die enthäutete Ziege sah, die Hennen, die das Ziegengedärme auseinander zerrten, den noch immer pinkelnden Hund, und den offenen Abort, dessen Täfelung bemalt war mit Affen, mit Magots und Pavianen, wurde ihm schwindelig. Er schaffte es nicht mehr, die Leiter hinabzuklettern, sondern fuhr auf dem Rücken hinunter, direkt in die Arme des Häutesammlers.
»Das sind Variationen aufs Traumbuch und auf meine Träume«, flüsterte Herr Nulíček.
»Wo nehmen Sie das nur her?« fragte Tonda.
»Es ist in mir drin – wie in der Ziege. Nach dem Traumbuch bedeutet seine erschlagenen Eltern sehen: Glück, seine tote Frau: Freude, Wahnsinn: Hochzeit, und Wut: Glück fürs ganze Jahr.«
»Was für Schulbildung haben Sie, bitte?«
»Zwei Klassen Volksschule«, antwortete der Häutesammler und freute sich darüber, daß Herr Bucifal aufmerksam die Pumpe umrundete, auf deren Kranzstein ein nackter Mann mit einem Hut überm Glied spazierte, zu seinen Füßen wälzten sich sechs nackte Frauengestalten fröhlich im Mist.
»Was ist das?« erkundigte sich Herr Bucifal.
»Das möcht ich selber gern wissen«, erwiderte der Häutesammler, während er rückwärts die Treppe hinaufstieg und die Tür in seinem Rücken aufstieß. »Das Beste kommt erst.« Er hob den Zeigefinger, ließ die Repräsentanten vorausgehen und begann mit der Erklärung, ohne auch nur eines der vielen Bilder anzusehn: »Dies, meine Herren, sind Variationen auf die teuren Men-

schenhände! Hier fährt ein junger Mann mit dem Zug zu seinem Mädchen, er bringt ihr Blumen mit. Hier sehen Sie ihn auf dem Trittbrett, die eine Hand am Waggongriff, in der andern hält er den Strauß. Und hier springt er ab, rutscht mit dem Fuß aus, er kommt unter die Räder. Hier, bitte treten Sie näher, hat ihm ein Rad die Hand abgefahren, in der er die Blumen hält. Seine Braut, die Sie im Hintergrund sehen, hebt die Hände. Die abgefahrene Hand ist inzwischen hinter die Schiene gerollt. Hier sehen Sie, wie der junge Mann mit der Hand, die ihm verblieben ist, nach der andern Hand langt, die immer noch den Blumenstrauß hält. Aber der Zug hat noch Fahrt, und so trennt ihm das nächste Rad auch die zweite Hand ab, welche die erste hält, die wiederum die Blumen hält. Hier endlich sehen Sie, wie der junge Mann sich aufsetzt, im selben Augenblick schlägt das Trittbrett, weil der Zug noch fährt, den Schädel ein, und so kippt er um. Das sind fünfzehn Bilder, wie ich sie erlebt habe, fünfzehn Variationen auf die teuren Menschenhände.«

Der Häutesammler, der Ermutigung aus den Blicken seiner Gäste geschöpft hatte, wandte sich um und ging, rückwärts, auf die nächste Tür zu, stieß mit dem Rücken gegen das Holz, die Tür sprang auf, Licht fiel ein und blendete die Repräsentanten.

»Das ist die Küche, meine Herren. Hier haben wir bereits alles bemalt, nicht nur die Wände und die Decke, sondern auch die Schränke, und die nicht nur außen, sondern auch innen.«

Die Küchenwände glänzten wie feuchte Höhlenwände. Traurige Männer küßten schwangere Frauen, Ochsen stießen einander mit den Hörnern, über dem Bett kniete eine junge Frau und wusch Kuttelflecke in einem Bach, unter Weiden radelte ein Musikant.

»Wollen Sie, bitte, die Kredenz beachten, da setzen sich die Szenen über die Kante in die Kredenz hinein fort und aus der Kredenz wieder heraus. In dieser Kredenz sind alle Variationen auf ein Unglück vereinigt und zu Ende geführt bis zum Tod. Da drin ist, wie Sie sehen können, ein Zigeuner beim Abstich am Siemens-Martin-Ofen. Und hier stürzt der Zigeuner in die Pfanne, in den kochenden Stahl. Hier fährt der Kran mit der Pfanne, auf die unten ein Zigeuner gemalt ist, und dort sehen Sie, wie der Stahl zu Blöcken gegossen wird, in jedem von ihnen ist ein Zigeuner. Im Walzwerk – bitte achten Sie auf das nächste Bild – habe ich aus jedem Zigeuner in den Blöcken Stäbe walzen lassen, und in jedem Stab steckt immer der ganze Zigeuner drin. Hier werden dann die Stäbe zu Blech ausgewalzt, zu Antikorrosionsblech, und in jedem Blatt Blech ist der Zigeuner enthalten, und aus jedem Blatt Blech werden Löffel, Messer, Gabeln gestanzt, und auf jede Gabel, jedes Messer, jeden Löffel hab ich den Zigeuner draufgemalt, der am Anfang in die Schmelzmasse gestürzt war. So geht der Zigeuner mit den Bestecken in die ganze Welt, überall ist ein Stück von ihm drin, aber auf jeden einzelnen Löffel malte ich ihn ganz.« Die Gäste blickten verstört und verwundert drein; sie atmeten schwer.

Herr Nulíček kniete plötzlich neben dem Bett nieder, streckte sich lang aus und kroch in das Schränkchen unterm Waschbekken. »Wie steht es denn jetzt mit der Pension?« fragte er.

Herr Bucifal ging in die Hocke und beobachtete eine Weile, wie Herr Nulíček, der in dem Schränkchen feine Pinsel und Farbschälchen bereitstehen hatte, die Innenwände mit Figuren zu bemalen anfing. »Für Sie wäre die fünfte Klasse die beste, da bekämen Sie eine Pension von ungefähr elfhundert Kronen«, sagte er.

»Dann schreiben Sie mich auf.«

Herr Bucifal warf seine Aktentasche aufs Bett, zupfte das Kohlepapier zurecht, trug Vor- und Zunamen auf dem Anmelde-Block ein, notierte die Pensionsklasse, die Adresse, dann multiplizierte er ein paar Zahlen und unterstrich das Ergebnis.

»Herr Nulíček«, sagte Herr Tonda, »Herr Nulíček, lassen Sie sich nicht auf diese Police ein, es ist Betrug.«

»Was ist los?« Der Häutesammler zwängte sich aus dem Schränkchen.

»Das ist nichts für Sie, das mit der Pension. Sie müßten zwanzig Jahre nachzahlen, um auf die elfhundert Kronen zu kommen. Das haben wir Ihnen nicht gesagt. Kaufen Sie lieber Farben und malen Sie«, redete ihm Herr Tonda zu.

»Aber da müßte ich mein ganzes Leben lang durch die Gegend fahren und schreien: Häuteee! Wenn Arbeiter eine Pension kriegen, warum denn ich nicht? Überhaupt, was geht das Ganze Sie an? Ihr Kollege da schreibt es mir auf, nicht Sie!«

»Jawohl«, pflichtete Herr Bucifal bei, »hier ist der Bleistift, bitte untersch...«

In diesem Augenblick wurde das Oberbett zurückgeschlagen, die Aktentasche klatschte auf den Boden, und aus dem Bett sprang eine Greisin im Trainingsanzug. Sie bückte sich flink nach dem

Anmelde-Block, trennte die oberen Formulare heraus, zerfetzte sie und streute die Papierschnitzel über die hockenden Repräsentanten.
»Das ist meine Mutter«, stellte der Häutesammler die Alte vor, »meine Muse, nach deren Eingebungen ich male.«
»Freut mich«, sagte die Greisin und reichte Herrn Tonda die Hand. »Aus der Police wird nichts! Uns langt das Geld ja kaum für die Farben. Kommen Sie mit ins Zimmer, dort haben wir unsere Spezialitäten.«
Sie öffnete die Tür. Auf den Ehebetten stapelten sich, statt der Matratzen und Federbetten, Glastafeln wie ein Buch.
»Das sind Glasmalereien. Es ist einfach herrlich, wenn mein Sohn mit dem Pinsel die Bilder auf die Rückseiten der Tafeln aufträgt. Zum Beispiel hier, das ist der Heilige Augustinus, wie er auf einem Mähdrescher durchs Getreidemeer fährt. Aber ich glaube, Sie sind mehr für religiöse Motive, oder?« Die alte Frau lachte. »Hier haben wir was Passendes. Da ist die Situation dargestellt, in welcher dem Heiligen Angelus Rosen aus dem Mund fallen. Und hier erkennen Sie das Malheur, das dem Heiligen Bernardus passiert ist, der irrtümlicherweise eine Spinne mitgetrunken hat, als er am Tisch des Herrn aus einem Kelch seinen Durst stillte. Da wäre noch was... He, Sie Antichrist, kommen Sie her.«
Aus der Küche trat Herr Bucifal.
»Haben Sie noch eine Mutter?« fragte die Greisin.
»Ja, doch«, nuschelte Herr Bucifal.
»Dann sehen Sie dieses Bild an. Es zeigt den Traum, den die Mutter des Heiligen Dominikus hatte, ihr träumte, daß sie einen schwarz-weiß gefleckten Hund gebar, der mit einer Fackel die Welt beleuchtete. Eine hochfeine Glasmalerei ist das, wie? Und bestimmt hat auch Ihre Mutter von der Rolle geträumt, die Sie in dieser Welt spielen werden, aber sicher ist ihr nicht im Traum eingefallen, sie könnte einem Betrüger das Leben geschenkt haben. Wie heißen Sie?«
»Bucifal.«
»Hübscher Name. Also lassen Sie die Finger davon, solange es noch Zeit ist, sonst enden Sie im Zuchthaus.«
»Haben Sie denn auch schon etwas verkauft von den Bildern?« fragte Herr Tonda.
»O ja«, antwortete sie und stieß den Türflügel ins Schloß.
An der Tür hing ein blecherner Christus mit ausgebreiteten Ar-

men, gelbem Leib und einer gestreiften Badehose um die Lenden.
»Wir haben damals ein wenig übertrieben«, sagte sie nach einer Weile, »heute seh ich es ein. Unten an der Straßengabelung hing jahrelang ein Blechchristus, die Zeit hatte ihm arg zugesetzt. Die Gemeinde sagte sich, daß sie billiger wegkommt, wenn sie den Auftrag an uns vergibt. Mir war von Anfang klar, daß unser Christus gelb sein und eine Badehose in den Nationalfarben haben würde, eine Art Trikolore. Als wir den Vorschuß hatten, gingen wir in die Stadt zum Klempner, ich suchte einen kleinen Lehrling heraus, drückte ihn aufs Blech, er warf die Arme auseinander, ich zeichnete ihn rundum mit einem Zimmermannsstift nach, dann schnitten wir ihn aus, und zwei Tage später hing er an der Straßengabelung. Es hat leider schlimme Folgen gehabt, in sechs Tagen gab es sechs Unfälle, die Fahrer konnten ihren Blick nicht von dem neuen Christus losreißen, vor allem von der Badehose. So mußten wir ihn schließlich wieder abnehmen und das schöne Geld zurückgeben.«
»Kaum zu glauben. Wie kommen Sie nur immer auf diese Einfälle?« fragte Herr Tonda.
»Es ist in mir drin – wie in der Ziege«, antwortete die Greisin.
»Und was werden Sie mit all den Bildern machen?«
»Wenn wir alles bemalt haben«, sagte sie versonnen, löste den Blick von ihm, trat ans Fenster und schaute in die sich verfärbende Sonne, »wenn alle Wände und Schränke und Böden voller Bilder sind, gehen wir fort und bieten das Haus der Nationalgalerie an. Die soll uns ein anderes Haus dafür geben, ein sauberes. Wir bemalen auch das. In dieses Haus hier müßte man einen Sessellift einbauen, damit die Leute nicht die Fußbodenmalereien abscheuern, schließlich machen wir es ohne Entgelt, nur zur Erbauung der Menschen.« Sie versank in Grübelei. Herr Nulíček war aus seinem Schränkchen hervorgekrochen; er stand auf, gähnte und reckte sich.
»Hab ein bißchen gedöst.«
Die Greisin rückte den Stuhl vor den Schrank und holte die Petroleumlampe herunter. Sie säuberte den Docht, riß ein Streichholz an, setzte den Zylinder auf. Der Häutesammler schaute ihr zu. »Mutter, weiß du, was ich malen werde?« Sein Blick ruhte auf dem niedrig brennenden Docht der Lampe. »Ich werde eine ganze Reihe Mädchen malen, die auf der Kommunionbank

knien, alle haben die Zunge ein wenig vorgestreckt, unterm Kinn das Gebetbuch, der Ministrant geht mit dem Meßbuch durch die Gänge, sieht die Mädchenzungen, läßt das Buch fallen, es geht kaputt – das werde ich malen.«

»Machen wir uns ans Pferd«, meinte die Alte und schraubte den Docht höher.

Im Hof, neben der enthäuteten Ziege, nahm man Abschied voneinander. Der Häutesammler kletterte über die Leiter zum Gerüst empor, ihm folgte die Petroleumlampe, geschützt von der Hand der Greisin. Die Repräsentanten setzten sich seitab in den Straßengraben und warteten auf den Autobus. Die Lampe erhellte die weiße Hauswand, auf die eine Hand andächtig Pferdebeine skizzierte.

Die Straße entlang kam ein Mann, schob sein Fahrrad, zog am Strick ein schwarzweißes Hündchen, das geduckt stehenblieb, nach einem Fußtritt jedoch weiterlief. Am Gepäckträger hing ein toter Hund, aus seiner Schnauze tropfte Blut.

Herr Bucifal krempelte schon die Ärmel hoch. Herr Tonda Uhde hielt ihn am Ellbogen fest. »Schau, gewisse Dinge laß so, wie sie sind. Meinst du, einer ißt Hunde aus Luxus?«

Der Herr Notar

1

Sein tägliches Morgengebet verrichtete der Herr Notar in der Familienkapelle, einem Zimmer mit zwei bemalten Fenstern. Das eine Glasbild zeigte, wie der Heilige Dionysius nach seiner Enthauptung den abgeschlagenen Kopf um den Richtplatz trägt; auf dem andern war dargestellt, wie der verirrte Bote die Hand, die man der hingerichteten Heiligen Agatha abgehackt hatte, zum Ausgangsort seiner Reise zurückbringt, zu der handlosen Leiche.
Der Herr Notar kniete und betete und machte sich zum Vorwurf, nicht genügend gegurgelt zu haben. Schließlich, nach langer Andacht, schlug er das Kreuz, stand auf und öffnete das Fenster. Als sich seine Augen an das helle Frühlicht gewöhnt hatten, ließ er den Blick über die blauen Dächer und über den nahen Fluß gehen. Tief sog er die feuchte Luft ein.
»Oomii, Oomii«, plärrte eine Kinderstimme, »Oomii, der Zděneček ißt Hundewürstchen!«
Der Herr Notar beugte sich hinaus, schaute hinunter in den Hof der alten Brauerei, die stillgelegt war und jetzt als Mietskaserne diente. Neben der Wasserpumpe im Hof stand ein kleines Mädchen mit roter Schürze und Strohhut vor einem mampfenden dreijährigen Jungen.
Aus der Waschküche trat ein dürres Weib, warf die Hände empor und schimpfte: »Ihr dreifach vermaledeiten Bälger, wie soll ich bloß mit der Wäsche fertig werden?« Sie schnappte den Enkel und beutelte ihn über dem Abflußrost. »Du Ferkel, wart nur, bis die Mutter heimkommt, die wird dir den Arsch versohlen!« Sicherheitshalber verpaßte sie dem Jungen gleich selber eine Ohrfeige, daß die Hundewürstchen flogen. Dann wandte sie sich zu dem Mädchen: »Und du, was glotzt du mich so an? Da, nimm« – sie zog eine Trillerpfeife aus der Tasche ihrer nassen Schürze – »und jetzt ab in die Küche zum Spielen. Wenn was ist, Lidla, dann pfeifst du. Ojemineh, wie soll ich bloß mit der Wäsche fertig werden?«
Der Herr Notar schloß das Fenster und trat aus dem Zimmer über den düsteren Gang direkt in die Kanzlei.
»Guten Tag, Herr Notar«, begrüßte ihn das Fräulein Stenotypi-

stin und goß weiter die Topfblumen.
»Guten Tag, Fräulein, guten Tag«, murmelte der alte Herr und rieb sich die Hände. »Nun, was haben Sie gestern alles getan?«
»Ich habe Tennis gespielt, und, stellen Sie sich vor, Herr Notar, ich bin geschlagen worden. Ich bin von einer Dame geschlagen worden, die fünfzehn Jahre älter ist als ich. Nach zwei Sätzen wars aus. Ist das vielleicht keine Schande?« fragte sie und zupfte die welken Blätter von der Pelargonie.
»Aber, aber«, beschwichtigte sie der Herr Notar, »soviel ich weiß, spielen Sie ganz ausgezeichnet.«
»Nein, so gut spiele ich wirklich nicht. Ich hatte auch Lampenfieber.«
»Sollte die Gegnerin tatsächlich besser gewesen sein?«
»Nein, das nicht. Aber bei mir ist das halt so: sobald etwas auf dem Spiel steht, versage ich. Das ärgert mich. Gestern gings um die nächsthöhere Sprosse auf der Clubleiter.«
»Nun, Sie gewinnen das nächste Mal. Und was haben Sie danach gemacht?«
»Als es dunkel wurde und ich mich in der Garderobe ausgeweint hatte, ging ich baden. Im Badeanzug watete ich stromaufwärts bis zur Eiche, es war schon finster, über dem Wäldchen hing der Mond, ein riesiger gelber Mond, der sich im Fluß spiegelte, ich setzte mich auf einen Stein und steckte die Füße ins Mondwasser.«
»Und dann?« Der Herr Notar hob die Augenbrauen.
»Ich schwamm. In dem messingfarbnen Wasser. Es machte mir Spaß, so im Widerschein des Mondes zu schwimmen, mit den Händen die Metallfarbe zu zerteilen, die Hand voll gelben Lichts zu haben, wenn ich sie aus dem Wasser hob. Es war herrlich.«
»Und was war danach?«
»Danach bin ich erschrocken.«
»Was Sie nicht sagen!«
Das Mädchen hatte sich auf den Stuhl vor der Schreibmaschine gesetzt. »Stellen Sie sich vor, Herr Notar, da kamen doch aus dem Schatten des Eichenwäldchens, da kamen doch tatsächlich aus dem Schatten drei Turnhosen.«
»Nicht möglich...«
»Ja, drei weiße Turnhosen. Ich duckte mich ins Schilf. Sie gingen über den Damm, und ich hörte sie reden. Wissen Sie, was das war?«

»Da bin ich aber gespannt!«
»Es waren drei nackte Männer. Weil sie sich in Turnhosen hatten braunbrennen lassen, verschwammen ihre Arme und Beine und Körper ganz mit dem Schatten, den die Bäume warfen. Drei nackte Männer. Und ich hatte zuerst im Ernst geglaubt, da kämen wirklich drei Turnhosen angelaufen.« Die Stenotypistin war verlegen geworden.
»Und haben Sie alles gesehen?«
»Alles... Es waren drei Studenten, so jung wie ich.«
»Das muß hübsch gewesen sein«, sagte der alte Herr bitter, »sehr hübsch. Ein junges Mädchen im Wasser und drei weiße Turnhosen im Schatten des Eichenwäldchens. Was haben Sie dann gemacht?«
»Ich schwamm zum Club zurück. Ich hörte noch, wie die drei Studenten beim Eichenwäldchen ins Wasser sprangen. Ich trocknete mich ab, zog mich an und ging heim.«
»Und daheim?«
»Daheim setzte ich mich unter die Lampe und schrieb mit der Redisfeder.«
»Das wars, was ich von Ihnen hören wollte!« rief der Herr Notar fröhlich.
Das Mädchen stand auf und reichte ihm ein Reispapier in Quartformat, auf dem mit Redisfeder geschrieben stand: *Verdienter Vater, nach langem und fruchtbarem Leben ruhe sanft in der Erden.*
»Sie haben es mir also doch gemacht«, sagte der alte Herr, stutzte jedoch, als er die Inschrift für seinen Grabstein ein zweites Mal las.
»Hm. Warum nicht auch im Himmel sanft ruhn?«
»Sie haben es mir so diktiert.«
»Sicher. Doch eine Grabinschrift, mein Fräulein, ist eine hochwichtige Angelegenheit. Ich möchte einen Satz haben, einen Satz, ja, aus dem man noch nach hundert Jahren erkennen kann, wer ich war.«
»Auf dem jüdischen Friedhof gibt es eine schöne Inschrift: Aus der Erde in die Erde.«
»Das ist eine jüdische Grabinschrift.« Abwehrend hob der Herr Notar die Hand. »Begreifen Sie denn nicht, daß vom Christentum, und nur von ihm, der Mensch zum Sohn Gottes erhöht ward? Gäbe es die Auferweckung und die Auferstehung von den

Toten nicht, wäre alles, was wir hier tun, eitel, eitel. Da fällt mir etwas ein, bitte schreiben Sie!« Der alte Herr stellte sich vor den Maschinentisch, und als die Stenotypistin bereit war, begann er das Diktat: »Meinen Glanz ich dämpfte – glich meinem Staub mich an – um erleuchtet zu sein im Himmel.« Als sie das geschrieben hatte, fragte er: »Was werden Sie heute abend tun?«

»Zur Schneiderin gehn. Ich will mir eine Bluse nähen lassen, so eine im Sezessionsstil, rote Streifen auf weißer Seide, hochgeschlossen, ganz brav, wie es die Gouvernanten trugen, die Paula Wessely hatte in dem Film *Maskerade* so eine Bluse an, oder wenn Sie sie mit Joachim Gottschalk in *Ein Leben lang* gesehen haben...«

»Und nachher? Was werden Sie nachher machen?«

»Tennis spielen. Und dann, abends, baden. Vielleicht wie die Studenten, nackt.« Sie machte große Augen, merkte aber sehr rasch, daß der Herr Notar kein Erbarmen hatte, und so fügte sie artig hinzu: »Wenn ich zu Hause bin, werde ich mit der Redisfeder schreiben, wie Sie Ihren Glanz gedämpft und sich Ihrem Staub angeglichen haben.« Sie richtete sich auf und konnte den Glanz ihrer Jugend nicht dämpfen.

Der Herr Notar gähnte, sein Mund stand noch ein wenig offen, aber sein künstliches Gebiß klappte schon zu. »Danke«, sagte er und nahm hinterm Schreibtisch Platz. »Jetzt aber, bevor die Klienten kommen, wollen wir im letzten Punkt meines Testaments fortfahren.« Er blätterte lange in einem Ordner, den er aus der Schreibtischschublade gezogen hatte. Dann, unvermittelt, erhob er sich und ging im Zimmer auf und ab. Am offenen Fenster blieb er stehen, blickte über die Pelargonien und Preißendächer hinab zum Fluß, wo die Bäume auf den Händen zu laufen schienen, und diktierte: »Mein Sarg soll metallen sein, reich verziert, kleines ägyptisches Muster mit Innenausschmückung, beim Begräbnis sollen sämtliche Glocken läuten, das Trauergemach soll schwarze Tapeten haben, der Fußboden schwarzen Tuchbelag, an der Stirnseite ein prachtvolles Kreuz mit Engeln – sagen Sie, werden Sie heute abend wirklich nackt baden?«

»Nackt... Gott, es wird dann schon finster sein«, antwortete das Mädchen.

»Schön wird es sein«, fuhr der alte Herr fort, »an der Stirnseite ein prachtvolles Kreuz mit Engeln, sechsunddreißig halbpfündige Wachskerzen...« Drunten kamen Schritte über den Brauereihof,

der alte Herr beugte sich zum Fenster hinaus, über die Pelargonien hinweg, über den Hof schlurfte der alte Kutscher, ein Rentner, er suchte sich ein sonniges Plätzchen, nahm die Pfeife aus dem zahnlosen Mund, spuckte aus und lehnte sich an die warme Hauswand, wie ein welker Strauch saß er da, in seinen jungen Jahren, lieber Gott, in seinen jungen Jahren hatte dieser Kutscher zwei Ehefrauen zu Tode geplagt, dachte der Herr Notar, die eine, wenn sie ihm nicht zu willen sein wollte, die zog er an den Haaren zu seinem Schiffskoffer, hob den Deckel, klemmte ihr den Zopf ein und sperrte den Koffer ab, und die andere, der wiederum band er die Zöpfe zu einem Knoten zusammen, nahm das Christusbild vom Haken, hängte seine Frau an den Zöpfen dran, dann konnte er mit ihr tun, was er wollte. Möglich, daß es den Frauen gefiel, möglicherweise tat es ihnen sogar wohl, manche sind ja regelrechte Instrumente des Satans...
»Sechsunddreißig halbpfündige Wachskerzen«, mahnte die Stenotypistin.
»Ja.« Der Herr Notar wandte sich um, betrachtete ihr schwarzes Haar, dann diktierte er weiter: »Ein Männerchor soll Trauerlieder singen, die Aussegnung sollen drei Priester und vier Akolythen vornehmen, die anschließend das Kondukt zum Trauerhaus führen – an der Spitze des Trauerzuges der Leichenbitter – hinter ihm das Ehrengeleit – das Begräbniskreuz mit Leuchtern – am Totenwagen die Männer von der Pietät mit Lichtern – fünfzehn Fiaker und zwei Trauerwagen...« Der alte Herr diktierte mit großer Sicherheit, schaute dabei zum Fenster hinaus; er schien das, was er sagte, vom leergefegten Himmel abzulesen. Die Stenotypistin schrieb so schnell, als schütte sie die metallenen Buchstaben dieses Testaments in eine Blechbüchse.
Geschrei im Nachbarhof veranlaßte den Herrn Notar, sich mit beiden Händen auf das Fensterbrett zu stützen. Seitwärts unter ihm stand der Hausmeister neben der offenen Senkgrube und schrie: »Lád'o, Lád'o, Lád'ooooo!« Im Erdgeschoß wurde ein Fenster aufgestoßen. »Paps, was ist?« Der Hausmeister rief: »Hilf mir, die Stange da zum Fluß zu schaffen, damit wir sie abspülen!« Er zeigte auf die Barre, mit der er in der Senkgrube gestochert hatte. »Aber, Paps, ich hab gewaschene Hände!« »Ich sage, wir gehn mit dieser Stange da!« brüllte der Hausmeister und zog das Holz aus der Grube. Der Sohn kam in den Hof gelaufen und ergriff das saubere Ende der Stange. »Nein«, kreischte der

Hausmeister, »dieses Ende trage ich, du nimmst das andere.« Der Sohn wehrte sich: »Ich hab ein saubres Hemd an und eine neue Krawatte, wie sie in der Stadt keiner hat.« Doch der Vater blieb fest: »Ich trage es dir auf, ich befehl es dir als dein Vater! Ich werde das beschissene Ende doch nicht selber tragen!« »Aber wenn ich doch die neue Krawatte anhab! Ich geh lieber und mach sie runter.« Der Sohn hatte sich schon umgedreht, doch der Vater gab nicht nach: »Nein, ich will, daß du auf der Stelle gehorchst. Nimmst du es nun, oder nimmst du es nicht?« Der Sohn überlegte kurz, dann sagte er: »Ich nehm es nicht, wegen der Krawatte nehm ich es nicht.« Der Hausmeister begann zu toben: »So seid ihr, eure ganze Generation ist so, lauter Stenze. Sakrament, soll ich denn mein Leben lang für euch immer nur das beschissene Ende tragen?« »Vater, das sieht doch jeder ein, daß, wenn ich in einer Weile zum Rendezvous muß, daß ich jetzt nicht in diese Soße langen kann, wie könnte ich Olina nachher die Hand geben?«
»Herr Notar, eine Sache haben wir vergessen«, bemerkte die Stenotypistin, »wie viele Partezettel?«
»Todesanzeigen?« Der Herr Notar war erschrocken.
»Sagen wir: vierhundert. Und die Seelenmessen in der Kirche Sankt Ägidi – kommen Sie mit? – gut – der Männerchor soll mir *Animas fidelium* singen – nach dem Requiem sollen die drei Priester bei der Tumba das *Libera* unter Chorbegleitung abhalten.« Der alte Herr konzentrierte sich zwar auf das Diktat, konnte aber dann doch nicht widerstehen und stellte sich auf die Zehenspitzen, um zu beobachten, wie Hausmeister und Sohn zum Tor des Nachbarhofes hinausmarschierten, die Stange im Fluß zu spülen. Sein Blick fiel auf die Hausmeisterhand, sie hielt das schmutzige Ende; er nickte. »Der Katafalk soll genauso geschmückt sein wie beim Begräbnis – die vorderen zehn Bankreihen sollen mit schwarzem Tuch bezogen sein...«
Aus dem Brauereihof drang gellendes Pfeifen herauf. Bei der Pumpe stand das kleine Mädchen mit Strohhut und pfiff, es pfiff ununterbrochen, die Trillerpfeife vom Hutrand verdeckt, es pfiff so lange, bis die Großmutter aus der Waschküche gerannt kam, im Laufen die Hände an der nassen Schürze trocknete, mit den Armen gegen die Sonne focht und schimpfte:
»Was ist bloß schon wieder los, ihr zwei Mörder? Warum spielt ihr nicht?«

Das kleine Mädchen rieb seinen Schuh an einem Grasbüschel und beklagte sich: »Omiii, der Zděneček hat sich auf dem Teppich bekackt, und ich bin hineingetreten.«
Und pfiff weiter.
»Elende Kröte, auf diese Tour machst dus? Mir wegen jedes Blödsinns zu pfeifen! Ich muß nachmittags noch putzen gehen, und ihr treibt es so mit mir? Wie soll ich bloß mit der Wäsche fertig werden?«
Der Herr Notar zuckte die Achseln und trat vom Fenster zurück. Er ließ sich hinter dem Schreibtisch nieder und sagte: »Diese Inschrift, die Sie gestern geschrieben haben, diese Grabinschrift legen wir zum Testament, weil der Mensch in meinem Alter nicht Tag noch Stunde weiß. Und wenn Sie morgen die Inschrift bringen – glich meinem Staub mich an –, wechseln wir die beiden Quartblätter aus, ja?«
»Gewiß«, sagte das Mädchen und beobachtete, wie sich bei dem alten Herrn, wenn er sprach, das Gebiß bereits schloß, noch bevor die Wörter ganz ausgesprochen waren. Verspürte er Niesreiz, zog er schnell das Taschentuch heraus und preßte es gegen den Mund. Sie fragte sich, wie es wohl aussehen würde, wenn der Herr Notar sein Gebiß an einer Schnur hätte, an so einem Seidenschnürchen, wie ihr Großvater es für den Zwicker hatte... Und noch ein zweites hatte er gehabt! An einem schwarzen Schnürchen, mit einem Rockknopf verbunden, hing sein Hut, damit ihn der Wind nicht mitnehmen konnte. Das wäre etwas, wenn der Herr Notar niesen müßte und sein künstliches Gebiß am schwarzen Seidenschnürchen hängen bliebe. Wie Großvaters Zwicker. Oder wie Großvaters Hut.
»Brrr.«
»Ist Ihnen kalt?« fragte verwundert der Herr Notar.
»Nein, der Tod hat mich angeweht«, sagte sie, umarmte sich und rieb ihre Arme.
»Schöne Redensart«, meinte der Herr Notar und begann in einem Kaufvertrag zu lesen, der bereits mit der Stempelmarke versehen, mit der Schreibmaschine sauber getippt und mit einem rotweißen Faden, an dessen Ende rote Siegel hingen, zusammengenäht war. Als er den Vertrag durchgelesen hatte, stand er auf. Durchs offene Fenster blickte er zum Fluß, wo ein weißes Hemd stand und eine Stange im Wasser schwenkte. Die blaue Bluse des Hausmeisters war eins mit der Farbe des Flusses. Die beiden

Männer richteten sich gleichzeitig auf, schauten stumm übers Wasser, in dem sich das weiße Hemd spiegelte.

2

Das Ehepaar Schiesler, Bauer und Bäuerin aus Bošín, waren die ersten Klienten. Der Notar kannte das Paar schon ein Vierteljahrhundert lang, als Neuvermählte waren sie einst zu ihm gekommen, sie in bäuerlichem Gewand und mit dem Gebetbuch in der Hand, er in Struckreithosen, Schaftstiefeln und mit einem Jägerhütchen auf dem Kopf, beide damals würdevoll wie Könige. Diesmal erschienen sie abgewirtschaftet und städtisch gekleidet.
»Was gibt es Neues bei Ihnen?« erkundigte sich der Herr Notar, nachdem er seine Besucher in Sesseln plaziert hatte.
»Nichts Neues bei uns, nur daß der Nachbar verrückt geworden ist«, sagte der Bauer.
»Nicht möglich!«
»Na ja, mein Nachbar hatte eine Sau und die hatte Junge, aber die sind alle an irgendeiner Lähmung krepiert, bis auf eins. Sie zogen das Ferkel mit der Flasche auf, und es lief ihnen nach wie ein Hündchen. Als es ausgewachsen war, sagten sich die Nachbarsleute, daß sie das Schwein abstechen sollten. Weil sie schwarz schlachteten, ging der Alte nachts in den Keller, und das Schwein ihm nach, weils, wie ich schon sagte, gewohnt war, hinter ihnen herzulaufen wie ein Hündchen. Im Keller legte das Schwein den Kopf dem Nachbarn auf den Schoß, denn es ließ sich nur von ihm den Rüssel kraulen. Der Bauer rammte ihm den Stiel vom Beil in den Rachen, damit das Schwein nicht schreien konnte, dabei warf er den Kerzenständer um, und weil der Nachbar das Schwein schlecht gestochen hatte, mußte er noch einmal mit dem Messer rein. Dann lag er eine ganze Stunde drauf, eh das Schwein ausgeblutet war in der Finsternis. Der Bauer, als er nachher aus dem Keller kam, ließ sich aufs Bett fallen und weinte, und weil ihn niemand mehr beruhigen konnte, mußten sie ihn nach Kosmonos schaffen. Ich sag ja immer, es taugt nichts, sich mit Tieren anzufreunden!«
»Jesus Christus!« stieß der Herr Notar hervor, »und Sie sind dabeigewesen?«
»Nein, die Nachbarsschwester Libuše hat mir alles erzählt, die,

wie Sie sicher wissen, ihr Mädel schon dreißig Jahre im Krankenbett hat, kennen Sie die?«
»Aus der Nummer siebzehn?«
»Genau von dort. Wissen Sie, wie das gekommen ist?«
»Das weiß ich nicht...«
»Der kams teuer zu stehen, daß sie in die Stadt ins Kino lief. Es wurde mit Chaplin der Film mit diesem Bürschchen Gogan gegeben, der darin den Engel spielt, und die Libuše meinte, daß ihre Kleine bei der Weihnachtsbescherung auch so ein Engel sein wird. So machten sie aus Federn Flügel, wunderschön sah das aus, aber die Kleine erkältete sich und kriegte Kopfgrippe, und seit der Zeit liegt sie wie Lazarus.«
»Ah, jetzt! Die Hodačs!« erinnerte sich der Herr Notar. »Ihr anderer Bruder hat das Anwesen Nummer sechsundzwanzig, nicht wahr? Frau Schieslerová, wie geht es denen?«
»Gut, weil sie sieben Strich Feld dazugekauft haben«, antwortete die Bäuerin und faltete die Hände im Schoß. »Der Karlíček hats geschafft. Morgen ist es akkurat einen Monat her, daß man ihn begraben hat. Der hat auch auf die Freundschaft mit Tieren draufgezahlt. Sie hatten ein Fohlen, und das hatte gelernt, in die gute Stube Zucker betteln zu kommen. Voriges Jahr aber kams während der Rübenzeit in die Küche, dort erschraks vor etwas, scheute, stieß gegen den Herdsockel und begann die Einrichtung zu zertrümmern. Der alte Hodač wollte helfen, aber noch ehe er dem Fohlen eine Decke über die Augen werfen konnte, schlug es aus und erwischte den Karlíček. Dem tat nachher das Bein weh, sie mußten Karlíček ins Krankenhaus bringen, wo sie ihm das Bein abschnitten, und darüber ist er ihnen gestorben. Die Hodačs wollten ihr Söhnchen im Sarg sehen, aber kaum war der Sarg aufgemacht, da ließen sie ihn schon wieder zumachen, weil das abgeschnittene Bein neben der Leiche lag. Aber sonst ist es im Dorf jetzt langweilig, Herr Notar, es gibt nichts, was auch nur ein bißchen der Rede wert wäre. Da sind Sie in der Stadt halt besser dran. Wissen Sie, wo der Nachbar Král seinen Hof hat?«
»Nummer vierzehn«, antwortete der Herr Notar lächelnd.
»Ja, der Král, der Trottel, der ist mit der Magd auf den Dachboden gekrochen, und dort haben sie sich so geliebt, daß er den Krampf bekam und von der Magd nicht mehr loskonnte.«
»Kaum zu glauben«, sagte der Herr Notar; er schien beunruhigt, weil die Stenotypistin zuhörte.

»Und ob!« widersprach die Bäuerin und rückte an ihrem roten Hütchen mit der Falkenfeder. »Wir mußten Leitern und Seile und Stricke holen und ließen die beiden Wollüstlinge in der Blahe in den Hof herunter. Das sah aus, der Herrgott soll mich nicht strafen, im Schein der Laternen sahs wie das Altarbild aus – die Kreuzabnahme Christi. Und als wir die Blahe aufschnürten, da bearbeitete die alte Králová, die sich immer was darauf zugute hält, daß ihre Tochter Klostererziehung hat, da bearbeitete die alte Králová die zwei mit der Peitsche, bis der Hausvater ohnmächtig wurde. Aber wissen Sie, daß das ganze Auspeitschen nichts geholfen hat und Begießen mit kaltem Wasser auch nichts, nicht einmal ein leichter Messerstich? Der Herr Doktor mußte kommen. Die zwei hatten zusammengehalten wie der Kalvinistenglaube.«
»Schöne Bescherung«, brummte der Herr Notar.
»Dennoch muß ich konstatieren, daß die Menschen auf dem Dorf viel näher zur Natur haben.«
»Das ist aber auch das einzige«, meinte der Bauer, zupfte an seinem grünen Schal und schob mit dem Finger seine grüne Fliege am Hemdkragen zurecht. »Wollte doch einer unsere Religionslehrerin vergewaltigen! Auf was die Leute alles Appetit kriegen. Sie ging am hellichten Tag an einem Waldstück entlang, dort, wo mans Am Vogel nennt. Und da überholte sie auf dem Fahrrad ein Kerl im blauen Sakko, als die Lehrerin in den Wald trat, sprang der Kerl aus dem Unterholz und sagte: ›Auf einen kurzen Schmerz!‹ und wollte sie vergewaltigen. Die Religionslehrerin, nicht faul, eine Sokolturnerin, trat den Kerl ins Geschlecht, der mußte sein Fahrrad nehmen, und die Lehrerin trat ihn immerfort, bis zur Gendarmerie. Er war irgendein Viehhändler aus Přelouč und redete sich darauf hinaus, daß er nur auf die kleine Seite wollte, aber die Religionslehrerin gab ihm vor dem Gendarmen eine Ohrfeige, daß er schier zusammenbrach und zugab, wie alles war, und jammerte, daß ers nie mehr tun wird. Ansonsten, Herr Notar, ist auf dem Dorf kein Hund mehr los, das ist nimmer wie in unserer Jugendzeit.«
»Ach, Ludvík, erzähl halt dem Herrn Notar noch« – die Bäuerin schneuzte sich ins Batisttüchlein, blies aber das ganze Zeug auf die Finger – »erzähl noch, Ludvík, wie ihr unsern Dorftrottel ertappt habt... Komm!«
»Wird es wohl wieder irgendwie wild?« fragte der Herr Notar

nervös und blickte hinüber zu seiner Stenotypistin.
»Ach wo, das ist nur etwas aus dem Leben«, beruhigte ihn die Bäuerin.
»Ja, das«, begann der Bauer ungehalten, »das taugt überhaupt nichts, das ist die reine Kinderei, da holten sie mich als den ersten Gemeinderat, weil sich ein Nachbar daheim mit selbstgebranntem Sliwowitz halb vergiftet hatte. Also gab ich den Rat, daß sie ihn mit den Beinen nach oben an die Leiter hängen sollen, damit das Zeug aus ihm rausläuft. Leider hatte der Nachbar schon verdaut. Da erinnerte ich mich, wie wir es daheim mit dem Großvater gemacht hatten. Und wir gruben den Nachbar in warmen Kuhdung, weil er schon fast kalt war. Wie wir so die letzten Gabeln Mist draufwerfen, höre ich, daß hinter ein paar Zäunen eine Ziege sonderbar meckert. Fragen wir uns, was war das? Und klettern über die Zäune und ertappen den Dorftrottel, den stotternden Bohoušek, wie er die Ziege...«
Der Herr Notar erhob sich halb und beugte sich zum Bauern hin.
Der Bauer flüsterte etwas, und der Herr Notar sackte im Sessel zusammen.
»Und da nahmen wir Peitschen und Knüppel«, erzählte der Bauer laut weiter, »und bleuten den stotternden Bohoušek, daß er zu stottern aufhörte. Aber ansonsten, was ist das für ein Leben auf dem Dorf? Kein Theater, kein Kino, kein Hotel. Die Stadt dagegen!«
»Vielleicht«, sagte der Herr Notar und beobachtete, wie das Blatt zwischen den Fingern der Stenotypistin zitterte, »für uns Christen jedoch ist Gott überall, auf dem Dorf und in der Stadt, wo der Mensch sich auch aufhalten mag, wohnt Gott in seinem Herzen. Alles andere ist, wie Sie selbst wissen, eitel über eitel. Darum schließen wir Christen als Söhne Gottes unseren Vertrag mit Gott, soweit es die Seele anbelangt, um als Bürger bestimmte eigene Grundbesitzangelegenheiten gleichfalls durch Vertrag zu regeln. Deshalb haben Sie mich heute, wie ich vermute, besucht, um festzulegen, wie im Todesfalle mit Ihrem Besitz zu verfahren sei – habe ich recht?« Der Herr Notar ging zum Geschäftlichen über, die beiden Landleute hatten sich während der Reden beruhigt.
»Ja«, antwortete das Ehepaar.
»Bitte«, sagte der Herr Notar und erhob sich, »wir wollen uns

also über die Formen des Testaments unterhalten.« Während er redete und erklärte und Ratschläge gab, schaute er durchs Fenster hinaus, hinüber zum anderen Ufer. Den Fluß herunter kam ein roter Kahn mit gelben Streifen, ein Kahn, bunt wie ein Eiswagen, er gehörte dem Herrn Břichnáč, Lokomotivführer i. R., auf dem Bug des Kahns stand Herrn Břichnáčs Adresse zu lesen, Zierschrift, auf den Rudern desgleichen, auf der Turnhose, in der Herr Břichnáč ruderte, war die Adresse in Blockbuchstaben unterm Gürtel eingestickt, die Turnschuhe an seinen Füßen wiesen gleichfalls die sorgsam geschriebene Adresse auf, und der Herr Notar schaute und ergötzte sich am Fluß und redete weiter vom Letzten Willen, der Kahn warf rote Reflexe auf Wasser und Bäume, der Herr Notar erinnerte sich, wie vor Jahren die ganze Stadt den Herrn Weihbischof aus Leitmeritz empfangen hatte, der Bahnhof voll Kranzjungfern, Baldachinen, Fahnen, der Stadtrat und die Musik angetreten, aber der Salonzug des Herrn Weihbischofs hatte Verspätung, und so schickte der Fahrdienstleiter schnell noch einen Güterzug übers Hauptgleis, den Zug führte der Herr Břichnáč, der sich, als er das Hauptsignal passierte, aus der Lokomotive beugte und den Bahnsteig mit einem großen Kreuzzeichen segnete, die Kranzjungfern begannen Blumen zu streuen und die Kapelle spielte *Sei tausendmal gegrüßet, Du,* doch durch die Station fuhr ein Kohlenzug... Der rote Kahn verschwand jetzt hinter einer Trauerweide und trug alle Spiegelbilder und alle Aufschriften mit sich fort. »Darum kann auch Besitztum ein Maßstab für die Liebe der Eltern zu ihren Kindern sein, die auf dem vererbten Anwesen weiter wirtschaften werden«, schloß der Herr Notar.

Stille erfüllte die Kanzlei.

»Also, Herr Notar« – der Bauer fuhr sich mit der Zunge über die Lippen – »wir würden meinen – kurz und gut, wie soll ichs sagen? Ja, daß unser ältester Sohn Ludvík, der bekommt das Ganze, aber er zahlt die Anežka aus, unsere Tochter – er gibt ihr fünfzigtausend. Und wir, wir würden ins Ausgedinge gehen.« Er war verwirrt und drückte das Kinn auf die Brust. »Was sagst du dazu, Frau?«

»Ich möchte, daß Sie in den Vertrag geben, daß der Ludvík, mein Sohn, einmal im Monat die Kutsche anspannt und mich nach Křinec auf den Friedhof fährt.«

»Also«, gebot der Notar, »das Fräulein besorgt die Lustren, das

sind Auszüge aus den Katasterbüchern, am kommenden Freitag bringen Sie zwei Zeugen mit, jetzt machen wir das Konzept. Fräulein, schreiben Sie!«
Er trat ans Fenster, blickte hinunter auf den Fluß, dachte an den Herrn Lokomotivführer Břichnáč, der seine abendlichen Spazierfahrten auf einem Veloziped Marke Premier machte, einem Rad mit Gesundheitslenker, das man von einem Klotz aus über das hochgestellte Pedal besteigen mußte, auf dem Rahmen konnte man in Zierschrift die Adresse samt der Nummer des Hauses lesen, in dem Herr Břichnáč wohnte und alle Wände beschriftet, angestrichen, numeriert waren, wo die Gänge und Treppen Markierungen hatten, grün-weiße führten in den Garten, schwarz-weiße in den Holzschuppen, braun-blaue in den Abort.
»Fräulein, sind Sie bereit? Fangen wir an: Für den Fall, daß uns Gott in die Ewigkeit abberuft, ordnen wir folgendes an: Erstens...« Der Herr Notar diktierte.

3

Mittags nahm der Herr Notar seinen Stock und ging spazieren. Auf dem Weg von der Mühle zur Brücke überholte ihn ein Tandem; es gehörte zwei Brüdern, Trafikanten, die seit Jahren neben dem Theater Tabak und Zeitungen verkauften. Der eine war blind, er saß hinten, der andere lenkte, er saß vorn. Früher, als er noch rauchte, hatte der Herr Notar seine Zigarren in der Trafik der beiden Brüder gekauft. Gern hatte er zugeschaut, wie der Blinde tastend den Kiosk regierte. Schon am Räuspern hatte der Blinde seinen Kunden erkannt, nie sich getäuscht, guten Tag, Herr Notar, dann hatte er sich jedesmal umgedreht und genau in das Fach mit den Puertoricanischen gelangt, die Banknote entgegengenommen, deren Wert er mit den Fingern ebenso sicher feststellte wie den Herrn Notar am Räuspern. Die beiden Trafikanten radelten den Fluß hinunter; auf dem glatten Wasser fuhr ihr Spiegelbild mit. Jetzt verschwanden ihre Köpfe unterm Rock des Lindengeästs, nur ihre strampelnden Beine waren noch zu sehen; das Wasser warf die Bewegung zurück: das Kreisen der Pedale, das gleichmäßige Rucken der Beine; eine phantastische Maschine mit vier Rädern. Der Herr Notar überlegte, was wohl

passieren würde, wenn sich die beiden Trafikanten eines Nachts betränken und falsch auf das Tandem setzten, der blinde nach vorn, der sehende nach hinten. Vielleicht fände der Blinde sogar nach Hause, wenn sich ihm nichts in den Weg stellte, vielleicht machte er die Fahrbahn ebenso sicher aus wie den Wert der Geldscheine und das Räuspern seiner Kunden.
Hinter den leerstehenden Pferdeställen bog er zu den Schrebergärten ab. Auch hier stand ein Kiosk; der Herr Notar ging leise vorüber. Wie so oft, wenn er hier vorbeigegangen war, sah er auch diesmal aus den Augenwinkeln die Hände des Trafikanten, die hinter dem Fensterchen auf einem kleinen Tisch ruhten, rot und geflickt, Hände eines Invaliden, die ein Flammenwerfer versengt hatte; der Staat hatte dem Mann einen Orden und eine Trafik gegeben. Vorsichtig stieg der Herr Notar die Steinstufen zum Fluß hinunter, betrachtete verzückt die Stadt und suchte sich aus den Häusern des gegenüberliegenden Ufers seine eigenen zwei Fenster heraus. Eine Frau in roter Joppe trug einen Korb Wäsche zum Wasser herab, kniete auf dem Steg nieder, spiegelte sich im träg ziehenden Fluß; eine zweite Frau schien sich aus dem Spiegel zu erheben. Die Wäscherin zog ein Leinentuch aus dem Korb, drückte es ins Wasser und verwischte ihr Spiegelbild. Auf dem Plattenpfad des Damms näherte sich ihr der Herr Dechant, genau derselbe Dechant in schwarzem Habit spazierte mit den Füßen nach oben im Fluß, und als die rote Wäscherin und der schwarze Rock zueinander standen wie ein roter Punkt und ein schwarzes Rufzeichen, tauchten beide auch im Wasser auf, mit gleichsam umgedrehter Bedeutung, der hochwürdige Herr, der sich auf den Gruß der Frau hin verneigte, schöpfte mit weit ausholender Bewegung Wasser mit seinem Hut.
Der Herr Notar ging in die Hocke, schöpfte Wasser in die hohle Hand, wusch sein Gesicht, stieg wieder hinauf zum Uferweg und verließ, an den Zäunen entlang, die Stadt. Auf einem umgestürzten Fährkahn, nahe bei einem Garten mit Kirschbäumen, saß eine junge Frau im Badeanzug und strickte. Neben ihr, auf dem Holzsteg, lag ein Junge und fischte mit einer Rute im Wasser. Drüben auf der anderen Flußseite ritt ein Mann, barfuß und mit hochgerollten Hosen, auf einem Schimmel über die Wiesen hinab zum seichten Uferwasser. Der Herr Notar beobachtete, wie aus dem Wasser ein zweites Pferd aufwuchs; das eine schien auf den Hufen des anderen zu balancieren. Der Schimmel zog die Zügel

lang, senkte den Kopf und trank seinem Spiegelbild aus dem Maul.
»Mutti, was ist das?« Der Junge stand breitbeinig vor der Frau, einen schlaffen Gegenstand zwischen den Fingern.
»Wirf das sofort weg, Famfík!« rief sie errötend.
»Aber, Mutti, wofür ist das?«
»Ich sage, wirf es sofort weg!«
»Erst wenn du mir sagst, wofür das ist!«
»Das erfährst du noch früh genug...«
»Aber ich will es wissen!« Er stampfte mit dem Fuß auf.
Die Mutter legte das Strickzeug weg, der Junge ergriff die Flucht, die Mutter rannte ihm nach. Als sie die Hand nach ihm ausstreckte, schob er in letzter Verzweiflung den Gegenstand, den er aus dem Fluß gefischt hatte, in den Mund.
»Warte, ich sage es dem Vati!« Die Frau schlug den Jungen, der stolperte, fiel dem Herrn Notar vor die Füße.
»Schöne Bescherung«, sagte der Herr Notar.
Die junge Mutter zog ihrem Söhnchen den Gegenstand aus dem Mund.
»Warte, ich sage es, wie du dich wieder am Wasser aufgeführt hast, du Schmutzfink, elendiger!« Angeekelt warf sie den Gegenstand weit fort.
»Hmm...« brummte der Herr Notar, setzte sich den Hut schief auf, trat den Rückweg an, ließ seinen Stock in der Hand kreisen, schlug nach Jungenmanier den Blumen die Köpfe ab. Und er sah dem Pferd zu, das jetzt schwamm. Der Herr Notar schaute zu. Langsam kehrte das Pferd ans Ufer zurück, stieg mit dem Reiter aus dem Wasser, unter seinem Bauch erwuchs ein zweites Pferd, das mit den Hufen den Wasserspiegel pflügte. Das Tier fiel in Trab und zerstäubte seine Kopie.
Der Herr Notar schritt aus. Als er wieder an der Trafik vorüberkam, war der Platz hinter dem Schiebefensterchen leer. Aus dem Kiosk drang Scharren und Ächzen. Der Herr Notar kehrte um und schaute in die Bude. Auf dem Boden, wunderlich gekrümmt zwischen Stuhl und Regal, lag der Trafikant in einem epileptischen Anfall, über und über mit Zigaretten bestreut. Der Herr Notar ging um die Trafik herum, drückte die Klinke nieder, aber es war abgeschlossen. Er lief zurück. Durchs Fenster erkannte er, daß der Schlüssel steckte. Er stellte den Spazierstock weg, schob die Luke hoch und zwängte sich hindurch. Während er sich aus-

streckte nach dem Schlüssel, verlor er das Gleichgewicht und rutschte, den Kopf voraus, hinab. Er landete auf den roten Händen des Trafikanten, sein Gesicht neben dem des Invaliden, das der Krieg verbrannt hatte. Sein Absatz riß die Schublade des Tischchens mit, die Münzen ergossen sich über die beiden. Der Notar tastete nach dem Schlüssel in der Tür, schloß auf und rollte hinaus ins Licht.
Es war die Zeit, da die Kolporteurin mit dem Fahrrad die Abendausgabe des *České slovo* brachte. Sie sah den Herrn Notar aus der Kiosktür rollen, sah den Trafikanten, der zwischen Zigaretten und Münzen lag, und sprang vom Rad.
»Frau Vorlíčková, helfen Sie mir«, bat der Notar.
Aber die Kolporteurin stand wie ein Pflock. Der Herr Notar mußte allein den Trafikanten aus der Bude ziehen; er knöpfte ihm das Hemd auf und tätschelte das verwüstete Gesicht, wischte ihm den Speichel aus den Mundwinkeln.
Leute kamen herbei, öffneten die verkrampften Finger des Invaliden, holten Wasser und wuschen ihm die Brust. Der Herr Notar streichelte den versengten Schädel des Trafikanten.
»Frau Vorlíčková, rufen Sie seine Frau und den Arzt, ja?« sagte der Herr Notar. »Sammelt das Geld und die Zigaretten ein«, mahnte er die Gaffer; dabei fiel sein Blick aufs gegenüberliegende Ufer. Dort saß ein Angler und warf den Haken. Ein zweiter Angler saß im Spiegel des Flusses wie der Pikkönig.

Das diamantene Auge

Der Reisende hatte bereits seinen Schuh aufs Trittbrett des Waggons gesetzt, als ihn jemand an der Schulter faßte. Er wandte sich um. Auf dem Bahnsteig stand ein älterer Mann.
»Herr, bitte fahren Sie bis Prag?« fragte der Mann.
»Ich fahre nach Prag«, antwortete der Reisende.
»Würden Sie bitte meine Tochter Vendulka mitnehmen. In Prag auf dem Bahnhof wird sie ein Eisenbahner erwarten.«
Der Vater redete hastig; er legte die Hand des Mädchens in die Hand des Reisenden. Der Fahrdienstleiter pfiff, die Schaffnerin half dem Mädchen auf die offene Plattform des Waggons. Der Vater lief jetzt neben dem anfahrenden Zug her. »Vendulka, wir halten dir die Daumen. Und wenn es soweit ist, schicke gleich ein Telegramm, hörst du?«
»Ich höre, Vater, ich schicke gleich ein Telegramm!«
Als der Zug das Blocksignal passiert hatte, öffnete der Reisende die Waggontür und führte das Mädchen in den Gang. Er hielt noch immer ihre Hand, ein wenig ratlos.
Aus dem Abteil hörte man Stimmen, laute Unterhaltung. »Tatsache, wenn ichs Ihnen sage. Wir waren noch ledig, da wollte sie mir ein Hemd kaufen, aber es ging nicht, weil sie meine Kragenweite nicht wußte. Sie wollte schon wieder gehen, als ihr einfiel, wie sie sich helfen konnte, und sie rief durch den ganzen Laden: ›Wenn ich ihn würge, habe ich die Hand immer so!‹ Der Verkäufer holte ein Zentimetermaß, maß die gekrümmten Finger nach und sagte: ›Nummer 40.‹ Und das Hemd, wie Sie sich überzeugen können, sitzt wie angegossen.«
Der Reisende schob die Tür auf und betrat, das Mädchen an der Hand, das Abteil.
»Guten Tag«, sagte das Mädchen, »ich heiße Vendulka Kříšťová und fahre nach Prag.« Sie streckte tastend die Finger aus, berührte den Krauskopf des Witzbolds, der sich ebenfalls vorstellte: »Ich heiße Krása, Emil.«
»Und ich Václav Kohoutek«, fuhr der zweite Fahrgast fort, ein kleiner, glatzköpfiger Mann.
Der Reisende, der das Mädchen hereingeführt hatte, warf seine Tasche ins Gepäcknetz, dabei streifte er den Glatzköpfigen.
»Sakra, können Sie nicht achtgeben?«

»Pardon.«
»Ist jemand getroffen worden?« wollte das Mädchen wissen.
»Nehmen Sie hier am Fenster Platz«, riet ihr der Glatzköpfige und wischte sich die Augen, »damit Sie was von der Gegend haben.«
Das Mädchen betastete den Sitz, dann das Fenster. Sie hielt die linke Hand waagrecht in der Luft, als prüfte sie, ob es regnete. Dann sagte sie: »Draußen scheint die Sonne.« Die Mitreisenden verstummten.
»Der Herr auf dem Bahnhof war wohl Ihr Vater?« fragte nach einer Weile der Reisende, der mit dem Mädchen zugestiegen war.
»Ja. Ach, Sie müßten ihn näher kennenlernen. Um ihn kann mich jeder beneiden. Er ist Obstgärtner. Was der alles erlebt! Vor ein paar Jahren überfuhr er mit dem Lieferwagen die Dymáčková, unsere hinkende Nachbarin. Die Sache kam vors Gericht. Vaters Feinde freuten sich schon, Gott sei Dank, der alte Křišta kommt in den Knast, oder er muß blechen, bis er schwarz wird. Aber die alte Dymáčková erschien ohne Krückstock bei der Verhandlung und küßte dem Vater die Hand, weil er sie so gut überfahren hatte, daß sie nun nicht mehr hinkte. Schade, meinte sie, daß sie der Vater nicht schon vor dreißig Jahren überfahren hätte, dann wäre sie bestimmt noch unter die Haube gekommen.«
»Großartiger Vater«, lobte der Krauskopf.
»Gelt?« Vendulka lachte. Der Zug fuhr in eine Kurve, und die Sonne sprang vom Abteilfenster zum Gangfenster über. »Die Sonne ist verschwunden«, sagte das Mädchen.
Die Fahrgäste blickten einander an und nickten.
»Wie ist denn Ihr Vater?« fragte Vendulka und legte ihre Hand dem Witzbold aufs Knie.
»Mein Vater ist schon seit fünfzehn Jahren Rentner, er hat das größte Herz in ganz Europa. Ein Herz so groß wie ein Eimer.«
»Das kann doch nicht...« nörgelte der Glatzköpfige.
»Einfach großartig!« rief Vendulka.
»Gewiß. Und deshalb hat der Vater einen Vertrag mit der Fakultät, daß nach seinem Tod sein Herz der Universität zufällt. O ja, Ausländer wollten Vaters Herz kaufen, aber der Vater ist Patriot und sagte nein. Seit er den Vertrag hat, darf er weder baden noch fliegen, noch Schnellzüge benutzen.«
»Ich weiß«, rief das Mädchen. »Damit das berühmte Herz nicht kaputtgeht oder verlorengeht.« Sie ertastete die Hand des Er-

zählers und drückte sie. »Ein Vater wie der Ihre geht nicht verloren, genausowenig wie der meine.«
»Jaja. Manchmal besuche ich mit dem Vater die Fakultät, wo sie ihn nackt ausziehen. Der Professor bekritzelt ihn mit einem blauen und einem roten Stift.«
»Natürlich«, rief das Mädchen, »mit dem roten Stift zeichnet er die Arterien und mit dem blauen die Venen, stimmts?«
»Jawohl. Vater wird in den großen Saal gefahren, die Studenten stehen um ihn herum, der Professor befummelt ihn mit einem Zeigestock wie eine Gewässerkarte. Manchmal schließt der Professor das Herz eines Studenten ans Megaphon an, aber das ergibt nichts, das ist bloß, wie wenn man aufs Tamburin tupft, oder wie wenn der Unteroffizier vom Dienst über den Kasernenflur stapft. Wenn das Herz meines Vaters ans Megaphon...«
»Das klingt wie Gewittergrollen«, unterbrach ihn Vendulka, »wie ein berstender Felsen. Wie wenn man Kartoffeln in den Keller schüttet, oder wie wenn Emil Gilels spielt, gelt?«
»Genauso.« Der Krauskopf schob den Finger zwischen Hals und Hemdkragen.
»Ach«, rief das Mädchen, »ich bin ja so froh, daß ich hier mit Ihnen beisammensitze. Daß auch noch jemand andrer einen berühmten Vater hat!«
»Herr Professor Vondráček kann es gar nicht mehr erwarten, bis er mit dem Skalpell zu dem berühmten Herzen meines Vaters vordringen kann.«
»Wieder wird ein Tschechenherz berühmt sein!« lachte das Mädchen.
»Aber mit Ihrem Vater kann sich keiner messen«, erwiderte der Glatzköpfige und holte seine Aktentasche aus dem Gepäcknetz.
»Da haben Sie recht. Nur, man muß ihn *sehen.* Wenn er tanzt! Wenn Kirchweih ist, tanzen wir immer zusammen, und der ganze Saal schaut zu. Der Vater läßt ein Solo spielen. Einmal bestellte Vater sich die *Rotweißen,* weil er zu dieser Melodie die *Grünweißen* singen kann, unsere Fußballmannschaft hat nämlich grüne Trikots und eine grüne Fahne, ganz wie die *Slavia,* nur in Grün. Da kam ein Polizist und sagte: Die *Rotweißen* werden nicht gespielt! Vater zog einen Hunderter heraus, gab ihn dem Kapellmeister und sagte: Die *Rotweißen* werden gespielt! Die beiden reizten einander wie beim Färbelspiel, bis der Vater Schluß machte und dem Polizisten die Faust aufs Nasenbein setzte. Sie

müssen wissen, daß der Polizist eine ziemlich schiefe Nase gehabt hatte, durch den Stoß wurde sie zurechtgerückt. Die Gerichtsverhandlung ging deshalb für den Vater sehr gut aus, der Polizist war ihm richtig dankbar für die Korrektur, denn inzwischen hatte sich eine Bauerntochter in ihn verliebt, es gab eine Hochzeit, und heute noch bekommt der Vater an Kirchweih von dem Polizisten ein Körbchen voll Kolatschen geschenkt, und zu jedem Schlachtfest bekommt er seine Wurst.«
»Kaum zu glauben«, sagte der Glatzköpfige, »ein Nasenstüber, der ein Familienglück begründet.« Er zog seinen Mantel an.
»Und was macht Ihr Vater?« erkundigte sich das Mädchen bei ihm.
»Der lebt nimmer. Aber er war ein herrlicher Vater, das merke ich erst jetzt, wo er tot ist. Er arbeitete in der Nachtschicht. Gegen Morgen knarrte die Gartentür, die Mutter goß heißes Wasser in den Bottich, inzwischen verstaute der Vater den Hausbrand im Hof...«
»Was ist Hausbrand?« fragte Vendulka.
»Ein großes Stück Kohle, das die Bergleute von der Schicht heimbrachten in einer großen Rocktasche. Der Vater trat ein, zog sich aus, die Mutter stellte einen Topf Kaffee auf den Hocker, der Vater wusch sich, setzte sich auf den Hocker, aß einen Kanten Brot und trank Kaffee dazu, dann schlüpfte er aus den Stiefeln und zog sich die guten Sachen an. Er richtete es immer so ein, daß er mit dem letzten Schluck Kaffee auch mit dem Anziehen fertig war. Er setzte seine Mütze auf und ging in den *Blauen Stern* zum Kartenspielen. Mittags brachte ich ihm das Essen, der Vater aß und spielte weiter. Gegen vier kam er heim und legte sich auf den Fußboden, um sich, wie er sagte, das Kreuz gradezurichten. Dann machte er ein Nickerchen und ging wieder in die Schicht. Eines Tages aber, Mutter goß grade das heiße Wasser ein...«
Der Zug verlangsamte die Fahrt, und der Glatzköpfige reichte Vendulka die Hand: »Ich wünsche dir alles Gute, Mädchen. Ich muß hier aussteigen.« Er öffnete die Abteiltür und trat auf den Gang hinaus. Der Zug hielt.
Vendulka tastete nach dem Messingknopf am Fenster, ließ die Scheibe herunter und beugte sich hinaus. »Lieber Herr, erzählen Sie mir doch die Geschichte zu Ende!«
Der Glatzköpfige trat unter das Abteilfenster. »Also gut. Die Mutter hatte das Wasser eingegossen, aber der Vater kam nicht.

Das Wasser wurde kalt, die Mutter öffnete die Tür, um nach dem Vater auszuschauen. Als sie die Tür aufmachte, rollte Vaters Pfeife in die Stube.« Der Zug fuhr wieder an, der glatzköpfige Mann ging neben dem Wagen her. »Die Mutter hob die Pfeife auf und fing an zu weinen, sie warf ihren Wollschal über und lief zum Schacht. Vater war von einem Felsbrocken erschlagen worden, seine Kameraden fürchteten sich davor, das Unglück der Mutter zu melden, deshalb lehnten sie nur die Pfeife an die Tür und rannten davon. Weißt du, Mädchen, ich habe meine Mutter nie schlafen sehn. Wenn ich morgens aufwachte, war sie schon auf den Beinen, wenn ich schlafen ging, flickte sie in der Stube, ich hab sie erst schlafen sehn, als… nachher.« Er war stehengeblieben. Keuchend sah er dem Zug nach, der den Bahnhof verließ und in eine weite Kurve bog. Die Sonne sprang vom Gangfenster zum Abteilfenster zurück. Im Abteil war es lange still.
»Mein Vater war Gerber«, fing der Reisende, der das Mädchen mitgebracht hatte, nach einer Weile zu erzählen an. »Er litt an Altersbrand. Jedes Jahr mußte ihm ein Stück mehr vom Bein amputiert werden. Er fuhr in einem Wägelchen. Sein größtes Vergnügen waren die Rosen, die an der Mauer der Gerberwerkstatt wuchsen. Marschallrosen. Sie waren gelb. Und nur Vater durfte welche abschneiden, er tat es fast nur für die Kirche oder für junge Mädchen. Als später die Hofmauer wegen der neuen Straßenführung durchbrochen wurde, gingen die Marschallrosen ein. Vater grämte sich sehr. Doch er fand bald ein neues Vergnügen. Täglich fuhr er zur Todeskurve und regelte dort den Verkehr, anfangs durch Handzeichen, später mit einem Fähnchen. Von morgens bis in die Nacht hinein, auch wenn es regnete. Ich mußte ihm mit Draht einen Regenschirm am Wägelchen befestigen. Acht Jahre lang regelte er in der Todeskurve den Verkehr. Bei seiner Beerdigung standen vorm Friedhof mehr als hundert Lastautos, und sein Platz an der Kurve war bedeckt mit einem Blumenhügel.«
»Wie hoch?« fragte Vendulka.
»So.« Der Reisende hob die Hand des Mädchens.
»Bald darauf kam es in der Kurve wieder zu Unfällen. Man brachte dann zwei große Spiegel an…«
»Du lieber Gott, Sie haben ja auch einen berühmten Vater!« rief sie. »Einen Vater, der sich in einen Spiegel verwandelt hat.«
Die Fahrgäste blickten einander an.

»Ihr Vater kam mir auf dem Bahnhof recht schlank vor«, sagte der Reisende.
»Sie hätten ihn vor einem Jahr erleben müssen. Rund war er wie eine Kartoffel. Und Herzverfettung hatte er, und Gallen- und Magen- und Nierenbeschwerden. Die Mutter sagte immer, das käme von der ungeregelten Lebensweise. Der Doktor verordnete Diät, aber weil der Vater gern aß, hielt er nicht durch. Da gab ihm die Gewürzkrämerin den Rat: Wem der Wille fehlt, dem kann nur die Polizei helfen. Und es stimmte! Vater wurde auf die Polizei gebracht, er beleidigte die Beamten und diktierte die Beleidigungen ins Protokoll. Er bekam ein halbes Jahr. Vaters Feinde freuten sich schon, Gott sei Dank, dieser Kerl wird uns nicht mehr provozieren. Aber nach einem halben Jahr kehrte Vater schlank wie ein Student zurück, im *Kranz* veranstaltete er gleich eine Pressekonferenz, er hielt alle frei und sagte zu den Reportern: Ihr Deppen, ein richtiges Gefängnis ist besser als alle Badekuren der Welt! Ich bin gesund geworden und hab außerdem noch zweitausend Kronen mitgebracht! Die fetten Nachbarn wurden ganz neidisch. Meine Herren, es wäre wirklich schön, wenn Sie einmal zu uns nach Hradčana kämen, ich lade Sie ein, jeden Donnerstag ist Tanz bei uns. Ich lade Sie ein. Aber kommen Sie, bitte, erst in zwei Monaten.«
»Tanzen?« fragte erschrocken der Krauskopf.
»Tanzen, ja. Ich bin doch erwachsen. Der Herr Doktor hat gesagt, daß er mir die Operation macht, sobald ich sechzehn bin. Und die Operation wird diese Woche gemacht. Ich werde sehen können. Ich werde die Leute sehen können, und die Dinge und die Landschaft und meine Arbeit. Ob die Körbe hübsch sind, die ich flechte? Die Welt muß prächtig sein.«
»Glauben Sie?« fragte der Reisende, der mit ihr zugestiegen war.
»Und ob! Sie muß prächtig sein. Wissen Sie, bei uns in der Anstalt arbeitet einer, Ludvík heißt er, der war so unglücklich verliebt, daß er sich mit einem Kopierstift die Augen aufkratzte. Der Doktor warnte ihn: Noch einmal, Ludvík, und du siehst nichts mehr von der Welt. Dem Ludvík war das egal, er wollte nichts mehr gemein haben mit dieser Welt, und deswegen kratzte er sich ein zweitesmal die Augen auf. Jetzt flicht er Körbe und ist immer traurig. Ach, ich glaub schon, daß die Welt schön ist, schön wie das Herz Ihres Vaters, das groß ist wie ein Eimer, und schön wie

Ihr Vater, der sich in zwei Spiegel verwandelt hat. Wenn ich sehen kann, in zwei Monaten, kommen Sie dann zum Tanz nach Hradčana?«

Die Abteiltür ging auf. »Die Fahrkarten, bitte«, sagte die Schaffnerin. Sie gähnte vor Langeweile.

Abendkurs

Ich stand an der Ecke Valentin-/Veleslavíngasse und wartete. Die Gehsteige waren leer. Vom Marienplatz kam ein Motorrad, eine zweihundertfünfziger Jawa mit doppeltem Lenker, und hielt neben mir an. Vom Sozius stieg der Fahrlehrer und zog mit klammen Fingern Zigaretten aus der Hosentasche. Bevor er sich eine anzündete, beobachtete er einen langen Augenblick vorwurfsvoll seinen Schüler, der auf der Maschine saß und mit dem Absatz in den Leergang zu schalten versuchte.

»Er ist nicht drin! Noch nicht, immer noch nicht! Na, heute haben Sie mir aber nicht viel gezeigt. An den Kreuzungen war es ganz entsetzlich. Schalten Sie das Licht aus! Und jetzt sagen Sie mir schnell noch, welche Verkehrsvorschriften an Straßenkreuzungen gelten.«

»Tja, Herr Foŕtík«, sagte der junge Mann, »ich bin aus dem Januarkurs und heute haben wir September. Mein Kopf ist irgendwie blockiert. Ich habs intus, aber ich kanns nicht sagen.«

»Sie wollen doch die Prüfung bestehn, oder? Lernen Sies doch endlich mal. Sie kommen nachmittags von der Arbeit, da hätten Sie weiß Gott Zeit genug, die paar Vorschriften zu pauken.«

»Wenn ich heimkomm, schlaf ich erst mal.«

»Gut, Sie schlafen, aber irgendwann wachen Sie ja auch doch wieder auf. Dann könnten Sie doch die paar Seiten lernen. Was tun Sie, wenn Sie ausgeschlafen haben?«

»Lesen. Hab da ein tolles Buch. Heißt *Der entmenschte Doktor Quarz und die anmutige Zanona,* das ist ein Buch. Wenn Sie wollen, bring ichs Ihnen mal mit.«

»Sie können sich Ihre Witze sparen, ich bin selber guter Laune. Gut, Sie lesen also die anmutige Zanona, und was ist dann, am Abend?«

»Da gehts erst recht nicht, Herr Foŕtík. Ich hab ein Mädchen, eine tolle Maschine. Nichts Überschweres, obengesteuerte Ventile, hübscher Nocken mit obenliegender Nockenwelle. Die Jungs werden ganz wild, wenn wir auf meiner Schaukel an der Sázava eintrudeln.«

»Sie fahren schon, obwohl Sie noch keinen Führerschein haben? Mann, Mann.«

»Was soll ich denn machen, Herr Foŕtík? Seit Januar besuch ich den Kurs, und die neue Schaukel steht seit diesem Tag im Schuppen. Bis Juli hab ichs ja ausgehalten. Aber dann. Zuerst probierte ichs sonntags, wenn niemand daheim war, im Hof, wo ich den großen Spiegel aus dem Zimmer aufgestellt hatte. Ich legte die schnelle Kluft an, bin mit dem Motorrad immer wieder vor den Spiegel gefahren, wollte sehn, wie mir der neue Aufzug paßt. Dann hielt ichs nicht mehr aus und fuhr auf die Straße hinaus. Und ich sag Ihnen, es hat geklappt, hab gleich einige größere Fahrzeuge in meinen Auspuff gucken lassen.«

»Es reicht, es reicht, überanstrengen Sie sich nicht, und überanstrengen Sie mich nicht. Sie hätten, das nur nebenbei, die Maschine falsch einfahren können, ist Ihnen das klar? Aber wenn Sie vom Rendezvous kommen, ists daheim sicher schön ruhig. Da könnten Sie doch die Vorschriften lernen, oder?«

»Am späten Abend werd ich erst richtig lebendig. Ich höre Radio, Munich und Luxembourg, elektrisches Banjo, elektrische Gitarre, Jazztrompete, Zupfbaß und Klavier nur als Schlagzeug. Besuchen Sie mich mal abends! Der Bing Crosby, die Eartha Kitt und Louis Armstrong, die singen, daß Ihnen…«

»Es reicht. Vielleicht besuch ich Sie mal, vielleicht fahr ich mit Ihnen mal an die Sázava, aber vorläufig bin ich noch Ihr Lehrer. Am Samstag geb ich Ihnen die letzte Doppelstunde. Und merken Sie sich eins: am Samstag, bevor Sie den Schlüssel umdrehn, will ich sämtliche Verkehrsvorschriften von Ihnen hören, einwandfrei und auswendig, sonst setze ich mich erst gar nicht hinter Sie. Was sind Sie von Beruf?«

»Buchbinder.«

»Bon, geben Sie mir Ihr Fahrtenbuch. Und denken Sie dran: auswendig. Das meine ich ernst.«

»Ich werd büffeln, Herr Fořtík. Schon wegen Ihnen. Ich hoff bloß, daß mir dann nicht grade die zuständige Tasse im Schrank zerspringt. Vielen Dank auch, und gute Nacht!«

»Knülch«, flüsterte der Fahrlehrer und wandte sich mir zu. »Sie sind der Hrabal, ja? Haben Sie auch schon ein Motorrad?«

»Ja, Herr Fořtík.«

»Werden schon grau. Wie kommts, daß Sie sich so spät zu einem Motorrad entschlossen haben?«

»Was tun, Herr Fořtík, bin nicht mehr gut zu Fuß, seh mir aber gern ein bißchen die Gegend an, die Feldwege, den Wald, am Wasser entlang, das duftet bei uns wie gespaltenes Rohr.«

»Hm, nicht übel. Ich rauch noch eine, mir ist kalt. Sie sind noch nie Motorrad gefahren?«
»O doch, mit meinem Vater, freilich immer nur hinten auf dem Sozius, aber das von Kindheit an. Unser erstes Motorrad war eine Laurin, die mußte man noch anschieben. Im Beiwagen saß Mutter mit meinem kleineren Bruder. Wir schoben und schoben, und wenn die Laurin endlich ansprang, reichte Vater und mir oft die Kraft nicht mehr zum Aufspringen.«
»Glauben Sie, Hrabal, daß ich mich an so eine Maschine überhaupt nicht mehr erinnern kann? Aber Sie werden in die Prüfung müssen – warum wird für die Schmierung Öl benutzt?«
»Ölfilm, Viskosität.«
»Gut. Und was ist Kompression?«
»Das Verhältnis des Verbrennungsraums zur Summe aus Hubraum und Verbrennungsraum.«
»Sehr gut. Eins allerdings merken Sie sich: die unbedarften Knaben werden fahren wie die Götter, und Sie werden in den Dreck fliegen. Machen Sie sich nichts draus. Nachher werden Sie die Kilometer auf ihrer Čz sauber herunterradeln. Ihr Vater war ein Bahnbrecher – fährt er noch?«
»Ja, Herr Fořtík, er fährt noch. Zu Haus wird nur von Autos geredet. Er ist nämlich auf Pkw umgestiegen. Ich glaub, mein Vater stellt sich sogar den Himmel als Autofriedhof vor, und wenn er stirbt, bekommt er an der Himmelspforte ein Paket Werkzeug und kann bis in alle Ewigkeit Wracks ausschlachten … Früher war das ganz anders mit ihm. Vater war auf seine Art ein Luftikus, und meine Mutter, die hatte es, wie alle Mütter, mit den Nerven. Der Vater tröstete sie: Komm nur mit, Maryška, die Luft wird dir guttun. Und los gings. Kaum hatten wir ein paar Fuhrwerke überholt, da dachte der Vater nicht mehr an Mutters Nerven, duckte sich übers Lenkrad und drehte auf. Ich sah die Mutter nur wie im Nebel, sie preßte den Bruder an sich und schrie die ganze Zeit: Franci, Franci, um Gottes willen, Franci! Aber Vater gab nicht nach. Damals waren grade die Ballonmäntel in Mode gekommen, Vaters Mantel blähte sich und machte ihm einen Buckel, der mir auf dem Sozius die ganze Aussicht verdeckte.«
»Sie sind damals tatsächlich so über die Straßen gerast? Die Federung dieser Laurin muß doch miserabel gewesen sein!«
»Und ob. Was ich auf dem Soziussattel ausgestanden habe! Der war nämlich zweifach gefedert, extra für den Herrn Direktor, mit

dem mein Vater manchmal ein Fährtchen machte. Der Direktor wog zwei Zentner. Sie können mir glauben, Herr Fořtík, daß ich von der Landschaft nur etwas mitbekam, wenn wir anschoben oder reparierten. Den lieben langen Weg tränten mir die Augen, die Gegend war eine einzige Dauerwelle, Äcker und Bäume vibrierten.«

»Hm, da war Ihr Vater also ein Aß?«

»Für uns Jungen ja, für die Mutter nein. Waren wir endlich am Ziel, hatten wir wenig vom Großmuttertal oder vom Böhmischen Paradies. Ich erbrach mich, und Mutter lag verwelkt im Beiwagen und lallte nur: Warum bin ich bloß eingestiegen, warum bin ich bloß eingestiegen! Sie nahm Pülverchen. Schuld an ihren Zusammenbrüchen mag gewesen sein, daß sie auf unseren Ausflügen immer nur das registrierte, was einen ins Krankenhaus oder auf den Friedhof bringen konnte, und der Vater immer nur das, was geradewegs auf die berühmte Rennstrecke Targa Florio führte. Hatten wir uns einigermaßen erholt von der Fahrt, gings heimwärts; die Rückfahrt war nicht besser. Zwar versprach und schwor der Vater der Mutter jedesmal hoch und heilig, das Wohl der Familie im Auge zu behalten, aber schon nach einer Viertelstunde war er von der Fahrerei wieder so inspiriert, daß wir wie ein Phantom durch die Gegend rasten.«

»Fangen wir an.«

Ich zog das Motorrad vom Kippständer, ließ ihn mit dem Schuh einrasten.

»Vorher wiederholen wir noch mal, Hrabal: Zuerst drehen wir den Zündschlüssel im Zündschloß. Die Gangschaltung ist hier anders als bei Ihrer Čz.«

»Ich fahre noch nicht damit, ich hab ja noch keinen Führerschein.«

»Ich weiß, ich spreche jetzt rein akademisch. Hier, der erste Gang geht nach oben, der zweite, dritte und vierte nach unten. Beim Einlegen der Gänge lassen wir es leicht klicken. Und schalten Sie das Licht ein.«

»Sitzen Sie richtig, Herr Fořtík?«

»Ja. Schon passiert, sauber krepiert ist sie Ihnen. Beim Anfahren mehr Gas, mehr Gas und die Kupplung langsam loslassen. Noch einmal den Kickstarter treten, nein, nein, so springt sie nicht an.«

»Ach, ich hab ja noch den ersten Gang drin.« Ich schaltete in den

Leergang und startete. Der Motor heulte auf. Ich hatte das Gefühl, ganz Prag beobachtete mich. Wieder legte ich den ersten Gang ein.
»Ruhe, Hrabal, nur Ruhe. Mehr Gas. Schauen Sie zurück, ob die Straße frei ist. Zeigen Sie mit der Hand an, daß Sie sich einordnen wollen. Nächster Gang, Kupplung. So, und jetzt biegen wir links ein. Schalten Sie in den Dritten! Hier bremsen wir leicht. Achtung, ein Dreieck. Jetzt nach rechts in die Karpfengasse. Die Hand raus, weiter, noch weiter! Das muß ordentlich gemacht werden, sonst sieht es aus, als wollten Sie sich am Knie kratzen, oder als wär Ihnen der Sockenhalter aufgegangen. Wir haben Geschwindigkeit verloren, zurückschalten, erster und gleich wieder zweiter, dritter Gang. Jetzt am Neuen Rathaus vorbei, wir zeigen durch Armausstrecken, daß wir zur Astronomischen Uhr wollen. Aufgepaßt! Ist die Pariser frei? So. Über die Schienen fahren wir ein wenig resoluter, vor allem wenns geregnet hat, da bekommen wir nämlich gleich wieder Kontakt mit dem Pflaster. Hier biegen wir über den Platz nach links ab. Vorsicht! Nein, kein Gegenverkehr, auch kein Schienenfahrzeug hinter uns. Und ab in die Lange Gasse. Hat es Sie denn mit dem Vater auch mal hingeschmiert?«
»Auf der Laurin nicht. Erst später, auf der BMW, dann aber gleich richtig. Auf der Laurin erwischte es den Vater immer bloß allein. Die Mutter hatte für längere Strecken bald nicht mehr die Nerven, darum fuhren wir mit dem Zug, und der Vater kam mit dem Motorrad nach. Das heißt, er wollte nachkommen. Er schaffte es nie. Als wir in Brünn auf ihn warteten, kam er ebenfalls mit dem Zug, die Hand in der Schlinge, den Kopf verbunden, trotzdem ziemlich fidel. Irgendwo hinter Bítov hatte er eine Kirche gerammt, die Sakristei.«
»Die Sakristei? Das habe nicht einmal ich fertiggekriegt. Ja, das war wirklich gut, Sie haben den Ersten schön sanft hineingeschoben. Jetzt nach rechts, die Revolutionsstraße ist frei, flotter, flotter! An der Kreuzung hält man die Maschine am besten unter Dampf, es ist peinlich, wenn einem das Ding unterm Arsch verreckt. Mein Kompliment dem Herrn Vater, mein allerhöchstes Kompliment – ist er denn danach wieder aufs Motorrad gestiegen?«
»Jaja. Er riskierte sogar noch mehr. Die gleichen Verfolgungsrennen. Ich erinnere mich, daß wir einmal mit dem Zug nach

Skuteč vorausfahren mußten, Vater wollte mir irgendeinem Maschinisten nachkommen. Er erschien wieder ohne Motorrad, mit dem Zug, und voller Pflaster. Sie hatten ein Kuhgespann über den Haufen gefahren. Als sie ankamen, der Maschinist sah nicht besser aus, nahmen sie alles schon wieder auf die leichte Schulter, der Vater lachte sogar: Ihr werdet sehn, eines Tages schaffe ichs!«

»Legen Sie den ersten Gang ein, Hrabal, und gleich nach rechts, nicht zögern. Keine Unterhaltung jetzt, beim Repräsentationshaus ist es immer brenzlig. Übrigens, merken Sie sich, das Motorrad ist wie ein Mythos, je öfter es sie abwirft, desto starrsinniger hängen die Leute an ihm. Was das bedeutet, werden Sie erkennen, wenn Sie nachts mit gebrochenem Fuß im Straßengraben liegen. Nicht so nahe an die Straßenbahn ran, irgend so ein Blödmann springt raus – was sagt die Vorschrift, wie sollen Sie fahren?«

»Mit Sicherheitsabstand. So, daß ich nötigenfalls jederzeit anhalten kann.«

»Warum fegen Sie dann so über den Graben, Hrabal? Mann, hupen Sie! Hier an dieser Stelle hat es mich kürzlich mit einem Schüler geschmissen, der fuhr auch auf der Schiene. Denken Sie dran, Hrabal: Augen offenhalten, nicht nur die unmittelbare Gefahr sehn, sondern auch das, was zur Gefahr werden könnte. Wie im Leben. Glück brauchen Sie trotzdem, ohne Glück ist es in Prag sogar riskant, vor die Haustür zu treten. Jetzt fahren wir am besten den Wenzelsplatz hinauf, die Ampeln sind schon ausgeschaltet. Den ersten Gang, Hrabal, jawohl. Die Straße beobachten, gut. Alles frei? Ja. Nehmen Sie die mittlere Fahrbahn. Ihr Vater, scheint mir, hat die Laurin richtig genossen, Sie sollten sie ihm später aufs Grab stellen, als Denkmal. Reden Sie jetzt nicht, nicht jetzt, wo wir über die Wassergasse fahren. Das wäre geschafft. Was wollten Sie vorhin sagen?«

»Ich mußte daran denken, wie wir einst nach Bad Podiëbrad fuhren. Der Vater hatte sich einen langen Mantel gekauft. Es war Sommer, die ganze Familie in Schale, der Bruder und ich trugen Matrosenanzüge. Hinter Kovanice verfing sich Vaters neuer Mantel in dem hinteren Rädchen...«

»Im hinteren Kettenzahnrad heißt es, Hrabal.«

»Jawohl. Der Mantel verfilzte sich im Zahnkranz, riß den Vater nach hinten, zu mir, er versuchte noch, den Gashebel mit den

Fingern zu erreichen, erwischte ihn aber nicht...«
»Sehr schön, Hrabal. Vergessen Sie die Fortsetzung nicht. Wir müssen jetzt nach rechts, Vorsicht ist geboten. Sitzen Sie nicht so verkrampft! In die Gerstengasse, gut. Hier ist es ruhig, erzählen Sie weiter.«
»Wir flogen über den Straßengraben und fanden uns in einem Kornfeld wieder. Der ganze Jammer kam daher, daß die Stoffe damals so gut und fest waren, heutzutage...«
»Still! Da vorne kommt die Kreuzung bei Ignatius, die ist gefährlich. Links das Krankenhaus. Achten Sie darauf, ob Sanitätswagen aus der Ausfahrt kommen. Schalten Sie lieber zurück, aber merken Sie sich fürs Alleinfahren: in der Prager Innenstadt ist es das vernünftigste, den dritten Gang zu halten. Jetzt die zwei Tankstellen. Augen auf, Hrabal – bei der Technik ist Vorsicht am Platze. Gleich biegen wir ab zur Moldau hinunter.«
»Der Vater lag auf mir, und wir fuhren immerfort im Kreis herum in dem Feld. Bis zum Hals stand uns das Korn.«
»Nein, Hrabal, noch nicht. Fahren Sie jetzt am Nationaltheater vorbei und dann gradeaus weiter über den Kreuzherrenplatz. Lassen Sie den Soldaten die Vorfahrt, dem Ton nach ist es ein Hundertelfer. Was hab ich gesagt? Es ist ein Hundertelfer. Und gleich Gas geben. Und wie ging es dann weiter in dem Korn?«
»Wir fuhren durchs Korn, der Vater lenkte die Laurin mit dem Schuh. Die Mutter war in Ohnmacht gesunken. Schließlich probierte mein Bruder alle Hebel durch, Sie wissen, wie viele es davon an der Lenkstange der Laurin gibt. Mein Vater schrie: Der ist es nicht, der auch nicht! Endlich drückte der Bruder auf den richtigen, die Maschine rollte mitten im Kornfeld aus. Wir kriegten den Vater jedoch nicht vom Rad, aus dem Zahnkranz. Glücklicherweise kamen Bauern vorbei, die schnitten mit der Sense den Vater von der Maschine runter. Er hat sich später aus dem Rest des Mantels so eine Bundjacke nähen lassen.«
»Auf dem Kreuzherrenplatz Obacht! Wissen Sie was, Hrabal, wir fahren weiter zur Juristischen Fakultät, dahinter rechts in die Pariser. Dort müssen Sie aber aufpassen wegen der Geleise! Und anschließend wurde die BMW gekauft?«
»Ja. Das war ein Tempobolzen. Damals stand Tazio Nuvolari hoch im Kurs. Ich setzte mich in Nimbruk hinter den Vater und fiel fünfundzwanzig Minuten später in Hloubětín vorm Steueramt herunter. Von der Fahrt selber hatte man gar nichts. Man fuhr

in einer Flimmerwolke, aus der ab und zu Vaters Schrei aufstieg: Nuvolari! Soll ich jetzt vielleicht besser in den Ersten gehen?«

»Wozu, die Brücke ist gesperrt. Die BMW muß ja schön dahingerauscht sein. Wo habt ihr euch damit zum erstenmal hingelegt?«

»Zwischen Mochov und Nehvizdy gab es den ersten Sturz. Wir hatten inzwischen wieder einen Beiwagen dazugekauft. Der Vater wollte ein Pferdegespann überholen, wir blieben an einem Nabenbolzen des Fuhrwerks hängen und drehten uns um die eigene Achse. Ich flog auf einen Birnbaum und brach mir das Schlüsselbein. Wir hatten grade den ersten Tag Ferien und wollten nach Prag, für mein gutes Zeugnis sollte ich in Prag einen Hut bekommen. Vater flog über den Lenker und stieß sich die Brille in die Augenbraue, der Bruder kippte aus dem Beiwagen. Der Vater blutete wie wahnsinnig. ›Ich bin erblindet!‹ brüllte er. ›Ich bin erblindet!‹ Er wollte sich auf der Stelle erschießen. Zum Glück waren Leute in der Nähe. Ich wurde aufgeladen, und in der Parkstraße legte mir der Doktor einen Gipsverband an. Wohin jetzt? In die Sanýtrová?«

»In die Sanýtrová. Und Ihr Vater?«

»Mich hatten die Leute bereits im Einkehrhaus abgegeben, als der Vater mit der BMW von der Straße in den Hof einbog, den Bruder auf dem Sozius, im Beiwagen das abgerissene Schutzblech. Der Vater grinste unter seinem Verband und rief mir zu: ›Das war ein Schubs, was?‹«

»Hier vorsichtig, Hrabal. Beim Clementinum hat neulich ein Schüler einen Schluck zuviel Gas gegeben, es war feucht wie heute, mir blieb nichts andres übrig, als mich flachzulegen. Das war vernünftig, was Sie eben gemacht haben. Und jetzt fahren wir heim. Noch nicht halten, schalten Sie in den ersten Gang, wir probieren eine Kehre. Nicht mit dem Fuß auf den Boden, das Gas weg, langsam, ganz langsam. Leergang. Schlüssel umdrehen. Was meinte eigentlich Ihre Mutter zu der Geschichte?«

»Die wollte grade die Hühner füttern, als wir durchs Tor fuhren. Wir müssen einen Anblick geboten haben, daß es Gott erbarm. Die Mutter stand steif wie ein Pfahl, und der Vater lachte und rief ihr zu: Maryška, das war eine Reise! Die Mutter sackte wortlos zusammen. Die Futterschüssel zerschellte, die Hühner begannen zu picken.«

»Ihr Vater ist ein Barde, der ein großes Leben gelebt hat. Geben

Sie mir Ihr Fahrtenbuch.«
Er trug die Fahrstunde ein. »Sie haben mir mit Ihrem Vater Freude gemacht.« Er trat den Kickstarter. »Es ist kalt geworden, was? Respektvolle Grüße an Ihren Herrn Vater!«
»Richte ich aus.«
Herr Fořtík tippte mit dem Finger ans Haar und gab Gas.

Kafkarei

Jeden Morgen betritt der Hausherr, mein Wirt, auf Zehenspitzen mein Zimmer, ich höre seine Schritte. Das Zimmer ist so lang, daß es sich lohnen würde, von der Tür bis zu meinem Bett mit dem Fahrrad zu fahren. Mein Wirt neigt sich über mich, dann blickt er zur Tür, gibt ein Zeichen und sagt:
»Herr Kafka ist da.«
Und er sticht dreimal mit dem Finger in die Luft und geht dann langsam wieder zur Tür zurück, wo ihm jemand – wohl die Wirtin – ein Blechtablett mit einem Kipfel und einem Töpfchen Kaffee reicht, und mein Wirt bringt es mir, und weil seine Hände zittern, klappert das Töpfchen auf dem Tablett. Manchmal denke ich bei so einem Wecken, was wäre, wenn mein Wirt unverhofft verkünden würde, ich sei nicht da. Ich würde einen fürchterlichen Schrecken kriegen, denn sie verfahren schon seit einigen Jahren so, eingedenk der ersten Woche, als sie mir jeden Tag das Frühstück brachten, ich aber nicht im Bett war.
Damals regnete es wie im Tertiär. Der Fluß schleppte das Wasser immer im gleichen Rhythmus, und ich stand in dem unaufhörlichen Regen und wußte nicht, ob ich anklopfen oder gehen sollte. Das Generalslaub schwatzte in den Baumkronen, einige Lampen versuchten durchs Gezweig zu dringen, und in der halb geöffneten Zimmertür entkleidete sich ein Körper zum Schlafen oder Lieben. Das Nachttischlämpchen jagte den Schatten auf der emaillackierten Tür. Und ich fragte mich, ob die Ursache des Schattens allein war oder mit jemandem zusammen. Ich zitterte, weil nachts der Regen kalt ist und die Fußstapfen sich im schmutzigen Guß verlieren. Doch es ist gut, in der Bangigkeit zu wohnen und vor Angst seine Zähne zu hören, es ist gut, das Leben ins Verderben zu führen und am Morgen neu zu beginnen. Gut ist es auch, für immer Abschied zu nehmen und das Unglück zu preisen wie der schlaue Hiob. Damals jedoch stand ich in dem unaufhörlichen Regen und wußte nicht, ob ich anklopfen oder weggehen sollte, weil ich nicht den Mut hatte, mir im Hirn das eifersüchtige Auge auszustechen. Ich betete, Regennacht, laß mich nicht hier stehen, oh, Regennacht, liefere mich nicht hier auf Gnade und Ungnade den banalen Schönheiten aus, laß mich wenigstens im Schmutz knien und das versperrte Haus betrachten.

Am Morgen fragte ich dann: »Poldi, haben Sie mich noch gern?« Sie antwortete: »Haben Sie mich noch gern?« Einmal, wenn ich aufwache, werde ich fragen: »Papst, schläfst du?« Und eines Tages dann wird der Taschenspiegel, den ich ihr vor den Mund halte, nicht mehr beschlagen.

Jetzt gehe ich durch den Ungelt, schaue die Jakobskirche an, wo Kaiser Karl Hochzeit hatte. An der Ecke Malá Štupartská hat mein Wirt mal eine Ohrfeige gekriegt, nicht weil er Detektiv der Sittenpolizei war, sondern weil er zwei Betrunkene trennen wollte. Dort im Ungelt steht ein Häuschen, wo ich eine Zeitlang im Dachgeschoß wohnte, doch durch meine Kammer mußte ein blinder Ziehharmonikaspieler in sein Zimmer. Sehr gern wüßte ich, wie der Kaiser die Prinzessin geliebt hat, die Hufeisen geradebog und Zinnteller zwischen den Fingern zu Tüten drehte. Gern wüßte ich das, und ich blicke zum Laubengang, wo die Marquise della Strade umherspazierte, die angeblich eine so zarte Haut hatte, daß es, wenn sie Rotwein trank, so aussah, als rinne der Wein durch ein Glasröhrchen.

Und ich betrete das Haus, in dem ich wohne. In alter Zeit riß sich einmal die läutende Glocke der Teynkirche los, flog durch die Luft, dann durchs Dach, durchbrach dann die Decke und landete in dem Zimmer, in dem ich wohne. Die Wirtin lehnt am verträumten Fenster, die Gardinen wehen, und eine unsichtbare Welt lebt auf. Ich neige mich aus dem Fenster im dritten Stock, die Steinmauer der Teynkirche ist zum Greifen nahe. Und die Wirtin läßt den Asparagus ihres Blondhaars auf mich herab, sie riecht nach Heidelbeerwein. Ich schaue zur Muttergottes, die an die Wand zementiert und streng ist wie Markgraf Gero. Fußgänger gehn am ausgebrannten Rathaus vorbei und grüßen den Unbekannten Soldaten.

»Wissen Sie was?« flüstert hinter mir die Wirtin, »kommen Sie, wir geben uns ein Küßchen, nur so ein kleines, freundschaftliches.«

Ich sage: »Seien Sie mir nicht böse, gnädige Frau, aber ich bin der Meinigen treu.«

»So!« faucht sie, »aber saufen und sich herumtreiben, das können Sie!« Sprichts, rennt hinaus und knipst hinter sich den Duft des Heidelbeerweins ab. Die Gardinen blähen sich und sinken gemächlich zusammen, und wieder erfassen tausend Kolibris den Organdy mit den Schnäbeln wie die Schleppe einer Königin, und

wieder blähen sich die Gardinen im Luftzug. Manchmal spielt jemand in unserem Hause Klavier, die »Schule der Geläufigkeit«, unterm Fenster steht ein zerlumpter Mensch, und dessen Gesicht ist genauso zerknittert wie sein Koffer aus Vulkanfiber. Am Gemäuer der Kirche läuft Quecksilber herunter. Die gedunsenen Eulen und Paviane sind eingeschlafen auf den Simsen.
»Ich erlaube mir, Ihnen Zahnbürsten anzubieten.«
»Aber nein, da ist nichts zu machen.«
»Bis aus Frankreich, jawohl, Nylon, zweihundertachtundsechzig Kronen das Dutzend.«
»Nein, nein, nein, nichts zu machen.«
»Zu teuer? Also bitte, aber wie herrlich wäre ein Tänzchen Ihrer Klienten auf den mit unserem Erzeugnis gebohnerten Parkettboden, Herr Assistent.«
»Deshalb hat sie so gejammert!«
»Ich kann Ihnen eine Neuigkeit verraten – wir haben Kinderhaarbürsten auf Lager. Darf ich vormerken?«
»Ja, aber ich könnte sie nie verlassen.«
»Bitte, aber das ist Devisenrohstoff.«
»Dein ganzes Haus überschütte ich mit Blumen und Verwünschungen.«
»Bei Barzahlung zwei Prozent Skonto.«
»Ich würde die Ware franko senden, sie wäre nächste Woche an Ort und Stelle. Was das ist? Ein Präparat der Firma Hřivnáč & Co. Ja, der, der sich aufgehängt hat. Warum? Das weiß ich nicht. Da müßten Sie mir zuerst sagen, warum bei uns der Kreisrichter irrsinnig wurde und warum der Leichenbeschauer gelächelt hat. Schließlich genügt es, die Krawatte ein bißchen fester zu ziehen und den eigenen Schatten zu fragen: Inwiefern, Bruder, lebst du?«
Ich springe aus dem Bett und beuge mich übers Fensterbrett wie über einen Brunnenrand. Eine blondlockige Frau küßt einen Jüngling, Küsse wie Peitschenhiebe. Der Luftzug trägt sie zu mir herauf, bis an mein Bett.
»Zuck doch nicht zurück, hast du mich kein bißchen mehr lieb?«
Die Blondine bettelt, Seifenblasen der Stille steigen zum Mond auf, der am Reck der Nacht turnt, durch drei Wände hindurch höre ich das Schnarchen des Kochs, mit dem ich zusammengewohnt hatte. Ich mußte mir jeden Tag weiches Brot kaufen, sonst wäre ich nicht eingeschlafen. Der Koch schnarchte derart, daß ich

mir die weichen Brottampons in die Ohren stecken, mich zumauern mußte. Nun legt sich die Blondine zartfühlend auf einen Sandhaufen an der Kirche und reißt den Jüngling mit. Kalkige Reifen kullern über die Liebenden, Maurerzeug poltert, doch sie hören es nicht. Ein weißer Reifen rollt durchs Gäßchen wie ein Vollmond. Der Muttergottes sind die Hände anzementiert, sie kann ihrem Söhnchen nicht einmal die Augen verdecken.
Dann schließen die Bars Figaro, Pavouk, Chapeau Rouge, Romania und Magnet. Irgendwo erbricht sich einer, an der Ecke des Altstädter Rings schreit ein Bürger:
»Sie, ich bin Tschechoslowake!«
Der andere gibt ihm eine Ohrfeige und sagt: »Na und?«
Hinter den Arkaden guckt ein Frauenzimmer hervor, aus ihrer Nase fließt Blut, als hätte auch sie vor einer Weile einem bösen Bürger zugerufen: Mein Herr, ich bin Tschechoslowakin! Und mitten auf dem Platz schleift ein Herr in Schwarz eine bildschöne Dame im Kretonnekleid hinter sich her, schleift sie durch eine Pfütze und klagt zum Himmel hinauf:
»Eine schöne Dirne hab ich mir angelacht! Eine schöne Hure hab ich mir genommen!«
Die Dame umarmt seine Knie, doch der Mann in Schwarz stößt sie weg, sie legt sich in die Pfütze, rollt sich darin zusammen, wie eine Photographie in ovalem Rahmen, und ihre Haare schwimmen auf der schmutzigen Fläche wie Tang. Jetzt erst ist der Mann im Gesellschaftsanzug zufrieden. Er kniet ins Wasser, dreht die Haare zu einem Strick zusammen, wendet ihre verweinten Augen zu sich und zieht mit dem Finger die geliebten Züge nach, hilft ihr auf die Beine, sie gehen Arm in Arm, küssen sich und schreiten dahin, gemächlichen Schrittes wie die Heilige Familie. Sie gehn in Richtung Kleiner Ring, beim »Prinzen« reißt der schwarze Mann den Arm hoch, als zücke er den Säbel, und ruft dem leeren Platz zu:
»Der Geist hat über die Materie gesiegt.«
Die erste Trambahn kommt mit einigen Erhängten vorbei, sie hängen drinnen an den Händen, ein Fußgänger ist gestürzt und will das Pflaster anzünden. Über der Stadt steht jetzt ein breitbeiniger unsichtbarer Stier, von ihm sind nur die rosigen Hoden zu sehen.

Manchmal gehe ich schon vormittags zu den Kotzen. An der Ecke

kaufe ich Planeten für sämtliche Monate des Jahres, den Bänderverkäuferinnen fließen bunte Borten aus der Nase, wenn sie mit der Elle messen, den Kräutlerinnen sprießen täglich neue Sonnenschirme aus dem Scheitel. Oft taumeln aus den Höhlen der Kotzen Greisinnen, die von Tierkreiszeichen zerfurchte Gesichter und statt Augen zwei Stückchen Leopardenfell haben. Sie befördern närrische Überflüssigkeiten ans Licht. Eine verkauft grüne, aus Federn gemachte Rosen, Admiralsdegen und Harmonikaknöpfe, eine andere Militärturnhosen, Segeltucheimer und einen ausgestopften Affen. Auf dem Kohlenmarkt haben die Verkäuferinnen in Känguruhtaschen Tulpen aller Farben. In Schaufenstern der Rittergasse liebkosen Tauben sich unter dem Hals, Wellensittiche flattern in ihren Käfigen – wie dichterische Gleichnisse. Kanadische Hamster arbeiten sich im hohen Kamin des Terrariums zur Freiheit durch. Einmal wurde ich für dreihundert Kronen Heiliger. Ich kaufte sämtliche Stieglitze auf und gab ihnen die Freiheit. Was für ein Gefühl, wenn einem so ein verängstigtes Vöglein aus der Hand fliegt! Dann gehe ich in die Markthalle, wo alte Mütterchen auf Tellern gestocktes Blut verkaufen. Hier riecht es nach Säuglingen, durchnäßten Strohsäkken, Essig und Hanf. Von einem Lastauto werden unaufhörlich abgestochene Lämmer gezerrt. Es ist sonderbar, daß die Tiere für die hohen Feiertage büßen müssen. Für Weihnachten die Fische, für Ostern Zicklein und Lämmer. Ich muß an die Hausschlachtung des Schweines denken, das wir schlecht gestochen hatten, es bohrte sich in den Misthaufen und wollte lieber in der Jauche ertrinken, als noch einmal den Schlächter mit dem Messer sehen.
Dann beeile ich mich, aber das ist sinnlos. Das Bier, das ich zu holen hatte, ist bereits schal. Im Büro der Gebrüder Zinner, die fünf Stockwerke voll Spielzeug haben, zittert der Magazinverwalter und ruft:
»He, du Hans-guck-in-die-Luft, wir haben dich um Bier geschickt, nicht ums Wasser des Lebens! Das dauert, das dauert!«
Der Manipulant kühlt auch gleich sein Mütchen: »Und wann stirbt wieder mal dein Onkel Adolf, der auf Raten ins Jenseits geht?«
»Demnächst«, erwidere ich und nehme die Fakturen und hake dann den ganzen Tag ab und rechne zwei Waggons Kinderspielzeug nach.
Infanterist mit Gewehr, Soldat mit Boot, Soldat mit Helm, Offi-

zier schreitend, General im Mantel, Trommler, Hornist, Waldhorn, große Becken, Soldat liegend mit Gewehr, Artillerist mit Putzstock, Offizier stehend mit Karte...
Ich hake diese Männchen ab und denke dabei, wie man mich immer noch verwechselt, so viele Jahre bin ich schon weg von zu Hause, aber wenn da irgendwer wohin gekotzt hat oder wenn jemand in der Nacht brüllt, gleich kommen die Nachbarn zu Mutter gerannt und beschimpfen sie, ihr Söhnchen hat heute nacht wieder krakeelt, schmeckts ihm denn so?
Landvermesser, Telephonist schreibend, Motorradfahrer, Verwundeter liegend, zwei Krankenpfleger, Arzt in weißem Kittel, Sanitätshund, Soldat liegend mit Zigarette, Dragoner zu Pferd...
Bei Maryskos lag die Tante im Sterben, und am Morgen kam die Frau Marysková zu Mutter gelaufen und schimpfte, ich hätte nachts bei ihnen so ans Fenster getrommelt, daß die Tante vorm Tod noch die Fraisen hätte kriegen können, derart sei sie erschrocken, mit Bestimmtheit sei das ich gewesen, sie sei hinausgerannt und habe mein schauerliches Gekicher gehört – dabei bin ich seit so vielen Jahren nicht mehr zu Hause.
Kuh weidend, Kuh muhend, Kalb stehend, Fohlen weidend, Katze stehend mit Masche, Huhn pickend, Jungtiger, Tüpfelhyäne, Bär aufrecht stehend, amerikanischer Büffel, Eisbärjunges, Affe sich kratzend...
Ich schaue zu, wie sich der Tierarzt über ein krankes Rind beugt, wie er zum Rechnungsführer sagt, er verordne dieses Wässerchen da, mich aber fuhr der Doktor an, ich solle schon kommen und den Pinsel packen und das Wässerchen so zwischen die Klauen streichen. Dann müsse ich ein Scheit nehmen und dem Ochsen das Maul öffnen und es ihm auf diese Weise auspinseln. Ich guckte nur verdutzt und brachte nicht fertig zu sagen, daß ich nicht der Kutscher sei, sondern bloß zuschaue.
Gams, Wildschwein, Hirte, Bauer, Kaminfeger, Cowboy stehend, Indianer lassowerfend, großer Hase kniend, Pfadfinder mit Hut, Schäferhund...
Einmal gehe ich in eine Synagoge, und ein kotbespritzter Jude neigt sich zu mir und flüstert, Sie geruhen auch aus dem Osten zu sein? Ich nickte. Später, als ich ein Bier trinken ging, saßen da zwei Kerle. Der eine sagt, du bist Bäcker! Ich nickte. Der Kerl rieb sich die Hände und sagte, hab ich gleich erkannt. Dann ließ

er ein Spiel Karten kommen und erklärte, uns fehlt der Dritte zum Mariage, der Bettel zu einer Krone, der Durch zu zwei Kronen. Und Klein gibt...
Maria, Jesulein, Josef, König stehend, Mohrenkönig, Hirte mit Lamm, Engel, Beduine, Schaf grasend, Schäferhund...
Zwei Waggons Spielzeug hake ich ab in der Maiselgasse bei den Gebrüdern Zinner, Großhandel mit Spielzeug und Galanteriewaren. Nach dieser Arbeit gehe ich gern spazieren. Doch immer wieder stolpere ich über das viele Spielzeug, das ich heute in der Hand hatte. Gern gehe ich auf der Kampa, wo die Kinder den Asphalt mit ihren Zeichnungen bekritzeln, sie kriechen dabei auf allen vieren und setzen die Zeichnerei auf den Häusern fort, so hoch ihre Hände reichen. Ich bestaune das Porträt eines Mannes, sein Hut ist gleichzeitig von vorn und von hinten zu sehen, und sein verstecktes Ohr steht wie ein Fragezeichen überm Kopf, wie ein Wappenschild.
»Das hast du gemalt?« frage ich tölpelhaft das kleine Mädchen, das seine Zeichnung gerade beendet und Locken hat, die blau sind wie Patronen für Jagdgewehre.
»Naja, aber das ist nichts Besonderes«, sagt es und wischt das galeriereife Porträt mit dem Schuh weg, »aber könnten Sie mir das Haar kämmen?«
»Wenn du willst...« sage ich.
Das kleine Mädchen setzt sich rücklings auf die Bank, klemmt einen Fuß unter sich, ich nehme hinter ihm Platz, es reicht mir den Kamm über die Schulter, und ich kämme. Das Mädchen hält die Augen halb geschlossen. Als es plötzlich ein Blatt fallen sieht, sagt es: »Dem Blatt haben schon die Hände weh getan, da hat es sich losgelassen.«
Es wird rasch dunkel, die Serpentinen vom Laurenziberg herunter kommen Radfahrer, jeder mit der Grubenlampe des Bergmanns am Kopf. Die Kähne im Nephritwasser graben mit jedem Ruderschlag ein Dutzend Alpakalöffel aus. An unserer Bank tappt ein Blinder vorbei und führt eine Blinde mit dem Radar seines weißen Stocks.
»Wenn du auf dem Asphalt zeichnest, woran denkst du dann?« frage ich.
»Wie der Vogel dort singt«, zeigt das kleine Mädchen ins Astwerk. Es preßt das Kinn gegen die Brust, ist immer noch ein Kind, in fünf Jahren jedoch wird in ihm ein Parasit erwachen, der

scharfe Stoffe mit dem Beigeschmack von Borax enthält und sein Leben allmählich mit Glück überfluten dürfte. Sein Haar ist gekämmt, ich wiege es in beiden Händen, binde die Schleife neu. Das Mädchen langt nach hinten und drückt den Finger genau auf den ersten Knoten, damit ich den zweiten machen und die Schleifen schön legen kann. Dann dreht es sich um, knüpft den Strick auf, mit dem es gegürtet ist, zieht die beiden Enden gleich lang, steckt das Bäuchlein heraus, und ich drücke den Finger auf den Kreuzpunkt des Strickes, damit es einen neuen Knoten machen kann, dann eine Schleife. Dann küßte mir das kleine Mädchen unversehens den Handrücken, und schon war es verschwunden...

Von der Kampa sieht die Karlsbrücke wie eine lange Wanne aus, durch welche die Fußgänger fahren, eine Räderkonstruktion unterm Hintern. Im Fluß ächzt Prag mit gebrochenen Rippen, und die Brückenbogen springen wie Parforcehunde nacheinander ans jenseitige Ufer. Ich könnte zu meiner Kusine in die Brauerei gehn oder zur Wirtin, die mich auf ein Fläschchen Heidelbeerwein eingeladen hat, aber ich gehe lieber so vor mich hin.

Ich schlendere durch die Michaelsgasse, lese die Aufschrift: Eisernes Tor. Das verleiht einem Kraft wie Eisenwein. Im Durchgang sehe ich in eine Uhrmacherei hinein, der Lehrling, er fegt gerade, blinzelt ununterbrochen, seine Augen sind voll Kandiszucker, sicher hat er Bindehautentzündung, sicher muß er allmorgendlich die Lider auseinanderreißen, wenn er das Waschbecken finden will. Heute begegne ich ganzen Fußgängerserien, die durch ein unsichtbares Seil des Unglücks verbunden scheinen. Zehn Menschen mit verbundenem Kopf, ein Dutzend Fußgänger mit bedeutsam hochgezogenen Brauen, als wollten sie etwas sagen, sieben Leute mit Augenbinden...

Vor allem aber sehe ich Frauen. Diese Mode ist zum Verrücktwerden, und jede schaut drein, als sei sie gerade dem Bett der Liebe entstiegen. Was haben sie bloß unter den Blusen? Ein Gerüst oder eine Fischbeinstütze, wenn einem die Brüste so in die Augen stechen? Und dann der Gang! Großstadtmenschen müssen einen Kleiderkasten voll Vorstellungen haben, wollen sie angesichts so raffinierter Schönheit nicht zu Lustmördern werden.

Vor einer Weile schon hat sich mir ein Mann angeschlossen, er erzählt von seinen sonderbaren Berufen, davon, wie er in der Imbißhalle »Koruna« den ersten Speiseautomaten bediente, indem

er zuerst prüfte, ob die eingeworfene Krone auch echt war, und dann erst das Brötchen auf ein Tellerchen legte und von Hand den Mechanismus bediente; eine Erfindung, über welche die Leute mächtig staunten. Oder wie er während der Ausstellungen in der fünf Meter hohen Uhr saß, in der Hand eine Taschenuhr, um nach jeder Minute den großen Zeiger weiterzuschieben. Das erzählte er mir, plötzlich bleibt er stehen, noch immer verwundert ob seines Schicksals. Ich frage: »Wer sind Sie?«
»Praktischer Philosoph«, sagt er.
»Dann erklären Sie mir freundlicherweise Kants Kritik der praktischen Vernunft«, sage ich.
Wir stiegen die Stephansgasse hinauf, Prag wurde flacher wie in einer hydraulischen Presse, und die Haare des praktischen Philosophen berührten die Brutstatt der Sterne. Dann lud er mich zu einer Bratwurst ein.
Ich sage: »Die Alte dort hat meistens recht gute.«
Eine Acetylenlampe beleuchtete die Greisin, Rembrandt ist auferstanden von den Toten. Sie hat die Hände auf dem Bauch, als betaste sie den Rücken des verlorenen Sohns. Ein einziger Zahn strahlte aus ihrem Mund.
»Haben wir schon Mitternacht, meine Herren?«
Der praktische Philosoph reckte den Finger gen Himmel und war in diesem Augenblick schön wie Rabbi Löw, wie Vincents abgeschnittenes Ohr. Die Nacht war voll Schlacke, silbriger Wirbel, Schrauben und Muttern. Die Luft roch nach Sauerklee, Milchsäure, intimer Damentoilette, Essenzen, Lippenstiften. Und die Uhr von St. Stephan schlug Mitternacht. Andere Prager Uhren fielen ein. Dann die, die nachgingen. Der praktische Philosoph aß mit Riesenappetit seine Bratwurst und ging weg, ohne ein Wort des Abschieds.
Eine Prostituierte ging vorbei, schön und weißgewandet wie ein Engel, als sie sich umdrehte, sprang die Schote ihres Mundes auf und ließ eine Zweierreihe weißer Erbsen sehen. Gern hätte ich in ihr Lächeln einige farbige Worte geritzt, in dem Glauben, sie werde meine Worte lesen, wenn sie am Morgen mit der Zahnbürste vorm Spiegel stand.
Ich sage zur Greisin:
»Den František Kafka haben Sie nicht gekannt?«
»Mein Gott«, sagte sie, »ich bin die Františka Kafková. Mein Vater war Roßschlächter und hieß František Kafka. Dann kannte

ich einen Ober in der Bahnhofsgaststätte von Bidschau«, sagte sie und neigte sich plötzlich vor, und der einzige Zahn leuchtete in ihrem Mund wie bei einer Wahrsagerin, »aber falls Sie etwas extra möchten, Sie sterben ohnehin keines natürlichen Todes, lassen Sie sich einäschern, vermachen Sie mir Ihre Asche, und ich werde damit meine Gabeln und Messer putzen, daß mit Ihnen noch was Großes geschieht, wie zum Geschenk, wie zum Unglück, wie zur Liebe – hehehehe.«
Sagte es und wendete mit einer Gabel die spritzenden Würste.
»Ich bin auch Kartenlegerin«, fuhr sie fort, »wenn Sie nicht von einem Wölkchen umnebelt wären, Sie würden herrliche Sachen schaffen... Ach! Weg, gehst du weg! Schon wieder ist sie da!« rief sie, hob ihren Rock und stieß etwas mit dem Fuß fort.
»Was ist?« frage ich.
»Nichts«, sagte sie, »das ist nur Hedvička, die kleine Tochter einer polnischen Gräfin, sie ist ertrunken, ihr Geist – wissen Sie? Immer ist sie um mich herum, und eben hat sie mich an der Schürze gezupft, verstehn Sie?«
»Ich verstehe«, sage ich und wich rückwärts aus dem Kreis der Acetylenlampe.
Ich gehe lieber heim. Am Eingang zum Turandot zeigt einer dem Portier, daß er Geld hat. Bei Šmelhauz steigen Musik und zwei lachende Alte aus dem Keller. Die Ledergasse ist voll schamloser Zeichen und Bewegungen. Auf einem Kanaldeckel liegt eine rote Rose, als wäre sie eben erst aus einem Strauß gefallen. Dann setze ich mich an den Teich auf dem Altstädter Ring, mein Schatten ist grün mit violetter Einfassung. Jemand trägt einen großen Kaktus vorbei, dessen sämtliche Sprossen rote Maschen zieren. Eine Dame, die aussieht, als wäre sie einem Ibsen-Drama entlaufen, geht vorbei, unterm Mantel den Pyjama, sicher hat sie nicht schlafen können und geht nun, sich ans Geländer über dem Fluß zu lehnen. Neben einem Kandelaber steht ein Mann, als lauschte er ernster Musik. Aber da kotzt er, die Flüssigkeit schießt ihm aus dem Mund, als sei ihm die an einem Kettchen hängende Taschenuhr herausgefallen. Ich sehe das erleuchtete Fenster in unserer Wohnung, die Gardinen blähen sich, mein Hausherr geht hin und her und macht das Zeichen des Kreuzes. Sicher hat er wieder auf dem Tisch einen Topf stehen und die offene Bibel drangelehnt. Aus der Langen Gasse kommt ein Schutzmann, beide Arme bis zu den Ellbogen in Gips.

Ich denke an dich, Poldi, wie du zu mir sagtest:
»Dich hasse ich am wenigsten. In deinem Speichel schmecke ich das unendliche Loch, das die Liebe gebaggert hat, in deinen Zähnen betaste ich die Mauer, an der die Trauer herabfließt. Liebling, du hattest zum Abendessen Wurst, weil an meiner Lippe ein Fleischstückchen klebt, aber das macht nichts, küsse mich wieder und wieder. Und wiederhole mir, daß nicht einmal Salomon in seiner ganzen Herrlichkeit so prächtig gekleidet war wie ich, daß die Vögel des Himmels und die Blumen auf dem Felde nicht so schön sind wie ich. Sag es immer wieder und wieder, entzünde zwischen meinen Beinen das Brandopfer und schüre in meinem Becken die Glut. Wenn du am Morgen nach Haus gehst und am Fenster mein Kleid hängen siehst, achte nicht darauf. Ich umarme nur das mit süßen Erinnerungen getränkte Haus. Angeblich kann man im Ufergelände verlorene Nadeln der Sonne ertasten.«
So sprach Poldi damals zu mir, und sie stieg zum Fluß hinab, wo die Stadt auf den Händen läuft. Ich wunderte mich, warum die Autos verkehrt und mit den Rädern nach oben auf dem Wasser fuhren, als schlitterten sie über die Dächer, warum die Passanten sich grüßten, als schöpften sie Wasser in ihre Hüte.
»Mensch, wo hast du die Kraft her, dieses verrückte Spielzeug und die Bürsten und die Kämme anzubieten und dabei so fürchterlich zu träumen?«
Darauf sagte ich:
»Poldi, du allein hast meine Worte immer verstanden, mit denen ich deinen Mund, dein Haar, die Luft deiner Lunge überschwemmte, mit Worten wie aus der Abendzeitung. Poldi, du allein hast immer erraten, wenn sich der Docht in meinen Augen verengte, und du allein wirst begreifen, was bleibt, wenn ich einmal mit blechernem und taubem Antlitz von hinnen gehe, weil ich mich gleich dir nie mit einer Rezepisse freuen mochte, weil ich wie du ein Recht auf Schmerz und Leid haben wollte... Ach, Poldi, du Verdrehte, Verkommene, Verworfene, warum bringst du Panik in mein Leben, wie ein Tropfstein, wie eine Fledermaus?«
Ich sprang vom Bänkchen auf dem Altstädter Ring, vor mir stand breitbeinig der Schutzmann mit den gipsgetränkten Ärmeln. Niemand war in der Nähe, und da vertraute ich mich ihm an:
»Also, von heute an für immer und ewig kann ich nicht mehr von der Sehnsucht, mit dem aramäischen Professor des Lachens spa-

zieren zu gehen, befreit werden, wissen Sie? Von heute an kann ich von dem Riß in meinem Hirn nicht mehr befreit werden, weil frei sein Freude bedeutet. So schwelge ich in lauter Glück, Hochzeiten, Freuden, bei den Zinners hake ich Schlafhündchen, Kaninchen, Gedächtniskapellen, Engelshaar, Christbaumkugeln, Spielzeug ab. Verstehen Sie? Alle sind wir Brüder, L'art-pour-l'art-Brüder, schön wie *entartete Kunst,* wahrhaftig wie die Nachtigall, verworfen wie die Rose. Sie begreifen wirklich? Ohne Riß im Hirn kann man nicht leben. Man kann den Menschen nicht von der Freiheit entlausen, Brüder. Verstanden?«

Streng sagte der Schutzmann:

»Schreien Sie nicht so, warum, Herr Kafka, schreien Sie so? Sie werden noch Lärmbuße zahlen.«

Reise nach Sondervorschrift, Zuglauf überwacht

In diesem Jahr, dem fünfundvierzigsten, beherrschten die Deutschen den Luftraum über unserem Städtchen nicht mehr. Geschweige denn den über der ganzen Gegend, dem Land. Tiefflieger brachten den Verkehr so durcheinander, daß die Morgenzüge mittags fuhren, die Mittagszüge abends und die Abendzüge nachts, so daß es manchmal geschah, daß am Nachmittag der Zug fahrplanmäßig ankam, auf die Minute genau, aber nur, weil das der vier Stunden verspätete Personenzug vom Vormittag war.
Vorgestern zerschoß über unserem Städtchen ein feindliches Jagdflugzeug einen deutschen Jäger, es schoß ihm einen Flügel weg. Und dann brannte der Rumpf und fiel irgendwo in die Felder, und dieser Flügel riß, wie er vom Rumpf abbrach, ein paar Handvoll Schrauben und Muttern mit, die auf den Marktplatz fielen und ein paar Frauen auf die Köpfe pickten. Aber der Flügel segelte über unserem Städtchen, wer konnte, sah sich das an, bis zu dem Augenblick, wo der Flügel mit einer sirrenden Bewegung direkt auf den Platz losfuhr, auf den inzwischen auch die Gäste aus den beiden Restaurants gestürzt waren, und dann lief schon der Schatten des Flügels über den Platz, und die Leute rannten über den Platz und gleich wieder auf die Seite, wo sie vor kurzem noch gewesen waren, denn der Flügel bewegte sich wie ein riesiges Pendel, das die Bürger in die entgegengesetzte Richtung der möglichen Aufschlagstelle trieb und dabei stärker rauschte und pfiff. Und dann plötzlich kippte er ab und landete im Dekanatsgarten. Und fünf Minuten schon später trugen die Bürger Platten und Bleche von dem Flügel heim, die gleich am andern Tag schon als Dächer auf den Kaninchenställen und Hühnerställen wieder auftauchten, einer schnitt noch am selben Nachmittag aus dem erbeuteten Blech Rechtecke, aus denen er am Abend schöne Beinschützer fürs Motorrad machte. So verschwand nicht nur der Flügel, sondern auch das ganze Blech und die andern Bestandteile vom Rumpf des Reichsflugzeuges, das hinterm Städtchen in ein verschneites Feld gefallen war. Um es mir anzuschauen, fuhr ich auf dem Fahrrad eine halbe Stunde nach dem Abschuß hin. Und schon begegnete ich Bürgern, die auf kleinen Wägelchen wegkarrten, was sie erbeutet hatten. Schwer zu erraten, wozu das

gut sein sollte. Aber ich bin weitergefahren auf dem Fahrrad, um mir den kaputten Aeroplan anzuschauen, ich mochte raffige Leute nicht, woher denn, ich und sammeln oder irgendwelche Bestandteile abmontieren, solchen alten Krempel! Und schon war ein Weg durch das Schneefeld getrampelt, der zu dem schwarzen Trümmerhaufen führte, und hier kam mir mein Vater entgegen, er trug so ein silbernes Musikinstrument und lächelte und rasselte mit diesen Silberdärmen, mit irgendso Röhrchen. Ja, es waren dünne Rohre aus dem Flugzeug, Benzinleitungen, und ich erfuhr erst abends daheim, warum sich Papi über dieses Beutestück so freute. Er hatte die Röhrchen in gleich lange Stücke zersägt, poliert, und dann legte er neben diese sechzig blitzenden Röhrchen seinen Drehbleistift. Mein Vater konnte einfach alles machen, denn er war seit seinem achtunddreißigsten Lebensjahr pensioniert. Mit zwanzig war er auf die Lokomotive gegangen, und da bei Lokführern die Dienstjahre doppelt zählten, hatte er bald beisammen gehabt, was er brauchte, aber die Mitbürger wurden jedesmal vor Neid irrsinnig, wenn sie daran dachten, daß Vater womöglich noch zwanzig, dreißig Jahre leben würde auf dieser Welt. Und dann, Papi stand früher auf als die, die zur Arbeit mußten. In der ganzen Gegend sammelte er, was sich fand, Schrauben, Hufeisen, von den öffentlichen Müllhalden brachte er unnützen Krempel und Einzelteile und lagerte alles zu Hause in den Schuppen und auf dem Dachboden, wie in einer Altwarenhandlung sah es bei uns aus. Und wenn jemand ein Möbelstück nicht mehr brauchte, Vater holte es ab, so daß wir, obwohl wir zu Hause nur drei waren, fünfzig Stühle, sieben Tische, neun Kanapees und eine Unmenge Kästen, Waschschüsseln und Kannen besaßen. Und auch das war Vater noch immer zu wenig, er fuhr auf dem Fahrrad durch die Gegend, grub mit dem Klammhaken Schuttabladeplätze um und kam abends beutebeladen heim, weil ja alles irgendwo irgendwann einmal passen konnte, was auch oft der Fall war, denn wenn jemand etwas brauchte, was nicht mehr hergestellt wurde, irgendein Ersatzteil fürs Auto, für die Schrotmühle oder die Dreschmaschine, und er es nicht auftreiben konnte, kam er zu uns, und Vater überlegte kurz, ging mit traumwandlerischer Sicherheit zu einem der Haufen auf dem Dachboden oder in einem Schuppen oder im Hof, kramte darin herum und zog wenig später ein Stück heraus, das tatsächlich paßte. Deshalb war Papi auch Kommandant der eisernen Sonntage, und wenn er dann das gesammelte Eisenallerlei zum Bahnhof fuhr, machte er immer den kleinen Umweg an unserem Tor vorbei und ließ ein bißchen was da von dem eisernen Sonntag. Und trotzdem verziehen ihm die Nachbarn nie. Vielleicht lag es mit daran, daß schon Urgroßväterchen Lukáš von seinem achtzehnten Lebensjahr an täglich einen Gulden Rente bekam, in der Republik dann in Kronen. Mein Urgroßvater war im Jahre achtzehnhundertdreißig zur Welt gekommen, und im Jahre achtzehnhundertachtundvierzig war er Tambour, und als solcher kämpfte er auf der Karlsbrücke, wo Studenten die Soldaten mit Pflastersteinen bewarfen und Urgroßvaters Knie trafen und ihn fürs ganze Leben zum Krüppel machten. Von da an bekam er die Rente, einen Gulden täglich, für den er täglich eine Flasche Rum und zwei Päckchen Tabak kaufte, und anstatt daheim zu sitzen und zu rauchen und zu trinken, humpelte er durch die Gassen, über die Feldwege, am liebsten dorthin, wo die Leute schufteten, und dort verspottete er die Arbeiter und trank den Rum und rauchte den Tabak, und darum wurde Urgroßväterchen Lukáš jedes Jahr einmal dermaßen verprügelt, daß Großvater ihn mit dem Schubkarren heimfahren mußte. Aber kaum hatte sich Urgroßväterchen Lukáš wieder aufgerappelt, fragte er so lange, wem es wohl besser gehe, bis sie ihn wieder unchristlich verprügelten. Der Untergang des alten Österreich brachte unsern Urgroßvater um die Rente, die er siebzig Jahre lang bekommen hatte. Die Pension in der Republik ließ die Rumflasche und die Tabakpäckchen zusammenschnurren. Und trotzdem wurde Urgroßvater Lukáš weiter einmal jedes Jahr bewußtlos geschlagen, denn er gab immer noch mit den siebzig Jahren an und dem Rum und dem Tabak. Bis er im Jahre neunzehnhundertfünfunddreißig vor den Steinbauern protzte, denen man gerade den Steinbruch geschlossen hatte, und die schlugen ihn so zusammen, daß er starb. Der Doktor meinte, er hätte noch gute zwanzig Jahre leben können. Verständlich, daß der Stadt keine andere Familie so im Magen lag wie die unsere. Mein Großvater wieder war – damit der Apfel nicht weit vom Urgroßvater Lukáš fiel – Hypnotiseur geworden, er arbeitete in kleinen Zirkussen, und die ganze Stadt sah in seiner Hypnotisiererei den Versuch, das Leben möglichst angenehm zu verbummeln. Aber als die Deutschen damals im März unsere Grenzen überschritten, um das ganze Land zu besetzen, und als sie schon in Richtung Prag vorrückten, da trat ihnen als einziger unser

Großvater entgegen, er als einziger leistete den Deutschen Widerstand als Hypnotiseur, um die vordringenden Panzer durch die Kraft des Gedankens aufzuhalten. Und so schritt er über die Straße, den Blick auf den ersten Panzer geheftet, der dieser motorisierten Armada voranfuhr. Und in diesem Panzer stand in der Turmluke ein Reichssoldat, auf dem Kopf das schwarze Barett mit dem Totenschädel und den gekreuzten Haxen, und mein Großvater ging geradewegs auf den Panzer zu und hatte die Arme ausgebreitet und gab mit den Augen dem Deutschen den Gedanken ein, kehrt um und fahrt zurück ... und wirklich, der erste Panzer blieb stehen, die ganze Armee machte halt, Großvater berührte mit den Fingern diesen Panzer und sendete weiter denselben Gedanken ... kehrt um und fahrt zurück, kehrt um und fahrt zurück, kehrt um ... und dann gab der Leutnant mit dem Fähnchen ein Zeichen, der Panzer fuhr an, aber Großvater wich nicht vom Fleck, und der Panzer überfuhr ihn, klemmte ihm den Kopf ab, und schon stand der Reichsarmee nichts mehr im Wege. Und Papi machte sich dann auf die Suche nach Großvaters Kopf. Vor Prag war der Vorhutpanzer stehengeblieben, um auf den Hebekran zu warten, denn Großvaters Kopf klemmte in der Raupenkette, und da bat Papi, Großvaters Kopf befreien zu dürfen, um ihn zusammen mit dem Rumpf begraben zu können, wie es sich für einen Christen geziemt. Seitdem schieden sich die Geister in unserer Gegend. Die einen schrien, Großvater sei ein Narr gewesen, die anderen wieder, vielleicht sei er doch keiner gewesen, weil, wenn sich alle wie unser Alter gegen die Deutschen gestellt hätten, mit der Waffe in der Hand, wer weiß, wie das mit den Deutschen ausgegangen wäre.

Damals wohnten wir noch außerhalb der Stadt, erst danach zogen wir in die Stadt, und ich, weil ich an Einsamkeit gewöhnt war, fühlte, als wir in die Stadt zogen, wie die Welt enger wurde. Frei atmen konnte ich von nun an nur, wenn ich aus der Stadt hinausging. Kam ich zurück und verengten sich hinter der Brücke die Straßen und Gassen, verengte ich mich auch selbst, immer hatte und habe ich das Gefühl und werde es haben, hinter jedem Fenster sei mindestens ein Augenpaar, das mich beobachtet. Sprach mich jemand an, wurde ich rot, weil ich das Gefühl hatte, daß die Menschen etwas an mir stört. Vor drei Monaten habe ich mir die Handgelenke aufgeschnitten, wie ohne Grund. Aber ich hatte einen Grund, und ich kannte ihn, und ich fürchtete nur, daß jeder,

der mich ansah, ihn erraten müßte. Darum hinter jedem Fenster die Augen. Doch was denkt sich ein junger Mann nicht alles, wenn er zweiundzwanzig Jahre alt ist? Denken können hätte ich mir, daß mich die Leute in unserem Städtchen darum anschauten, weil ich mir die Pulsadern durchgeschnitten habe, um mich vor der Arbeit zu drücken, die sie nun für mich machen mußten, wie einst für unser Urgroßväterchen Lukáš und für Großvater Vilém, der Hypnotiseur war, und auch für meinen Vater, der nur deshalb ein Vierteljahrhundert auf der Lokomotive gefahren war, um nichts mehr tun zu müssen.

Nein, in diesem Jahr beherrschten die Deutschen den Luftraum über unserem Städtchen nicht mehr. Als ich über den Schneeweg zum Flugzeugrumpf gekommen war, das Gelände ringsum glitzerte, und als ob in jedem Schneekristall ein winziger Sekundenzeiger tickte, so knisterte der Schnee unter der Sonne in allen Farben, und ich hörte, wie nicht nur in jedem Kristall ein Sekundenzeiger tickte, sondern auch noch woanders. Ich hörte meine Uhr, aber ich hörte noch ein Ticken, und dieses Ticken kam aus dem Flugzeug, aus diesem Trümmerhaufen. Und dort tickte tatsächlich noch die Borduhr, sie hatte sogar genaue Zeit, die ich mit den Zeigern meiner Uhr verglich. Und dann entdeckte ich noch etwas anderes, einen von der Sonne beschienenen Handschuh, und ich wußte sofort, daß dieser Handschuh nicht allein war, sondern daß eine Hand darin stak und daß auch diese menschliche Hand nicht allein war, sondern zu einem Arm und dieser Arm zu einem menschlichen Körper gehörte, der unter den Trümmern lag. Da trat ich voll in die Pedale, von allen Seiten tickten die winzigen, vom Sonnenlicht angetriebenen Sekundenzeiger, und auf dem Bahndamm kam ein Güterzug daher, er ratterte fröhlich, es war ein Kohlenzug, der ins Brüxer Revier zurückfuhr, gut hundertvierzig Achsen, und in der Mitte des Zuges klemmte ein Bremsklotz, er glühte und spie Funken aufs Gleis, doch die Reichslokomotive zog lustig und fidel auch den blockierten Wagen mit.

Morgen werde ich wieder in meinem Stationchen an der zweigleisigen Strecke stehen, alle von West nach Ost fahrenden Züge werden gemäß Fahrplan ungerade, alle von Ost nach West fahrenden gerade Zahlen tragen. Ich werde nach drei Monaten wieder Aufsicht führen, werde auf dem Bahnhof sein, durch welchen die zwei Hauptgleise laufen, und das eine Gleis von West nach

Ost wird die Nummer eins und das andere Gleis von Ost nach West die Nummer zwei haben, und die Gleise rechts von Gleis eins haben ungerade Zahlen, drei, fünf, sieben und so weiter, und alle Gleise rechts von Gleis zwei haben gerade Zahlen, vier, sechs, acht, zehn und so weiter. Das gilt freilich nur für uns, für die Bediensteten der staatlichen Eisenbahnen, diese Numerierung, denn vom Standpunkt des Laien auf dem Bahnsteig, nehmen wir jetzt den von meinem Stationchen, ist Gleis fünf das erste, Gleis drei das zweite, Gleis eins das dritte, Gleis zwei das vierte... Sehr früh am Morgen werde ich die Uniform anziehen, schwarze Hosen und blaues Jackett, Dienstmantel mit Messingknöpfen, die mir Mami mit Sidol putzt, und dann zuletzt den prächtigen Kragen zuknöpfen, der genauso wie der Mantelkragen ein und dasselbe Zeichen hat, an denen jeder Eisenbahner sofort erkennt, welchen Dienstrang ich habe. Der Oberschülerknopf sagt jedem, daß ich Abiturient bin. Und dann der mit Goldfarben aufgestickte herrliche Stern bringt zu Bewußtsein, daß ich als Eleve in der Aufsicht Dienst tue. Und weiter glitzert auf dem Kragen das allerschönste Abzeichen, das Flügelrad, violett und blau schattiert, ähnlich einem goldenen Seepferdchen. Meine Mami wird mir nachschauen, wird reglos hinterm Vorhang stehen, wie auch in anderen Häusern die Leute an den Fenstern stehen, überall, wo ich vorbeifahre, werden Leute stehen, wie meine Mutter werden sie mir nachschauen, den Zeigefinger auf der Gardine, und ich werde rasch zum Fluß hinunterfahren, wo ich am Radweg aufatmen werde wie immer, weil ich ungern mit dem Zug zum Dienst fahre, am Fluß kann ich frei atmen, denn hier gibt es keine Fenster, kein Lauern, keine in den Hinterkopf getriebene Nadeln.

In der Betriebskanzlei war alles so, wie es war, als ich sie verlassen hatte. Das mechanische Stellwerk mit den Fahrstraßenhebeln glich noch immer einem riesigen Spielkasten oder Forbes-Musikautomaten, und der Telegraphentisch stand immer noch am Fenster, durch das man auf einen fünf Kilometer langen, von alten Apfelbäumen gesäumten Fahrweg hinaussah, an dessen Ende das Schloß des Fürsten Kinsky funkelte, das Schloß, das heute bei Sonnenaufgang bis zum ersten Stockwerk im Nebel war, so daß es ausgesehen hatte, als hinge es an einer goldenen Kette. Und auf dem Tisch waren die drei Telegraphenapparate, die vor einem halben Jahrhundert von der Firma Siemens & Halske hergestellt worden waren, und die drei Merkbücher. Und die zwei Streckentelephone und die drei Stationstelephone verbanden ständig durch, auch die Telegraphen, und in der Betriebskanzlei war ständig das zärtliche Gurren zu hören, das Zirpen und Schnarren der Telephone und Telegraphen, wie im Laden eines Vogelhändlers. An dem Fensterchen zum Warteraum war immer noch der grüne Vorhang mit den zwei Messingringen, und gleich daneben stand die Stempelpresse für die Fahrkarten. Fahrdienstleiter Hubička hieß mich willkommen und sagte mir gleich, wir würden hier zusammen Dienst tun, weil ich nach dreimonatigem Krankmachen neu eingeschult werden müßte. Und dann fragte mich der Herr Fahrdienstleiter, wieviel Uhr es ist, und schob selbst den Ärmel von meinem Handgelenk zurück, und schaute nicht auf die Uhr, sondern nur auf die Narbe.

Und ich wurde rot und tat, als suchte ich meine rote Mütze. Sie lag im Spind, ganz verstaubt, auf dem Deckel waren Spuren von Mäusepfötchen. In der Morgensonne bürstete ich die Dienstmütze aus, und ich hörte dabei, wie die Tauben des Herrn Vorsteher im Taubenschlag gurrten. Hinter dem Bahnhof waren die Hindernisse der Pferderennbahn zu sehen, die ganze Miniaturbahn von Groß-Pardubitz, weil der Fürst Kinsky Rennpferde züchtete, Halbblut, nicht nur den Großen Preis von Pardubitz hatte er gewonnen, auch den Großen von Liverpool, fast eine Million Pfund Sterling, was damals so viel Geld war, daß der Fürst bei unserem kleinen Bahnhof ein Riesenkino und Theater und Konzertsaal anfing zu bauen für unser Dorf, aber er schaffte es nicht ganz, und so machte man ein Getreidemagazin daraus, das schönste Getreidemagazin auf der Welt, mit römischen und griechischen Säulen vor dem Eingang. Dieses Lager nannte man englisch: das Liverpool...

Punkt halb acht betrat der Herr Stationsvorsteher die Betriebskanzlei. Er wog beinahe zwei Zentner, aber die Frauen sagten von ihm, daß er unglaublich leicht tanze. Das Haar kämmte er so, daß es von der linken Seite über die Glatze auf die rechte Seite lief, und genauso lief es von der rechten Seite beim Ohr über die Glatze auf die Gegenseite. Aber wenn er manchmal nur so über den Bahnsteig ging, und es war Wind, dann stellten sich ihm die dünnen Haare zu einem gotischen Bogen auf.

Dann öffnete er die Tür zu seinem Kanzleiraum. Niemand würde

erwarten, daß der Vorsteher einer so kleinen Station eine so eingerichtete Vorsteherkanzlei hatte. Der Perserteppich leuchtete immer mit seinen roten und blauen Blumen, drei türkische Taburetts steigerten das orientalische Aroma. Und den schweren Mahagonischreibtisch beschattete eine riesige Palme, und diese Blätter über dem venezianischen Sessel machten so einen Regenschirm. Überhaupt machte die ganze Vorsteherkanzlei den Eindruck, als könnte man sie mitsamt dem Herrn Vorsteher wie so eine Sänfte hochnehmen, so wie man auch den Papst trägt. Auf dem Rokokoschränkchen stand eine Marmoruhr, und statt eines Pendels hatte sie drei vergoldete Kugeln, die sich hin- und herdrehten, und jeder, der sie schlagen hörte, jeder drehte sich zu der Uhr um und sagte: Die Uhr schlägt aber schön! Und dann stand in der Kanzlei ein Dienstkanapee, mit schokoladenbraunem Wachstuch überzogen, und an der Wand hing ein großes Ölgemälde, das anschaulich darstellte, wie eine Schnellzuglokomotive aus dem Wilson-Bahnhof Prag ausfährt und Dampf ausstößt, ins Gleis und in den Himmel und in einer mächtigen Wolke anführt, ein Bild, das jeden Beamten der staatlichen Eisenbahnen erregt, vor allem unseren Herrn Vorsteher, der zwei Lebensziele hatte: zum Inspektor der staatlichen Eisenbahnen ernannt zu werden und das Prädikat Baron Lánský z Růže zu bekommen, weil er, als er seinen Stammbaum erforschte, entdeckte, daß er in sich ein bißchen blaues Blut hatte. So hatte er doppelt blaues Blut, denn die Eisenbahner hießen auch blauer Adel.
Sonst hatte der Herr Vorsteher die höchst gewöhnliche Vorliebe für Taubenzucht. Vor dem Krieg hatte er Nürnberger Bagdetten gezüchtet, diese Täubchen mit den angriffslustigen schwarzen und weißen Pfeilen auf den Flügeln, denen er jeden zweiten Tag den Schlag ausgemistet hatte und frisches Wasser gegeben und Afterkorn gestreut. Doch als die Deutschen brutal die Polen überfielen und dann auch noch aufs Haupt schlugen, ließ der Herr Vorsteher das Flugloch geschlossen, und bevor er nach Königgrätz fuhr, befahl er dem Stationshelfer, allen diesen Nürnberger Bagdetten den Hals abzudrehen. Acht Tage später brachte er polnische Luchse an, diese Tauben mit dem hübschen blauen Kropf und schönen Flügeln, zusammengesetzt aus grauen und weißen Dreiecken, die aneinanderpaßten wie die kleinen Kächelchen im Badezimmer.
Und ich stand so am Schienenstrang und spürte, daß mich jemand

ansah, ich drehte mich um und sah im offenen Kellerfenster die Augen der Frau Stationsvorsteher, dort im Dunkeln, wie sie den Gänserich nudelte und mich beobachtete. Ich hatte die Frau Vorsteher gern, sie saß manchmal abends in unserer Kanzlei, häkelte an einer großen Tischdecke, so eine Ruhe ging von diesem Häkeln aus, und immer erschienen unter ihren Händen neue Blumen und neue Vögelchen, sie hatte vor sich auf dem Telegraphentisch ein Büchlein, in das sie von Zeit zu Zeit schaute, um nachzulesen, wie sie weiterhäkeln mußte, wie sie die Fäden aufnehmen mußte, es war, als ob sie Zither spielte und dabei in die Noten schaute. Aber jeden Freitag richtete sie ein Kaninchen hin, und zwar nahm sie aus dem Kaninchenstall ein Kaninchen, klemmte es sich zwischen die Beine, stieß ihm ruckweise das stumpfe Messer in den Hals und fieselte das Tier, das pfiff, lange pfiff, bis nach einer Weile seine Stimme schwächer wurde, aber die Frau Vorsteher blickte dabei drein, als häkelte sie an der großen Decke. Sie sagte, daß so, wenn das Kaninchen ausblutete, das Fleisch viel schmackhafter würde, zarter. Im voraus schon sah ich, wie sie diesen Gänserich da abkrageln wird, wie sie sich auf ihn setzen wird und ihm den orangefarbenen Schnabel an die Gurgel preßt, wie sie das Taschenmesser zuklappt und ihm sorgfältig zuerst die Nackenfederchen ausrupft, dann fließt sein Blut in einen Napf, der Vogel wird immer schwächer, bis er schließlich ganz erschlafft, die Frau Vorsteher knickt in den Knien ein und sitzt nur noch auf ihren Fersen.
»Eleve Hrma«, rief der Herr Vorsteher.
Ich gehe in die Kanzlei, salutiere und strecke die Brust raus. »Eleve Miloš Hrma meldet sich zum Dienst!«
»Setz dich«, sagte der Herr Vorsteher und stand auf hinter dem Schreibtisch, und ein Palmenblatt legte sich ihm aufs Haupt. So stand er einige Augenblicke lang vor mir, seine weinerlichen Augen wanderten über meine Uniform, dann schloß auch er den obersten Rockknopf. »Nun, Hrma, hast du gemerkt, daß wir keine Telegraphistin mehr haben?«
»Zdenička Svatá*!« sage ich.
»Svatá... Oha!« schnaubte der Herr Vorsteher, »aber in der Stadt hast du noch nichts gehört?«
»Nichts. Worum handelt es sich?«
»Seltsam. Wegen unseres Herrn Fahrdienstleiters kommen schon

* tschechischer Zuname, deutsch: Heilige.

die Leute angereist, geradezu in Massen! Als hätte er vier Beine! Zwei Köpfe! Der hat unserer stillen, ruhigen Station zu einer schönen Berühmtheit verholfen, zu einer sehr schönen!«
»Ja, der Herr Fahrdienstleiter Hubička, der kann das«, sage ich. »Als ich noch in Dobrowitz Dienst tat und der Herr Fahrdienstleiter mich einschulte, da war auch die ganze Strecke schauen gekommen... weil er mit einer gewissen Dame das Kanapee des dortigen Herrn Vorsteher zerrissen hatte...«
»So ein österreichisches, ein Wichsleinwandkanapee?« Dem Herrn Vorsteher quollen die Augen hervor.
»So eins da?«
»Genau so eins«, sage ich.
»Miloš, setz dich«, wurde der Herr Vorsteher freundlich. Und er selbst setzte sich rittlings auf das nächststehende Taburett und legte die Hand ans Ohr.
»Also, der letzte Personenzug, der Nachtzug, war raus«, sage ich dem Vorsteher ins Ohr, »und schon seit abends saß eine fesche Dame bei uns und rauchte Zigaretten und trank Wein. Und gegen Mitternacht sagt der Herr Fahrdienstleiter Hubička: Miloš, du bist zwar erst ein Einschuler, aber ich vertraue dir. Du übernimmst das für mich so für zwei Stunden. Ich übernahm den Dienst, und der Herr Fahrdienstleiter Hubička führte die Dame in die Kanzlei des Herrn Vorsteher. Und ich habe dann das Ohr an die Tür zur Kanzlei des Herrn Vorsteher gelegt, und da höre ich: ›Kätzchen, der Körper braucht es, der Körper verlangt es...‹«
»Dieses Schwein!« rief der Herr Vorsteher, trat ans Fenster und blickte auf den Bahnsteig, wo die Tauben nickten und gurrten und der Fahrdienstleiter stand.
»Wenn man sie ihm nur ansehen würde, seine schuftige Natur!« schrie der Herr Vorsteher, und der Herr Fahrdienstleiter Hubička steckte sich den kleinen Finger ins Ohr und schüttelte ihn, als hätte er Wasser im Ohr.
»Stille Wasser sind tief«, sage ich. »Ungefähr eine Stunde nach Mitternacht, eine Güterzug-Lok hatte gerade die Waggons mit dem Zucker geholt, horche ich und höre aus der Kanzlei des Herrn Vorsteher so einen Ton, wie wenn man einen Sarg hin und her schiebt... Und dann ein Schlag! Ich stürze in die Kanzlei des Herrn Vorsteher, und diese Dame liegt auf dem Kanapee, nackt und mit so ausgebreiteten Beinen! Und der Herr Fahrdienstleiter

Hubička liegt auf dem Boden, in der Unterhose, wie der Soldat in unserer Kirche, als sich das Heilige Grab geöffnet hat. Und er sagt zu mir: Miloš, ich habe es falsch angepackt. Ich bin vom Altar der Liebe gefallen...«
»Diese Hyäne, die gefleckte!« stieß der Herr Vorsteher hervor und stemmte die Hände gegen den Fensterrahmen und starrte auf den Fahrdienstleiter, der breitbeinig dastand und in den Himmel guckte.
»Und wie lag die Dirne auf dem Vorsteherkanapee, wie?« wandte sich der Herr Vorsteher wieder mir zu.
»Wenn Sie erlauben, führe ich es Ihnen vor«, sage ich und zeigte auf das Wichsleinwandsofa und ging hin, sprang hoch und drehte mich in der Luft und landete weich auf dem Rücken. Der Herr Vorsteher beugte sich über mich und drohte.
»So suhlt man sich mit Weibsbildern im Wartesaal! Aber nicht auf dem Kanapee seines Vorstehers!«
»Weil auf dem Kanapee des Herrn Vorsteher nur der Herr Vorsteher zu sitzen hat«, sage ich.
»Du siehst es ein, aber diesem schweinischen Schwein ist nichts heilig!« schrie er.
Ich setzte mich auf und sage: »Herr Vorsteher, das ist aber noch nicht alles. Sehen Sie, hier!« nahm ich den Vorsteher beim Ärmel und zeigte, »hier, ungefähr an dieser Stelle, hier war die Wichsleinwand geplatzt, über die ganze Breite weg...«
»Das Kanapee zerfetzt!?« schrie der Herr Vorsteher, »einem Vorsteher das Kanapee zerfetzen! Aber das kommt davon, weil überm Menschen nichts mehr ist. Kein Gott, kein Mythos, keine Allegorie, kein Symbol. Wir sind allein auf dieser Welt, darum ist alles erlaubt... aber nicht für mich! Für mich gibt es noch einen Gott! Aber für dieses schweinische Schwein dort drüben existiert bloß der Schweinebraten, Knödel, Kraut...«
Und der Herr Vorsteher atmete hörbar, schnaufte, stierte auf den Bahnsteig hinaus, auf den Rücken des Fahrdienstleiters Hubička.
»Satanas ist das«, sagte er nach einer Weile. »Ein Kerl, der seit zehn Jahren schon irgendwo Vorsteher einer kleinen Station an einer eingleisigen Strecke sein könnte, aber er hat noch immer kein einziges Sternchen. Jedesmal, wenn man ihn befördern will, veranstaltet er irgendeine Schweinerei, wohingegen ich im Dienstrang ständig höher klettere.«

»Ich habe gehört«, sage ich, »daß Sie zum Inspektor der Staatsbahnen befördert werden sollen.«
»Das soll ich.«
»Ach, dann werden Sie statt drei Sternen nur noch einen haben, aber von der Inspektor-Litze umsäumt, wie ein Gärtchen!« rief ich.
»So ist es, Miloš«, begann der Vorsteher zu träumen. »So ein Beispiel gebe ich euch«, sagte er und öffnete den Schrank und entnahm ihm eine neue Jacke, auf deren Kragen das Gärtchen mit dem diamantenen Stern bereits aufgestickt war. »So ein Beispiel habt ihr in mir, und doch ist es, als würde ich Perlen vor die Säue werfen.«
»So ein Inspektor«, sage ich, »das ist bei der Bahn dasselbe wie ein Major beim Militär, nicht wahr?«
»So ist es, Miloš«, sagte der Vorsteher.
Auf Gleis eins fuhr ein langer Güterzug vorbei, er fuhr in Höchstgeschwindigkeit, und die Achsen gaben über den Gleisstößen tiefe Töne von sich. Und der Herr Vorsteher ordnete sorgsam Rockärmel und -zipfel im Schrank, um sie nicht einzuklemmen. Sodann nahm er die Büchse mit den Afterkorn, öffnete das Fenster, und die polnischen Luchse kamen in die Kanzlei geflogen, sie rauften in der Luft um die Schulterplätze, schließlich saßen alle auf dem Herrn Vorsteher wie auf einem Denkmal oder Brunnen, nickten und schmiegten sich an ihn, sie wollten gar nicht so sehr das Korn, ihnen ging es vielmehr um die Liebe, sie pickten ihn in die Wangen, aber so zärtlich, als wären sie seine kleinen Kinder. Der Güterzug hatte sein Rattern mitgenommen, genauso wie in Friedenszeiten der Abendzug die Quadrate und Rechtecke der erleuchteten Fenster.
»Was hat denn der Herr Fahrdienstleiter mit der Zdenička gemacht?« sage ich.
»Bestialitäten«, erwiderte der Herr Vorsteher, lächelte und hielt den Täubchen seine Lippen hin, »Tiere brächten so was einfach nicht fertig. Aber, Miloš, ich ärgere mich nicht mehr damit herum, die Disziplinarkommission hat schon alles in Königgrätz... Kurz, der Herr Fahrdienstleiter Hubička hat während des Nachtdienstes die Zdenička langgelegt, ihr den Rock hochgezogen, und dann hat er unserer Telegraphistin einen Dienststempel nach dem anderen rund um den Popo gesetzt. Sogar auch den Datumstempel hat er ihr draufgemacht! Aber Zdenička kam am

Morgen nach Hause, und ihre Mami las die Stempel und rannte gleich los, zu uns her, sie werde sich bei der Gestapo beschweren. Da mußte ich ein Protokoll aufnehmen, Miloš. Entsetzlich! Und Zdenička mußte gleich zur Direktion, und dort hat sich der Herr Staatsbahnen-Direktor die Stempel höchst persönlich angesehen! Entsetzlich!« rief der Herr Vorsteher, warf die Arme hoch, und die Tauben schlugen mit den Flügeln, um das Gleichgewicht zu halten.

Und am Zaun von unserer Station, dort auf der anderen Seite, galoppierte auf einem schwarzen Hengst die Frau Gräfin Kinsky entlang, sie kam gerade von den Höfen zurück, und sie galoppierte, wie zusammengewachsen war sie mit dem Hengst. Und der Herr Vorsteher ging mit seinen polnischen Luchsen auf den Bahnsteig hinaus, verneigte sich in Richtung der galoppierenden Frau Gräfin, die ritt über die Gleise und trieb den Hengst zum Stationsgebäude, und so leicht glitt sie aus dem Sattel, nur ihre lederbesetzte Reithose knarzte leise, und dann küßte ihr der Herr Vorsteher die Hand und entfernte sich mit ihr ein paar Schritte, er war noch immer mit den polnischen Luchsen behängt, und die Frau Gräfin war, als sei das selbstverständlich, überhaupt nicht verwundert, sie streckte, während sie sich mit unserem Herrn Vorsteher unterhielt, den Tauben sogar den Handschuh hin.

Fahrdienstleiter Hubička guckte sich schier die Augen aus nach der Frau Gräfin.

»Miloš, weißt du, was ich möchte? Ich möchte mich in den Sattel verwandeln«, sagte er und zeigte auf den gesattelten Rapphengst, und dann spuckte er aus und lachte und sagte vertraulich zu mir: »Miloš, ich hatte einen herrlichen Traum. Mir träumte, daß ich mich in einen Wagen verwandelte und daß mich die Frau Gräfin an der Deichsel festhielt und ins Magazin lenkte«, und wieder schaute er schamlos die Frau Gräfin an, ihre Beine, während sie mit dem Herrn Vorsteher weiterspazierte, in Richtung Getreidemagazin, in Richtung Liverpool, und plötzlich erschrak der Herr Vorsteher so, wegen derselben Mitteilung, die ihm wohl die Frau Gräfin gerade gemacht hatte, daß die Tauben verängstigt auf und davon flogen. Und die Frau Gräfin reichte dem Herrn Vorsteher die Hand, er küßte sie ehrerbietig, dann wollte er der Frau Gräfin noch in den Sattel helfen, aber die Frau Gräfin winkte mit ihrem feinen Händchen kurz ab und schwang sich auf den schwarzen Hengst, spreizte für eine Sekunde die Beine, und der Herr Fahr-

dienstleiter Hubička wischte sich über den Mund und verkündete: »Ein hübsches Popotscherl«, und spuckte aus.
Und die Frau Gräfin galoppierte die Straße entlang, der schwarze Hengst stach vom Schnee ab, der von der rosa Sonne glänzte. Unser Herr Fahrdienstleiter Hubička teilte die Frauen in zwei Klassen ein. Die, die Übergewicht hatten von der Taille abwärts, nannte er, wie die Frau Gräfin: Popotscherl, und die, die von der Taille aufwärts einen schönen Busen hatten, nannte er: Zitzerl. In Anlehnung an Äugerl, Buchterl, Pfünderl und so.
Und der Herr Vorsteher kam wutentbrannt in die Station gerannt und zischte:
»Sogar die Frau Gräfin Kinsky weiß es schon!«
Er drehte sich im Türrahmen um, nickte mehrmals schrecklich ernst mit dem Kopf, und dann stürmte er die Treppe hinauf in die Küche, wo er zuerst einigemal den Stuhl so auf den Fußboden stellte, daß bei uns in der Betriebskanzlei der Putz von der Decke rieselte, und dann brüllte er in den Lichtschacht hinein:
»Fluch des erotischen Jahrhunderts! Alles ist über und über erotisiert! Nichts als erotische Reizmittel. Halbwüchsige, ja Kinder verlieben sich in Mädchen, die Gänse hüten! Liebestragödien, abgeguckt aus solchen Schwarten und erotischen Filmen! Vor Gericht mit den Schreibern und Erziehern und Verkäufern pornographischer Bücher und Bilder! Hinweg mit der abartigen Einbildungskraft der Jugend! Einer hat die Leiche der Milchfrau zerhackt, und er hätte noch die Leiche seiner Base zerhackt, hätte man ihn nicht daran gehindert. In einer Drogerie wird eine Figurine ausgestellt, die den Querschnitt der Hüfte einer jungen Frau in Lebensgröße zeigt. Und die Jugend verschlingt das geradezu! Im Atelier eines gewissen Malers sieht es aus, daß man meint, in einen Metzgerladen mit Menschenfleisch geraten zu sein. Kannibalismus! Die Vranská in einem Koffer, und gesucht wird ein blonder Mann mit Goldzahn, zuletzt gesehen, als er ihr im Automaten ›Koruna‹ einen australischen Apfel kaufte. Pfui! Lauter Fleisch! Lustmorde am Horizont. Auf die Anklagebank mit Lehrkräften, die Aufklärung in Geschlechtsdingen dulden. Je mehr Unsittlichkeit und Genußsucht, desto weniger Wiegen und desto mehr Särge!« krächzte der Herr Vorsteher nur noch durch den Lichtschacht aus der Küche im ersten Stock zu uns in die Betriebskanzlei.
Das war einmal deswegen, weil der Herr Vorsteher Mitglied des

S.O.S. war, des Völkischen Wiedererweckungsvereins in Prag, und dann hielt ihm die Frau Gräfin jedesmal beim Bestellen des Viehwaggons vor, daß er im Glauben zu lau sei und daß, wenn die katholische Kirche fällt, auch die ganze Welt fallen würde. Und darum salutierte der Herr Vorsteher, wenn er an einem Kirchenbau vorbeiging, wenn er in Uniform war, diesem Kirchenbau, oder er zog, wenn er in Zivil war, sein Schwarzenberg-Hütchen und verneigte sich und murmelte, sprach etwas.

Im Stellwerk rasselte es, und das rote Rädchen wurde vom weißen ersetzt, und ich riß den Schlüssel aus dem Block und rannte auf den Bahnsteig, in den Anbau, die Lokomotive pfiff an der Einfahrt, und der Herr Vorsteher kam die Treppe herab, als sei nichts geschehen, er hatte sich durch das Geschrei in den Lichtschacht abreagiert wie vor der Klagemauer. Hubička behauptete von ihm, daß er genau so auch seine Gattin anschreit, die, obwohl Metzgerstochter aus Wallern, sich das auch gefallen läßt, aber viermal im Jahr einen Aufstand macht, und wenn der Herr Vorsteher dann am meisten tobt und ihr einprägen will, was ein anständiges Frauenzimmer ist, wirft die Frau Vorsteher mit allem nach ihm, was sie gerade zur Hand hat. Einmal, vor Weihnachten, als er sie wieder anschrie, hat die Frau Vorsteher den Herrn Vorsteher ins Bad gezogen und ihm eine solche Ohrfeige gegeben, daß er in die Wanne zu dem Weihnachtskarpfen gefallen ist.
Der Herr Vorsteher trat in die Kanzlei und erkannte mit einem Blick, daß mit dem Betriebsablauf nicht alles in Ordnung war.
»Na, Jungs«, sprach er väterlich, »seid ihr im Bilde?«
»Ein Militärer ist uns draußen hängengeblieben«, grinste Hubička.
»Der Militärtransport nach Sondervorschrift?« riß er die Augen auf.
»Der mit den drei Rufzeichen«, sage ich.
»Habt ihr gelesen...?« zeigte er auf den Aushang mit der Unterschrift des Herrn Reichsbevollmächtigten.
»Haben wir«, sagte Hubička.
»Und habt ihr euch überlegt...?«
»Überlegt und entschieden«, lachte der Fahrdienstleiter Hubička.
»Jungs, das könnte euch als Sabotage ausgelegt werden«, schüt-

telte der Herr Vorsteher den Kopf und ging auf den Bahnsteig hinaus.
Auf der Lok des nun langsam einfahrenden Militärtransportes mit dem scharf überwachten Zuglauf stand der bleiche Ingenieur Honzík, Leiter des Betriebsamtes, der bis nach Liboch gefahren war, um diesen Zug persönlich zu begleiten. Wie eine Geisel stand er da, verdrehte die Augen, rang die Hände und machte so aus dem Lokfensterchen in unsere Stationsfenster und -türen hinein deutlich, daß wir ihm was Schönes eingebrockt hätten.
Und der Herr Vorsteher salutierte, und ich lief zum Gleis vor und salutierte ebenfalls. Der Zug hielt, und von der Lokomotive ließen sich zwei schlanke SS-Männer herunter und betrachteten, Maschinenpistolen in den Händen, eine Weile meine rote Mütze. Ich schlug die Hacken zusammen und salutierte, aber die beiden setzten mir die Mündungen ihrer automatischen Waffen von rechts und links an die Lungenflügel, und ich mußte über die Trittbretter hinauf ins Führerhaus. Der Zug setzte sich in Bewegung. Ich war erstaunt, die SS-Männer sahen gut aus, ganz als würden sie Gedichte schreiben oder Tennis spielen, und nun so was, neben Ingenieur Honzík stand der Transportführer, ein Rittmeister mit österreichischer Gebirgsjägermütze und einem langen Schmiß über Mund und Kinn weg, auch der Lokomotivführer war in Uniform, er saß vornübergebeugt auf seinem Polsterstuhl und hielt den Reglerhandhebel fest, es war eine Reichsmaschine für Steinkohle, der Stuhl hatte eine Vorrichtung wie gewisse Krankensessel, die man in Liegen verwandeln kann. Und die beiden SS-Männer bohrten mir weiter die Läufe ihrer Maschinenpistolen in die Lungenspitzen, und ihre Blicke bohrten sie, genau wie die Läufe, ins Gesicht des Rittmeisters, der jedoch die Landschaft betrachtete. Ich sah, wie jemand auf dem Gut neugierig eine Luke öffnete und aufs Zinndach kroch, wo er gleich die Hände hob, als wolle er sich ergeben. Sicher hatte man ihm aus dem Transport etwas zugerufen, vielleicht eine Waffe auf ihn gerichtet, der auf dem Dach hielt die Hände in die Höhe, als trinke er der Sonne zu, es war der Gemeindetrottel Jordán, der Kühe hütete und die Sonntage im Ruderboot verbrachte, eine Flasche Bier im Kescher, und ab und zu zog er Kescher und Flasche aus dem Wasser und goß ein Schoppenglas voll, dann richtete er sich im Boot auf, stand in Turnhosen da, wie jetzt auf dem Dach, und prostete der Sonne zu, rief sie an mit Kreischtönen:

eh! eh! eh! und dann trank er sein Glas auf einen Zug aus, ich sah auch noch die Frau Vorsteher hinterm Küchenfenster, durch ihre Augen lief eines der dünnen Messingstäbchen, an denen die Fenstergardinen hingen, sie hob die Hände, und dann fuhr der Militärtransport mit dem scharf überwachten Zuglauf schon an der zerschossenen Zuggarnitur auf Gleis fünf vorbei, ich verdrehte die Augen, um zu sehen, was die beiden dazu sagen, und sie wieder sahen mich an, als hätte ich den Zug zerschossen.
»*Du Arschlecker*«, stieß der eine SS-Mann hervor.
»*Solche Schweine sollte man besser sofort erschießen*«, sagte der andere. »*Dreißig Minuten Verspätung*«, zischte der erste und stieß mir die Maschinenpistole tiefer zwischen die Rippen.
Wie anders war es gewesen, als ich damals vor drei Monaten meinem Tod hinterherfuhr, ich neigte mich ans Schalterfensterchen, es war Abend, das Fahrkartenfräulein hatte kupferrotes Haar, ich sage: Eine Fahrkarte! Und sie erkannte mich und sagt: Aber Herr Aufsichtsbeamter, wohin denn? Ich sage: Ich fahre dorthin, wohin Ihr Blick zuerst fällt. Sie lachte: Wieso zuerst? Ich schaue dauernd auf die Fahrkarten. Ich sage: Wissen Sie was, Fräulein? Sehen Sie mich an und ziehen Sie mit der linken Hand eine Fahrkarte heraus. Sie zierte sich: Aber Herr Aufsichtsbeamter, ich kann auch im Finstern verkaufen. Und sie lachte wieder, weil sie glaubte, ich mache Spaß. Da sage ich: Also, siebte Reihe, siebtes Fach, die Sieben wie bei den Juden. Sie langte hin, sah dabei jedoch mich an, ließ mich nicht aus den Augen und sagte: Dann geht es nach Bistrzitz bei Beneschau, und kosten wird es zwanzig Kronen ungrad...
Die Maschine vibrierte, die Schneefelder glitzerten bis in die weite Ferne, noch immer tickten die Kristalle. Im Graben am Bahndamm lagen drei tote Pferde, die die Deutschen in der Nacht aus dem Waggon geworfen hatten. Sie hatten einfach die Tür geöffnet und die Kadaver hinausgestoßen. Also lagen sie jetzt im Graben an der Strecke, die steifen Beine in die Höhe gestreckt wie Säulen, an denen ein unsichtbares Himmelsportal lehnte. Ingenieur Honzík sah mich an, und seine Augen waren von Trauer und Zorn erfüllt, weil ausgerechnet in seinem Abschnitt der Transport nach Sondervorschrift Verspätung bekam. Für ihn war ich daran schuld, und darum war es nur recht, daß mich die SS-Männer auf die Lok geholt hatten und nun nur daran dachten, mir die MP-Läufe ins Genick zu schieben, einander ein Zeichen zu

geben, abzudrücken, die Magazine in mich leerzuschießen und das Türchen zu öffnen... Ich spürte es genau, und trotzdem meinte ich, das könne nicht sein, dessen seien sie nicht fähig, weil beide solche feschen Burschen waren, ich hatte immer Schwierigkeiten mit schönen Menschen, kam mit ihnen nie so recht ins Gespräch, fing an zu schwitzen, stotterte, so sehr bewunderte ich schöne Gesichter, so geblendet war ich davon, ich konnte einfach nie ein schönes Gesicht richtig anschauen.

Dafür war der Rittmeister häßlich, die lange Narbe, die sich in sein Gesicht gegraben hatte, als sei er in der Jugend auf einen rostigen Topf gefallen, dieser Rittmeister sah mich nun an. Ich faßte nach einem der Halteriemen, die vom Dach des Führerhauses baumelten. Das erlaubte ich mir, weil mich der Rittmeister lange genug angeschaut hatte und sah, daß ich ein Trottel bin, der an den Gleisen steht, ein Trottel, dem man bei der Direktion in Königgrätz eingetrichtert hatte, er solle an den Gleisen stehen und die Blocksignalflügel auf- und abziehen, während sich die Reichsarmee zuerst gen Osten wälzte und jetzt wieder zurück. Ich sagte mir, diese Deutschen sind genau solche Narren. Gefährliche Narren. Ich war ja auch ein Narr, so ein bißchen, aber auf eigene Kosten, wogegen die Deutschen es immer auf Kosten der anderen waren. Einmal standen sie auf Gleis fünf, der ganze Zug voll Soldaten, die sich im nächsten Laden des Orts Eßwaren kaufen gingen und Süßigkeiten und Kunsthonig, bis einer heimlich einen Würfel so herauszog, daß die ganze Kunsthonigpyramide einstürzte, der Ladner zählte nach und stellte fest, daß fünf Würfel fehlten, und da ließ der Kommandeur den ganzen Zug antreten und fahndete bis abends nach dem Kunsthonig, und als er nichts fand, erst da ging er persönlich zum Kaufmann und salutierte und entschuldigte sich förmlich... Das waren vielleicht dieselben Deutschen, die jetzt mit mir auf der Lokomotive standen, es waren bestimmt dieselben.

Der Heizer blinzelte mir aufmunternd zu, dann schaufelte er flott seine Kohlen durch die Feuertür, zuerst nach hinten auf den Rost, dann in die Mitte, rhythmische Bewegungen, mit der letzten zog er die Kohlen an den vordersten Rostrand. Der Blick des Rittmeisters war auf mein Handgelenk gerichtet, auf die Stelle, wo auch ich eine Narbe hatte, der Ärmel rutschte mir runter, und der Rittmeister schaute auf meine ausgeheilte Wunde, als läse er in einem Büchlein. Jetzt wußte der Rittmeister wohl schon mehr,

jetzt sah er alles wohl schon von der anderen Seite, und seine Augen sahen wie zwei Alaunsteine aus. Und alle schauten auf einmal auf mein Handgelenk, und der Rittmeister schob mit seiner Reitpeitsche den zweiten Ärmel hoch und betrachtete auch die andere Narbe.
»*Kamerad*«, sagte er.
Er gab ein Zeichen, und der Militärtransport mit Sondervorschrift verlangsamte die Fahrt, und die Maschinenpistolen lösten sich von meinem Rücken, aber ich sah die beiden schönen Soldaten nicht an, ich schaute nur zu Boden, auf das Tränenblech der unaufhörlich rüttelnden, das Rollen der Lokomotive auf dem Schienenstrang wiedergebenden Tenderbrücke.
»*Geh*«, sagte der Rittmeister.
»Danke«, flüsterte ich.
Ich war mir zwar nicht sicher, ob das ein Scherz sein sollte, öffnete aber das Türchen, trat auf die oberste Eisensprosse, stieg tiefer, streckte das Bein aus und landete auf dem Wegelchen, als tanzte ich den Kosakentanz, ein letzter Sprung, und ich stand, und die Lokomotive gewann wieder Fahrt, an mir vorbei rumpelten die offenen Waggons mit den Tigerpanzern, einzelne Soldaten hatten offene Kilokonserven und die Ärmel hochgekrempelt und spießten Fleischstücke auf die Messer und aßen, andere, die automatischen Waffen auf den Knien, ließen die Stiefel baumeln, als schwenkten sie die Füße in einem Bach; jedesmal, wenn wieder ein Waggon vorbei war, spürte ich, daß mein Rücken noch immer eine gute Zielscheibe abgab.
Der letzte Waggon des Transportes war ein Kastenwagen, geöffnet, dunkle Damenstrümpfe schlenkerten da, wahrscheinlich Schwestern aus einem Feldlazarett, aber ich war immer noch in Schußweite der deutschen Maschinenpistolen, Revolver und Sturmgewehre, bei den Deutschen, das hatte ich am eigenen Leib erfahren, wußte man nie, wie man dran war, die Frau Karásková, die neben uns wohnt, hatten die Deutschen gleich im Jahr vierzig eingesperrt, vergangene Weihnachten kehrte sie zurück, die ganze Zeit, vier Jahre, war sie in der Pečkárna gewesen und hatte dort nach den Hinrichtungen das Blut aufgewischt, die ganzen vier Jahre Blut aufgewischt, und der oberste Scharfrichter behandelte sie gut, gab ihr Schinken, bat sie öfters zu singen: »Schwarze Augen, warum weint ihr?« und sprach mit ihr nur per: Geruhen... und wie bitte? Auf einmal schickten sie die Frau Karás-

ková aus unerfindlichen Gründen heim, für immer, und sie gaben ihr noch ein Entschuldigungsschreiben mit, aber Frau Karásková war leicht irrsinnig geworden, das Arbeitsamt vermittelte ihr gleich eine Stelle im Lokschuppen, dort drückte man ihr ein Ölkännchen in die Hand, und sie mußte die Lager der Lokomotiven ölen und abwischen.

Ich näherte mich der Streckenbiegung, von weitem schon sah ich die zwölf in den Himmel ragenden Beine der toten Pferde, wie die Säulen in der Altbunzlauer Krypta. Ich dachte an Máša, an unsere erste Begegnung, damals war ich noch beim Bahnmeister, der gab uns zwei Eimer mit roter Farbe und sagte, wir sollten den Zaun rund um die staatlichen Ausbesserungswerkstätten streichen, Máša trat gerade ihren Dienst an wie ich, wir standen uns so gegenüber, zwischen uns der Drahtzaun, jeder seinen Eimer mit der Mennige vor sich, jeder seinen Pinsel in der Rechten, wir tupften gegeneinander, strichen so den Zaun, jeder von seiner Seite, ununterbrochen wandten wir einer dem anderen das Gesicht zu, vier Kilometer Zaun waren es insgesamt, fünf Monate lang ging das so, alles hatten Máša und ich einander schon gesagt, aber ständig war der Drahtzaun zwischen uns; nachdem wir zwei Kilometer gestrichen hatten, pinselte ich die Höhe von Mášas Mund mit der roten Farbe und sagte ihr, daß ich sie gern hätte, und sie strich den Zaun von ihrer Seite und sagte, sie hätte mich auch gern ... und dabei schaute sie mir in die Augen, und weil das gerade in einer Senke war, in einem Meldengesträuch, hielt ich den Mund hin, und durch das frisch gestrichene Drahtgeflecht küßten wir uns, und als wir die Augen wieder aufmachten, hatte sie ein rotes Fötzchen auf dem Mund und ich auch, wir fingen an zu lachen, und von da an waren wir glücklich.

Als ich zu den drei toten Pferden kam, setzte ich mich einem auf den Bauch und lehnte den Rücken an sein Bein. Der Kopf des zweiten Pferdes stierte mich mit einem aufgerissenen Auge an, als wollte er sagen, er habe erlebt, was mir vor einer Weile hätte passieren können.

In dem Hotelchen von Bistrzitz bei Beneschau war ich die Treppe hinaufgestiegen, auf einem Absatz arbeitete ein Maurer in weißem Anzug, er schlug Löcher in die Wand, um Haltehaken befestigen zu können, zwischen denen bald ein Handfeuerlöscher der Marke Minimax hängen sollte, der Maurer war schon alt, er hatte aber einen so breiten Rücken, daß er zur Seite treten mußte, damit ich vorbeikam, dann pfiff er den Walzer aus dem »Grafen von Luxemburg«, und ich ging in mein Zimmer, es war Nachmittag, ich zog zwei Rasiermesser heraus, eins klemmte ich mit dem Klingenrücken in den Badhocker, das andere legte ich daneben und fing an, den Walzer aus dem »Grafen von Luxemburg« zu pfeifen, zog mich aus, drehte den Warmwasserhahn auf, und dann begann ich zu sinnieren und öffnete leise einen Spalt breit die Tür: der Maurer stand dahinter im Gang, als hätte auch er gerade meine Tür einen Spalt breit öffnen und nachsehen wollen, was ich tue. Und ich schlug die Tür zu, stieg rasch in die Wanne, doch nur langsam konnte ich mich niedersetzen, so heiß war das Wasser, ich ächzte, vorsichtig und mit Schmerzen setzte ich mich. Und dann spannte ich das Handgelenk und schnitt mit der rechten Hand das linke durch... und gleich danach schlug ich das rechte Handgelenk mit aller Kraft auf die im Hocker befestigte Klinge. Und ich steckte beide Hände ins heiße Wasser und beobachtete, wie das Blut aus mir floß, wie das Wasser rosa wurde, wie das rote Blut aber trotzdem sichtbar blieb und strömte, als zöge mir jemand eine lange, federnde Mullbinde aus den Handgelenken, ein tanzender Schleier... und dann schien alles einzudicken, wie die Farbe, mit der wir den langen Zaun um die staatlichen Ausbesserungswerkstätten gestrichen hatten, so daß wir Terpentin hineingießen mußten... und dann sank mir der Kopf vornüber, und in den Mund rann mir die Himbeerlimonade, leicht gesalzen war sie... und dann kamen gleichmittig blaue und violette Ringe, die federten wie bewegte farbige Spiralen... und dann beugte sich ein Schatten über mich, und ein stoppeliges Kinn berührte mein Gesicht. Es war der Maurer im weißen Arbeitsanzug. Er faßte mich unter und zog mich aus dem Wasser wie einen roten Fisch, aus dessen Handgelenken kleine rote Flossen quollen. Ich legte den Kopf auf seinen Kittel und spürte, wie sich die Nässe auf meiner Wange mit dem Kalk mischte, der Geruch davon war das letzte, was ich wahrnahm.

Ich saß auf dem toten Pferd und berührte, an das zum Himmel emporgereckte Bein gelehnt, mit dem Kopf die kleine Mähne, die Pferde über den Hufen haben... und ein Güterzug fuhr vorbei und pfiff lustig. Rhythmisch beschatteten mich die Waggons, ich erbebte, plötzlich hatte ich den Mund voll Speichel, die ganze Sache war damals bei Onkel Noneman in Prag-Karolinenthal losgegangen, ich übernachtete bei Mášas Verwandten, man legte mich im Atelier aufs Kanapee und gab mir eine Decke, oben drauf noch die Plane mit dem Bild von Prag und dem Aeroplan, hinter dem sich die Kunden als Piloten oder Beobachter photographieren ließen, ganze ulkige Gruppen fanden da Platz, als es dann nachts bei Nonemans still geworden war, kam Máša, schlüpfte unter die Plane mit dem Aeroplan, schmiegte sich an mich, streichelte mich, und ich streichelte sie auch und war ein Mann bis zu dem Augenblick, wo es passieren sollte, da jedoch fiel er zusammen, und aus war es, amen, Máša zwickte mich zwar, aber ich war wie tot, alle Glieder waren mir wie abgestorben... und eine Stunde später schlüpfte Máša wieder unter der Plane heraus und ging ins Zimmer ihrer Tante... und am nächsten Morgen konnte ich sie nicht ansehen, wie ein gestochenes Kalb glotzte ich, Kunden kamen, posierten hinter der Plane, unter der ich nachts eine so schlechte Erfahrung hatte machen müssen, der eine stand auf einem Stuhl, der andere auf einer kleinen Stehleiter, Onkel Noneman gab diesem eine Flasche, jenem einen Trichter, dann kroch er seinem Apparat unter den Rock, hob die Hand wie ein Dirigent vorm Einsatz, befreite sich von dem Rock und brachte nach fünf Minuten die Aufnahme, weil überm Eingang eine Tafel hing: In fünf Minuten fertig. So ging es den ganzen Vormittag, bis zwei deutsche Soldaten kamen, der eine stieg auf den Stuhl, der andere auf die Stehleiter, Herr Noneman schob die Plane mit Aeroplan und Prag vor sie hin, da – ein dröhnendes Krachen, ein Windstoß fuhr ins Atelier und warf die Plane um, die beiden Soldaten fielen herunter, der Onkel, der gerade wieder unterm Rock steckte, wurde ebenfalls umgerissen, doch das war noch nicht das Ende, ein viel gewaltigerer Luftzug folgte, der legte die Atelierwand um und wehte den Onkel samt den Soldaten weg und die Tante samt Máša herein, sie wollten die Röcke festhalten, es ging aber nicht, die Haare hingen ihnen ins Gesicht, flatterten, plötzlich flogen wir alle und landeten draußen auf dem Rasen... und zuletzt kam die Tafel mit der Aufschrift: In fünf Minuten fertig... Über die Straße liefen ein paar Leute, dann wurde es still, erst nach einer ganzen Weile begannen die Sirenen zu heulen, Sanitätsautos fuhren vorbei, ein paar abgerissene Menschen erschienen, wie irr lachten sie, lachten immerfort und fielen rücklings auf den Rasen, lagen auf dem Rücken, und das Lachen schüttelte sie... und schließlich kam ein Mann, der zeigte in Richtung Prag-Wisotschan und sagte: Ein schrecklicher Luftangriff, Leute!

Und als er die Tafel auf dem Rasen liegen sah, las er laut, vielsagend, was darauf geschrieben stand: In fünf Minuten fertig...

Ich kroch unter den Bahnschranken durch, und auf Gleis fünf standen Personenwagen. Der ganze Zug war zerschossen, und am ersten Waggon las ich den Aufkleber: Bestimmungsbahnhof Staatliche Reparaturwerkstätten, Versandbahnhof Krakau. Immer richteten Partisanen die deutschen Züge in Frontnähe so zu, kaum ein Fenster blieb ganz, alles war von Durchschüssen wie gespickt, die blechernen Wände zeigten die Handschrift feindlicher Maschinengewehre, und einzelne Aufbauten von Granateinschlägen zerfetzt, andere von Geschossen aus Gebirgsgeschützen oder erbeuteten Panzerfäusten. Es waren so Abteilwagen, wie man sie längst ausrangiert hatte, in jedes Abteil führten von beiden Seiten Türen, und über den Rädern war an jeder Längswand ein langes durchgehendes Trittbrett. Fast an jeder Tür klebte angetrocknetes Blut. Ich schaute in die Abteile hinein und überall dasselbe. Auf dem Fußboden Glassplitter, Kämme, Knöpfe, manche samt dem Stoff herausgerissen, Schema: Mensch ärgere dich nicht, ein rundes Spiegelchen, eine Mundharmonika, vom Schnee halb zugewehte Briefe, Mull, ein gestreifter Kinderball. Ich hob einen Brief auf, der verziert war vom Sohlenabdruck eines Zweckenstiefels. *Mein lieber Schnuckiputzi!* begann er und endete mit: *Deine Luise.* Daneben ein Abdruck von Frauenlippen. Aus einer Ecke grinste mich ein aufgeschnürter Soldatenschuh mit ausgestreckter Zunge an. Auf dem Fußboden lagen zwei tote Raben. Bei meiner Entlassung aus dem Krankenhaus war solcher Frost gewesen, daß in dem kleinen Wald hinter unserem Städtchen die Bäume mit lauter Krähen und Raben behängt waren, sie glänzten in der frostigen Vormittagssonne, und als ich mich dem Wald näherte, sah ich Tausende dieser Vögel auf dem Boden liegen, bei jedem Baum, wie bosnische Zwetschgen... ein Wald voller Toter, auch die, die auf den Bäumen saßen, waren tot, im Schlaf erfroren. Ich trat damals mit dem Absatz gegen einen Stamm, und aus dem Geäst und Gezweig rieselte Reif auf mich, und tote Vögel fielen herab, einige trafen mich, aber sie waren leicht wie Baskenmützen.
Und ich sprang vom letzten Wagentrittbrett des Zuges auf Gleis fünf, lief zum Stationsgebäude und warf einen Blick in die Betriebskanzlei. Der Herr Fahrdienstleiter Hubička hatte die Füße

auf den Telegraphentisch gelegt, die Hände in die Achselhöhlen gesteckt, das Kinn auf die Brust gestützt und schlief. Aber das konnte ich auch, auch ich schlief im Dienst ein, wenn es mich überkam. Da packte einen auf einmal die Sehnsucht nach einem Nickerchen, daß man am besten gleich bei der nächsten Gelegenheit einschlief. Aber der Schlaf von Fahrdienstleitern im Dienst wird von einer besonderen Signalanlage geregelt. Der Körper schläft tief, doch etwas im Fahrdienstleiterkopf ist wach. Da genügt es, daß der Telegraph ruft, er tickt ganz leise, und ein richtiger Fahrdienstleiter erhebt sich sofort, schaltet auf Empfang, gibt das Zeichen seiner Station, setzt sich gleich wieder hin und schläft fest weiter, hat dann die Nachricht auf dem weißen Telegraphenband geendet, wacht der Fahrdienstleiter auf, gibt das Verstanden-Zeichen, dann das Stations-Zeichen, stellt den Apparat ab, nimmt die alte Schlafstellung ein und schläft weiter. Oder so ein Fahrdienstleiter hat das Einfahrsignal gestellt und ist eingeschlafen, hört aber Schritte kommen, hört, daß die Lokomotive des ankommenden Zuges ausschnaubt, sie ist aufs Sturzgleis gefahren, und im Stellwerk der Betriebskanzlei klickt es, nur so ganz dünn, als fiele einem der Kaffeelöffel hin. Und der Fahrdienstleiter erwacht und geht und bedient die Hebel.
Und man hörte den Herrn Vorsteher die Treppe herabkommen, gleich nahm Fahrdienstleiter Hubička die Füße vom Tisch und stand auf. Der Herr Vorsteher hatte die alte Uniform an, sicher wollte er den Taubenschlag misten, seine Hosen waren vom Taubendreck ganz weiß, seine Ärmel auch.
Ich betrat die Betriebskanzlei.
»Aufsichtsbeamter Miloš Hrma meldet sich wieder zum Dienst!« sage ich.
Und gleich schüttelten sie mir die Hand, klopften mir auf die Schulter, der Herr Vorsteher bekam feuchte Augen.
»Miloš, was habe ich euch immer gesagt? Daß ihr aufpassen sollt. Und ich sage es euch nochmals«, sprach er und zeigte mit dem Finger auf die Unterschrift des Aushangs, »dieser Reichsbevollmächtigte Danko hat in Königgrätz persönlich verkündet, daß er keinen Augenblick zögern wird! Daß er ein paar tschechische Fahrdienstleiter erschießen läßt!« nickte er, ein Täuberich, der über den Bahnsteig watschelte, gurrte, und zur Tür der Betriebskanzlei geflogen kam die Schar polnischer Luchse.
In die Station fuhr ein Güterzug ein. Der Herr Vorsteher ging auf

den Bahnsteig hinaus, und die Tauben flogen auf, setzten sich dem Herrn Vorsteher auf die Schultern, auf den Kopf, er mußte die Arme ausbreiten, damit alle polnischen Luchse Platz fanden wie auf einer Marktplatz-Statue. Den Herrn Vorsteher freute es, daß ihn der Zugführer und seine Leute beobachteten, auch der Lokführer hörte auf, sich die Hände mit Putzwolle abzuwischen, und bestaunte ebenfalls den Herrn Vorsteher, und der Vorsteher schritt über den Bahnsteig, samt seinen Tauben, die ununterbrochen mit den Flügeln schlugen, um sich zu halten.
»Haben uns miserable Kohle gegeben«, rief der Lokführer, »müssen schon zum zweitenmal Dampf machen.«
»Na, was ist, Herr Lokomotivführer, malen Sie immer noch?« fragte der Fahrdienstleiter.
»Immer noch«, nickte der Lokführer, »jetzt male ich das Meer. Herrgott, euer Vorsteher da, der könnte mit seinen Tauben in den Zirkus.«
»Kartoffelpuppen-Theater«, meinte der Fahrdienstleiter. »Sie haben also angefangen, das Meer zu malen?«
Und ich stand auf dem Bahnsteig, beobachtete den Zugführer und seine Leute und den Heizer, die, wie ich gleich erkannte, nur gehalten hatten, um sich Fahrdienstleiter Hubička anzusehen, von dem erzählt wurde, daß er der Telegraphistin während des Nachtdienstes den Rock hochgezogen und ihr die Dienststempel rund um den Popo gesetzt habe.
»Das Meer«, bekräftigte der Lokführer und schaute weiter staunend den Herrn Fahrdienstleiter an, »ich vergrößere es nach einer Ansichtskarte.«
»Und wie wärs mit einem Spaziergang in die Natur?« fragte der Fahrdienstleiter.
»Lassen Sie mich mit der Natur in Ruhe, in der Natur bewegt sich alles zu sehr«, rief der Lokführer und lachte und zwinkerte zum Gepäckwagen hin; alle lachten zurück. »Nach der Natur müßte ich alles verkleinern. Ein einziges Mal bin ich auf die Natur reingefallen, da hatte ich mir in der Schule einen ausgestopften Fuchs geliehen, den hab ich im Wäldchen ins Laub gesetzt, aber kaum hatte ich zu pinseln begonnen, da kamen zwei Hunde und zerrissen mir den Fuchs! Dreihundert Kronen! Lassen Sie mich bloß mit der Natur in Ruhe!«
Herr Fahrdienstleiter Hubička jedoch schaute zum blauen Himmel empor, jetzt sah auch ich in diesem Himmel, wie die Zde-

nička, unsere Telegraphistin, sich übers ganze Himmelszelt langlegt und wie der Herr Fahrdienstleiter ihr zärtlich den Rock zurückschlägt, und er nimmt den Stempel und drückt ihr mit weit ausholenden Bewegungen einen Stempel nach dem andern aufs Hinterteil... und ich sah, daß das Zug- und Lokpersonal, daß alle zum Himmel emporblickten, und alle sahen dort dasselbe, diese schöne Begebenheit, wegen der sie hier gehalten hatten, unter dem Vorwand, Dampf zu machen.

Nachdem sie ausgiebig in den blauen Himmel geschaut hatten, wandten sie ihre erstaunten Blicke dem Fahrdienstleiter Hubička zu, der plötzlich schön war. Auch die Fältchen um seinen Mund, auch die krummen Beine standen ihm gut. Ich begriff, daß der Herr Fahrdienstleiter einen gewissen Reiz auf Frauen ausübte.

»Wissen Sie, wie ich das Meer von der Ansichtskarte abmale?« fragte der Lokführer. »Ich klemme die Pappe, auf die ich male, in den Schraubstock, die Ansichtskarte hefte ich an die Werkzeugbank, und los geht es. Aber ich habe irgendwie eine komische Hand dabei, ich kriege und kriege den richtigen Wellengang nicht hin, den Schwung des Meeres, wie er auf der Ansichtskarte ist.«

»Herr Kníže«, sagte Fahrdienstleiter Hubička, »klemmen Sie doch die Ansichtskarte mit in den Schraubstock, gleich neben den Pappdeckel. Dann nehmen Sie den Pinsel und machen über dem Wellengang der Ansichtskarte immer so... Und zwar machen Sie mit dem Pinsel so lange so, bis Sie die kleinen Wellen im Griff haben, dann machen Sie sie immer größer und größer, und wenn sie so groß sind, wie Sie sie brauchen, pinseln Sie sie direkt auf den Pappdeckel.«

»Mensch, Einfälle haben Sie...« staunte der Lokführer.

Und ich lief in die Betriebskanzlei, das Telephon klingelte, ich hörte den Herrn Vorsteher, wie er die polnischen Luchse schalt, all die Tauben waren mit ihm jetzt im Schlag, einmal möchte ich Mäuschen sein in dem Schlag, möchte durch einen Spalt beobachten, was der Herr Vorsteher dort treibt mit seinen Täubchen. Ich habe den Eindruck, daß auch die Vögel lachen, daß ihnen der Herr Vorsteher manchmal gut zuredet, daß er sogar einen unartigen Täuberich packt und ihm den Bürzel versohlt... Den Bakelithörer am Ohr, blickte ich auf die Gleise hinaus, wo die Männer in der Sonne standen, eben beugte sich der Lokführer vor und flüsterte dem Herrn Fahrdienstleiter etwas zu, mein Blick wanderte weiter, über die Kohlenwagen – da erschrak ich. Aus den Waggons ragten Rinderhörner heraus, einige Köpfe streckten sich und drehten die Augen dem Bahnsteig zu, es waren große Kuhaugen voll Neugier und Trauer. Fast in jedem Waggon war der Boden durchgetreten, in den Löchern steckten Kuhbeine, wund gerieben, unbeweglich, bläulich... aber das mochte ich nicht, das vertrug ich nicht, wenn hungrige Kälber transportiert wurden und ich den Zug in der Station hatte, gab ich ihnen durch die Türritzen wenigstens die Finger, um ihnen für ein Weilchen das Euter zu ersetzen, so was mochte ich nicht! Auch nicht die Wagen mit den Zicklein, denen man die Beine so fest zusammenband, daß sie abstarben, das vertrug ich nicht, nein, ich vertrug es einfach nicht, auch nicht, wenn bei Frostwetter die offenen Etagenwaggons mit den Schweinen für die Prager Schlachthöfe kamen, die Tiere steckten die Rüssel zusammen und wagten sich nicht zu rühren, aus Angst, sie könnten noch mehr Wärme verlieren, Schweine mit erfrorenen Beinchen, mit Porzellanhufen! Ach, das habe ich nie gemocht! Auch nicht die Schweinetransporte an heißen Sommertagen, kein Wasser, bis aus Ungarn, ein ganzer Zug Schweine mit offenen Mäulern, so offenen Schnäbeln wie bei verdurstenden Vögeln...

Ich rannte auf den Bahnsteig hinaus.

»Woher kommt diese Nutzlast?« fragte ich den Zugführer.

»Von der Front, zehn Tage ist das Vieh unterwegs«, winkte er ab.

Ich sprang auf einen Waggonpuffer und schaute über die Bordwand. Und alle Tiere hatten den Rotz, einige lagen verendet da, einer Kuh ging ein totes, verwesendes Kalb aus dem Leib... überall nur entsetzte, still-vorwurfsvolle, gemarterte Augenpaare, über denen ich die Hände zusammenschlug. Ein ganzer Zug mit vorwurfsvollen Rinderaugen.

»Diese Deutschen sind Schweine!« schrie ich.

Der Zugführer winkte wieder ab und schrie zurück: »Schweine, das ist zu wenig! Die letzten drei Waggons sind voller halbtoter Schafe... die haben sich vor Hunger gegenseitig die Wolle abgeweidet.«

»Wir haben Dampf«, rief der Lokführer und fügte leise hinzu: »Habt ihr schon gehört? Vergangene Nacht wurde bei Iglau ein Militärtransport, mit Sondervorschrift, scharf überwacht, so geschickt in die Luft gesprengt, daß er in die Schlucht fiel, und mit

der zweiten Ladung haben sie dann noch die Brücke draufgelegt.«
Er stieg auf die Maschine und zog den Dampfabsperrschieber, und die Güterzuglokomotive fuhr los und nahm die Waggons mit, aus denen oben Kuhhörner und -augen herausschauten, Waggons, aus denen unten durchgebrochene, von den Schwellen abgeschundene und rußige Kuhbeine ragten. Und an der Rampe beim Getreidemagazin, beim Liverpool, hatte man zwei Viehwagen angehängt, die am Morgen im Güterschnellverkehr gebracht worden waren, Waggons bestimmt für die Prager Schlachthöfe. Dann brausten zwei Militärtransporte durch, wieder scharf überwachte, lauter Panzer, lauter Tiger, jeder Zug mit einem Kommandeur auf der Lok, vermutlich schon eine Folge der Partisanentätigkeit bei Iglau. Aus dem Ort wurde neues Schlachtvieh angetrieben, den widerspenstigen Schecken verbogen und brachen die Treiber die Schwänze. Eine Färse legte sich in ihrer Verzweiflung auf die Straße, aber die Bauernburschen taten ihr Stroh unter den Schwanz und zündeten es an. Dann kam aus dem Gut ein Fuhrwerk, die Pferde lagen in den Sielen, weil hinten ein Stier hing, die Knie zerschlagen und das Maul zerfetzt, er hatte sich den Ring aus den Nüstern gerissen. Nun war er mit den Hörnern an den Wagen gebunden. Wahrscheinlich hatte der Stier zu spät gemerkt, daß die Magd Verrat beging, als sie ihn aus dem Stall führte und den Schlächtern auslieferte, sie benützte dazu ihre Schürze, an deren Geruch der Stier gewöhnt war und dem er bis ans Ende der Welt gefolgt wäre. Jetzt schleifte ihn das Fuhrwerk durch den Matsch des auftauenden Schneeweges, auf dem seine blutenden Knie zwei rote Striche hinterließen.
»Miloš«, sagte Fahrdienstleiter Hubička, drehte mich herum und nahm mein Kinn, »die Sache mit der SS-Lok, die werde ich dir nicht vergessen. Du hast sie auf dich genommen.«
Der Blockmeldeposten rief.
»Die Deutschen sind Schweine«, sagte ich.
Dann hob ich den Hörer ab. Und erschrak.
»Herr Fahrdienstleiter, der Signalflügel ist runtergefallen.«
»Wem hatten wir frei gegeben?« fragte er.
»Dem Güterschnellverkehr.«
»Zu dumm…«
»Herr Fahrdienstleiter«, sage ich, »ich fahre mit dem Rad hin und halte den Flügel auf Frei.« Und gleich lief ich hinaus und radelte

so schnell wie möglich auf dem schmalen Weg am Liverpool vorbei zum Signalmasten, kletterte die Tritteisen hinauf, setzte mich rittlings auf die Lampe, hob den Flügel, und schon näherte sich die Schnellzuglokomotive des Zuges, der Verpflegung und Getränke für die Offiziere an die Front brachte und Feldpost, ein Güter-Expreß, der überall durchfuhr, vor dem nur Militärtransporte mit überwachtem Zuglauf Vorfahrt hatten, der Lokführer stutzte, als er mich auf dem Signalmasten sah, aber ich zog meine Diensttaschenlampe und gab ihm mit Grün das Zeichen für freie Fahrt, der Lokführer erhöhte wieder die Geschwindigkeit, und an mir vorbei sauste die Garnitur des Güterschnellverkehrs, ganz in Rauch war ich gehüllt, erst nach einer Weile sah ich, daß der Fahrdienstleiter draußen stand und in die rollenden Räder blickte, die Lokomotive wirbelte den Schnee auf und zog ihn nach, hinter dem letzten Waggon war immer ein kleines Schneetreiben, verziert mit Papierfetzen und Ästchen…
Und dann war Mittagspause, ich wärmte mir auf dem Ofen die Suppe im blauen Kochgeschirr, mußte noch das Einfahrtsignal für die Motordraisine stellen, derweil Fahrdienstleiter Hubička, die Füße auf dem Telegraphentisch, durchs Fenster in den blauen Himmel guckte. »Wer ist in der Draisine, haben die nichts gesagt?« fragte er.
»Der Bahnmeister, haben sie gesagt«, antwortete ich und rührte mit dem Löffel im Kochgeschirr. Kurz darauf wurde leise die Tür geöffnet, jemand trat ein, ich sah graue Hosen, blankgeputzte Schuhe, einen Wintermantel.
»Ihr habt es recht gemütlich hier«, sagte der Ankömmling.
»Nicht wahr?« sage ich und schlürfte meine Suppe, und Herr Fahrdienstleiter Hubička hatte weiter die Füße auf dem Telegraphentisch und schaute in den Himmel.
»Wißt ihr, wer ich bin?« fragte der Ankömmling.
»Ja«, sage ich, »Sie kommen wegen der Konsignationsliste, sind vom Vieh.«
»Vielleicht«, erwiderte der Ankömmling. »Wo ist denn der Herr Vorsteher?«
»Im Taubenschlag«, sage ich.
Und da fing der Mann schrecklich zu schreien an.
»Der ist doch hier, der hat einen hier oben! Wißt ihr, wer ich bin?« fragte er noch mal und gab sich selbst die Antwort: »Ich bin Betriebs-Chef Slušný!«

Da wußte ich Bescheid, ich hatte den Herr Vorsteher und den Fahrdienstleiter schon von Betriebs-Chef Slušný erzählen hören, alle hatten dabei früher oder später zu zittern angefangen. Ich sprang auf, nahm Kochgeschirr und Löffel in die eine Hand, salutierte mit der anderen und meldete:
»Einschüler Miloš Hrma im Dienst.«
»Weg mit dem Kochgeschirr!« brüllte der Betriebs-Chef, schlug mir das blaue Gefäß aus der Hand und versetzte ihm einen Fußtritt, daß es scheppernd unter den Schrank flog. Ich blieb salutierend stehen, Fahrdienstleiter Hubička aber saß weiter da und hatte die Füße auf dem Telegraphentisch, als sei er gelähmt von dem Schrecken, den unser Betriebs-Chef verbreitete. Durch die Kanzleifenster sah ich den Herrn Vorsteher. Er kam in die Kanzlei, wie er war, wie immer, wenn er aus dem Taubenschlag kam, barhaupt, und er salutierte und meldete die Station.
»Rührt euch«, kommandierte leise der Betriebs-Chef und besah sich aufmerksam den alten Dienstrock des Herrn Vorsteher, verweilte genußvoll beim einzigen Knopf, ging um den Herrn Vorsteher herum und betrachtete seine verdreckten Hosen.
»Ich dachte...« begann der Herr Vorsteher.
»Er denkt auch?« fragte der Betriebs-Chef mich leise.
»Ja«, sage ich.
»Ja?« wunderte sich der Betriebs-Chef, »und wissen Sie, daß ich diesen Oberadjunkten zur Beförderung zum Betriebs-Inspektor vorgeschlagen habe?«
Ich zog die Schultern hoch.
»Und Sie wollten Betriebs-Inspektor werden?« fragte er nun den Herrn Vorsteher, an dessen Haarresten ein Federchen hing.
»Wollte ich«, stieß der Vorsteher hervor, und das Federchen flog auf und schwebte über seiner Stirn.
»Wie wäre es denn mit Gänsehirt?«
»Nein«, stöhnte der Vorsteher, und das Federchen flog wieder hoch wie ein weißes Fragezeichen.
»Darüber unterhalten wir uns noch in Königgrätz. Eine schöne Station haben Sie beisammen, alles was recht ist!« brüllte der Betriebs-Chef jetzt wieder und fegte mit einem Schlag die Stiefeletten des Herrn Fahrdienstleiters vom Tisch. »Wissen Sie, wer in der Draisine ist? Die Kommission, die untersuchen wird, ob wir diesen Herrn des Verbrechens der Freiheitsberaubung anklagen – oder ob wir nur ein Disziplinarverfahren einleiten!« Er zeigte

auf Fahrdienstleiter Hubička.
Der Herr Vorsteher öffnete die Tür zu seiner Kanzlei, wies auf den prächtigen Perserteppich mit den roten und blauen Blumen, auf den Mahagonischreibtisch, auf die Palme, die ihre Wedel wie einen Parapluie spannte, auf das türkische Rauchtischchen und die Taburetts, doch der Betriebs-Chef schüttelte den Kopf.
»Wie der Herr, sos Gescherr«, sagte er.
Und dann kam Rat Zednicek herein, der eine Aktenmappe mit Schriftstücken und Photographien hatte, die er auf dem Telegraphentisch auslegte, Photographien all der Stempel rund um den Popo der Zdenka Svatá, der Telegraphistin. Und der Herr Vorsteher bat mehrmals, sich umziehen zu dürfen, aber Betriebs-Chef Slušný erlaubte es nicht, der Herr Vorsteher mußte den Protokollanten machen. Und dann kam auch Zdenička herein, ich hätte sie beinahe nicht erkannt, sie war durch die Stempel und den Skandal richtig gewachsen, war irgendwie schöner geworden, und ihre Augen hatten Tiefe bekommen, mir wurde ganz schwindlig, als sie mir die Hand gab, mich anlachte und sagte, daß sie wahrscheinlich zum Film gehen werde, sogar da interessiere man sich schon für sie. Rat Zednicek breitete eine Europa-Karte im Taschenformat aus, um einleitend die militärische Lage der Reichsarmee durchzunehmen und zu erläutern. Als er die Karte auseinanderfaltete, zeigten sich Löcher in ihr, und das war, weil Rat Zednicek die Karte in der Tasche trug und sie an ihren Ecken und Rändern durchwetzte. In jedes der Löcher hätte eine kleine Schweiz hineingepaßt. Zednicek bot vor allem eine Erläuterung der Situation in den Karpaten, wo die Fünfte Armee von Mansfeld kämpfte, jene Armee, zu der auch sein Sohn Břetislav Zednicek gehörte, aber auf der Karte war die Fünfte immer noch nicht heraus aus dem Loch, vor einer Woche wars, daß sie da hineingekommen war, noch immer steckte sie in dem Kessel, wo Zednicecks Sohn mitkämpfte, der nicht richtig deutsch konnte, wie sein Vater, und Strichelchen und Häkchen von seinem Namen weggelassen hatte, als er sich zu den Deutschen bekannte. Und Rat Zednicek erläuterte weiter und zeichnete mit Bleistift auf die kleine Karte Kreise, die in Natura die Größe des Schwarzen Meeres gehabt hätten, und diese Kreise stellten Kessel dar, die in Bälde von der Reichsarmee um die Feinde geschlossen würden, mit Bleistift zeichnete Rat Zednicek auch die Vorstöße der deutschen Verbände über Kleinasien nach Afrika ein, wo er

die englischen Truppen in einen Kessel sperrte, und schon war er durch Spanien und im Rücken der amerikanischen Invasionsarmee, und damit ging Rat Zednicek zur Situation im Protektorat über, wo der totale Einsatz beginne, der sich in Maßnahmen wie der Vereinfachung des Schulwesens äußerte, der Schließung der Museen und Galerien, der Einstellung einiger Züge, und Sport werde nurmehr sonntags betrieben.
»Ist das Ihr Gesäß?« fragte er und hielt der Zdenička eine Aufnahme hin.
»Ja«, bestätigte sie und lächelte.
»Wer hat Ihnen die Dienststempel aufgedrückt?« fragte Rat Zednicek weiter, und der Herr Vorsteher notierte. »Herr Fahrdienstleiter Hubička.«
»Dann erzählen Sie uns jetzt doch einmal der Reihe nach, Zdenka Svatá, wie sich das alles zugetragen hat«, sagte Rat Zednicek.
»Wir hatten zusammen Nachtdienst, gegen Mitternacht manikürte ich mir die Fingernägel, denn es fahren ja keine Züge, und da langweilten wir uns«, berichtete Zdenička und blickte dabei zur Decke.
»Langsam«, sagte der Herr Vorsteher.
»Und dann sagte der Herr Fahrdienstleiter... machen wir ein Pfänderspiel – die Krähe fliegt, der Zug fliegt, die Zeit fliegt, die Hand fliegt, das Bein fliegt... und ich verlor zuerst die Schuhe und dann den Schlüpfer...« erklärte die Telegraphistin und beobachtete dabei die Bewegungen des Bleistifts, mit dem der Herr Vorsteher ihre Aussage festhielt.
»Wer hat ihn Ihnen heruntergezogen?« forschte der Rat.
»Herr Fahrdienstleiter Hubička«, sagte sie und lachte.
Der Fahrdienstleiter saß auf seinem Stuhl, die Beine gekreuzt, auf den Knien die Dienstmütze, seine Glatze glänzte, und wenn ihn die Beamten von der Königgrätzer Direktion so sahen, wenn sie seine Glatze und dann die hübsche Telegraphistin betrachteten, seufzten sie und schüttelten die Köpfe und untersuchten mit noch größerer Voreingenommenheit den Fall, indem sie versuchten, den Tatbestand der Freiheitsberaubung zu ermitteln. Und ich machte inzwischen Dienst, stellte die Signale auf Frei und wieder auf Halt, ich merkte, wie der Fahrdienstleiter alle Züge beobachtete, die ich durch die Station schleuste, wie er mich kontrollierte, der Fahrdienstleiter Hubička war immer mein Ideal

gewesen, schon in Dobrowitz, wo er mich einschulte, wenn er mit einer Hand die Kreuzung in der einen Station absprach und mit der anderen eine Nutzlast in die andere Station telegraphierte. Und jetzt saß er da wie vor Gericht, ich merkte, daß der Betriebs-Chef wie auch Rat Zednicek, daß die beiden Beamten gern dasselbe getan hätten wie Fahrdienstleiter Hubička, aber sie waren zu feig, wie alle, sie hatten viel zu viel Angst, der einzige, der niemals Angst hatte, war der Herr Fahrdienstleiter Hubička, der nun dasaß und sich in seinem Ruhme sonnte.

»Jetzt passen Sie auf, Fräulein Zdenka Svatá«, erhob sich Rat Zednicek, »bevor der Herr Fahrdienstleiter Sie auf den Telegraphentisch legte – hat er da nicht einen Druck auf Sie ausgeübt? Nicht gedroht? Sie nicht gewaltsam...?«

»Aber woher! Das hab ich selber gemacht. Ich hab mich selber draufgelegt... ich hatte auf einmal Lust, mich hinzulegen... und zu warten, was er machen würde...« Die Telegraphistin lachte.

»...und zu warten, was er machen würde...« murmelte der Herr Vorsteher und schrieb.

Ich lief auf den Bahnsteig hinaus. Auf dem Hauptgleis fuhr ein weiterer Militärtransport mit Sondervorschrift durch, auf den Panzern sonnten sich junge Burschen, ungefähr so alt wie ich, einige noch jünger, sie spielten mit einem grünen Ball in der Sonne, auf einem anderen Panzer wurde gesungen: *Ich hab mein Herz in Heidelberg verloren*... aber als sie an dem zerschossenen Zug auf Gleis fünf vorbeifuhren, verstummten sie, erstarrten, noch alle waren beim Anblick dieser so zugerichteten, für die Ausbesserungswerkstätten bestimmten Waggons erstarrt, sogar die Küchenbullen hörten mit dem Kartoffelschälen auf, gewiß hatten sie alle Schlimmeres gesehen zu Hause, zerbombte Städte, zerstörte Wohnungen, Leichenberge, aber das da hatten sie hier wohl doch nicht erwartet...

Ich ging wieder hinein und meldete den Transport ab.

Rat Zednicek stand am Fenster.

»Dort fährt unsere Hoffnung. Unsere Jugend. Sie kämpft für ein freies Europa. Und was tut ihr hier? Ihr stempelt den Hintern eurer Telegraphistin!« sagte er und kehrte zum Tisch zurück, schaute sich die Aufnahmen an, warf sie wieder hin.

»Nein«, stellte er fest, »damit ist es nichts, Freiheitsberaubung ist es nicht... aber Verunglimpfung der deutschen Sprache ist es, der Staatssprache!« schlug er mit der Faust auf den Tisch, »die Hälfte

der Stempel besteht aus deutschen Wörtern! Eine Entehrung ist das!«
Ich ging wieder hinaus, gab einem von der Front kommenden Lazarettzug das Durchfahrtszeichen, eine Schnellzugsgarnitur, die man in ein Krankenhaus verwandelt hatte. Das Sonderbarste an diesem Lazarett waren die Menschenaugen, die Augen der verwundeten Soldaten, als hätten die Schmerzen dort an der Front, die Schmerzen, die sie anderen und die andere wieder ihnen zugefügt hatten, als hätten diese Schmerzen neue Menschen aus ihnen gemacht, diese Deutschen waren sympathischer als die, die in umgekehrter Richtung fuhren, alle schauten durchs Fenster in die fade Landschaft, so aufmerksam und kindlich, als führen sie durchs Paradies, als sei mein Stationchen ein Juwelenladen, sie schauten wie Fahrdienstleiter Hubička, wenn er zum Himmel schaute. Mit ähnlichem Interesse schauten diese gelben Maroden mich an, einige brauchten mir nur den Kopf zuzudrehen, andere mußten sich an den Griffen hochziehen, die von den Waggondekken herabhingen, ein paar wurden von Schwestern gestützt, und weiter fuhr das Lazarett, heimwärts, lauter weiße Betten, verziert mit gelben Fäusten, mit gelben Gesichtern und mit Kinderaugen. Am Zugende hing ein offener Kastenwagen, zwei Sanitäter zogen einer Leiche den Lazarettkittel aus und warfen sie auf einen Haufen starrer Leichen, Soldaten, die unterwegs gestorben waren... und dann entfernte sich der Lazarettzug, die rote Schlußlaterne schlug hin und her und leuchtete und hüpfte.
»Das edelste Blut setzt für euch sein Leben ein«, sprach Rat Zednicek und trat ans Fenster, »habt ihr diesen Lazarettzug gesehen? Und ihr macht hier so was! Aber Schluß jetzt. Das Ergebnis, Herr Vorsteher, schreiben Sie! Disziplinarverfahren gegen Fahrdienstleiter Hubička, Ladislav.«
Er winkte ab und ging auf den Bahnsteig hinaus, winkte die Draisine herbei. Zdenička setzte sich neben den Betriebs-Chef.
Ich meldete die Draisine. Und gab das Abfahrtszeichen. »Tschechen, wißt ihr, was die sind?« rief Rat Zednicek: »Lachende Bestien!«
Die Motordraisine nahm an dem zerschossenen Zug entlang Fahrt auf, Rat Zednicek sah sich die zerfetzten Dächer und die Maschinengewehr-Einschläge an. Unser Herr Vorsteher stapfte in den ersten Stock hinauf, wo er tobte und den Stuhl mehrmals auf den Fußboden knallte, so daß bei uns in der Betriebskanzlei

wieder Putz von der Decke rieselte. Und er brüllte in den Lichtschacht:
»Moralischer Sumpf! Alte Stadt Sodom! Prostitution zieht sich unter Polizeischutz in die Cafés und Restaurants und Kanzleien zurück. Ehemann zwingt seine Frau, Prostitution auszuüben! Droht, ihr Söhnchen mit der Säge zu zerkleinern, wenn sie nicht auf den Strich geht. Pfeifen ausputzen! Sexualhygiene! Besser wäre, wenn Gott zum Jüngsten Gericht blasen und allem ein Ende bereiten würde!«
Und wieder lief er durch die Küche und stampfte auf, damit wir unten auch genau wußten, wie er an uns litt. Eine Stunde später kam er die Treppe herunter und ging in seine Kanzlei. In der Paradeuniform. Auf der Rampe wurde gerade der letzte Stier verladen, in einem Lastauto war er gebracht worden, auch ihn hatte eine Magd dem Schlächter zugeführt, bis ins Auto; als sie losgefahren waren, begann der Stier mit seinem Werk. Da sagte der Schlächter zum Gehilfen: Bohouš, dieser Bankert zertrümmert uns noch die Spriegel, hier hast du das Messer, stich ihm die Augen aus! Und der Gehilfe Bohouš, als er es uns später in der Kanzlei erzählte, drehte sich um, langte durchs Schalter-Fensterchen und stach mit zweimaligem Zustoßen dem Stier die Augen aus. »Und der Stier war dann ganz friedlich, wie ein Lamm«, sagte Gehilfe Bohouš, nun wieder in die Kanzlei gedreht, »hehehe, wahrscheinlich wollte er mit dieser Welt nichts mehr zu tun haben.« Und als die Einkäufer nach dem letzten Stier krachend die Waggontür schlossen, wachte der Herr Vorsteher auf. Auf dem Fenstersims watschelten seine Tauben, gurrten und nickten ihm zu, aber der Herr Vorsteher sah sie finster an, schüttelte den Kopf, fuhr sich mit dem Finger im Kragen lang, versank wieder in Gedanken und wurde traurig und trauriger. Er öffnete den Schrank, betrachtete seine allerneueste Uniform, die er noch nie getragen hatte und auf der der eine goldene Stern prangte, umrahmt von Goldlitze aus dem gleichen Faden, mit dem die Lindenzweige der Generale gestickt wurden.
Da konnte er nicht an sich halten, rannte aus der Kanzlei in den ersten Stock hinauf und brüllte in den Lichtschacht, und zwar zur größeren Sicherheit gleich mehrmals:
»Das Inspektorengärtchen ist im Arsch!«
Und dann, als wir die Personenzüge raus hatten, als Fahrdienstleiter Hubička wieder auf dem Bahnsteig stand und in den zart-

blauen Vorfrühlingshimmel blickte, sah er dort oben sicher wieder einmal die Ursache seines Ruhms im Bereich der Direktion Königgrätz, sicher sah er dort diesen Film, wie sich auf der riesigen blauen Leinwand die Telegraphistin hinlegt und er ihr den Rock zurückstreift und dann den einen Stempel nimmt, einen nach dem andern, Stempel groß wie Kirchtürme, und diese Stempel drückt er ihr nacheinander in das weiche Fleisch rund ums Hinterteil – da plötzlich trat er entschlossen zu mir in den Anbau mit den Hebeln und Griffen der Signale, Weichen und Vorsignale und flüsterte:

»Miloš, morgen haben wir Nachtdienst, wir beide wieder zusammen... Durch unsere Station kommt ein Güterzug mit achtundzwanzig Waggons Munition, offene Waggons, zwei Stunden nach Mitternacht sind sie hier. Zwischen unsrer Station und der nächsten gibt es keine Berge und keine Gehöfte, der Zug könnte also auf Kosten des Alls in die Luft fliegen...«

»Das wohl, Herr Fahrdienstleiter, aber womit?«

»Bekommen wir rechtzeitig...«

»Wo ist der Zug?«

»Fährt morgen von Trebitsch ab.«

»Da werden also zur Abwechslung wir den Zuglauf eines Militärers überwachen, was?« lachte ich, und im Anbau wurde es für einen Augenblick dunkel. Die polnischen Luchse waren am Fenster vorbeigeflogen.

Aus dem Schloß kam die Nachricht, der Herr Vorsteher sei vom Grafen Kinsky zum Abendessen eingeladen, um sieben Uhr werde ihn der Stallmeister abholen. Und ich zog die Verdunkelung herunter und machte in der Betriebskanzlei Licht. In der Kanzlei des Herrn Vorsteher zündete ich, obwohl auch da elektrisches Licht war, eine Petroleumlampe mit rundem Docht an, eine Lampe mit grünem Schirm. Und wenn ich mit Fahrdienstleiter Hubička zu den Zügen hinausging, die durch unsere Station kamen, gab ich die Zeichen mit grüner Laterne. Der Herr Vorsteher brachte seine Baronsmontur in die Kanzlei herunter, graue Hose, Jägerjoppe und Schwarzenberg-Hütchen mit Birkhahnstoß. Er ließ die Tür zu uns in die Betriebskanzlei offen und machte sich zurecht und freute sich, daß er gesehen wurde.

Und auf dem Fahrweg vom Schloß her kam auf einem weißen Pferd der Stallmeister geritten, und einen zweiten Schimmel führte er neben sich. Am Himmel flimmerten die Sterne, und die Nacht wurde kalt. Unter den Stiefeletten begann der gefrorene Schnee zu knarzen und zu knirschen. Die grüne Lampe in der Kanzlei des Herrn Vorsteher, der sich starren Blicks im Spiegel betrachtete, sirrte leise. Er war schon in Gala, hatte Hirschlederhandschuhe an und das Schwarzenberg-Hütchen auf. Die Lampe warf einen kleinen weißen Kreis an die Decke, größere, verlaufende Kreise schlossen sich an, wie der Brustkorb eines Skeletts sah es aus. Wenn ich in den Ferien bei der Großmutter gewesen war, hatte auf dem Tisch auch so eine Lampe gebrannt, und ich lag im Bett und schaute zur Decke, auf die Schatten um den kleinen weißen Kreis, den die Petroleumlampe nach oben warf, und ich konnte schauen, wie ich wollte, immer sah ich an der Decke diesen Knochenmann, auch wenn ich mir das Oberbett über die Augen zog, sah ich weiter die Zimmerdecke und darauf das Skelett. Einmal sah ich wieder zur Decke, und Großmutter brachte Holzscheite in der Schürze und schüttete sie polternd neben dem Herd aus. Ich schrie auf: Dem Knochenmann sind die Beine abgefallen!

Und auf dem Bahnsteig kam der Stallmeister auf dem weißen Pferd geritten und neben ihm der gesattelte Schimmel. So weiß waren die beiden Pferde, daß sie Helligkeit verbreiteten wie blühende Jasminsträucher in einer Sommernacht. Und der Herr Vorsteher kam aus der Kanzlei, der Stallmeister sprang ab und hielt dem Herrn Vorsteher den Steigbügel. Der Herr Vorsteher trabte zum Taubenschlag und rief:

»Schlaft brav! Ich gehe euch nicht verloren. Der Herr Vorsteher kommt wieder zurück. Macht schön Heia, Kinderchen!«

Und die polnischen Luchse gurrten, schlugen mit den Flügeln gegen den heruntergelassenen Ausflug, und der Herr Vorsteher ritt fort, begleitet vom Stallmeister. Er ritt über die Gleise, und die Schimmel trabten auf dem harten Fahrweg, man hörte den Hufschlag, die Schimmel aber verschwammen mit der Schneefläche, so daß der Herr Vorsteher und der Stallmeister einen komischen Anblick boten, ihre Gestalten in der dunklen Kleidung schienen in der Luft zu sitzen.

Fahrdienstleiter Hubička zog die bildlichen Fahrpläne heraus, die zu einer Rolle zusammengewickelt waren wie Leinwand oder Seide, breitete sie aus, beugte sich darüber und fuhr mit dem Bleistift die Trasse nach.

Ich schlug den grünen Vorhang zurück und verkaufte Fahrkarten, aus dem Halbdunkel des Warteraums tauchten Reisende auf, nahmen ihre Fahrausweise entgegen und kehrten wieder in ihre dunklen Winkel zurück, sie gingen nicht gern in die frostkalte Luft hinaus, versuchten an dem Aufsichtsbeamten zu erraten, ob ihr Personenzug kam, manchmal war ich den Reisenden gegenüber boshaft, der Personenzug stand noch eine halbe Stunde aus, aber ich zog mich an und schlug den Kragen hoch und ging hinaus auf den Bahnsteig, als erwartete ich ihr Züglein, und die Reisenden drängten mir nach, aber ich spazierte nur ein bißchen hin und her, stellte dann die Laterne neben das Gleis und kehrte in die warme Kanzlei zurück, und die Reisenden, durchgefroren, stellten sich um den Ofen im Warteraum und sahen mich von dorther feindselig an. Auch der Herr Vorsteher nutzte gern die Verdunkelung und die Schatten der Nacht, er zog Gummigaloschen an, ging um die Station herum und schaute nach, was die Aufsichtsbeamten taten. Oh, mich hat er einmal erwischt, wie ich nach Mitternacht ein Nickerchen machte. Ich saß auf dem Stuhl, das Kinn auf der Brust, und schlief, währenddessen stieg der Herr Vorsteher auf das Geländer, das im Warteraum vorm Fahrkartenschalter angebracht war, er beobachtete mich über den grünen Vorhang hinweg, dann ging er leise mit seinen Gummigaloschen auf den Bahnsteig, öffnete leise die Tür, trat leise zu mir und hatte sein Vergnügen und packte mich plötzlich bei der Schulter, schüttelte mich, und ich glaubte in meiner Verschlafenheit, ich sei daheim und es wäre früh am Morgen, und fragte: Wie spät ist es, Papi? Und der Herr Vorsteher schrie: Hier ist der Vorsteher und kein Papi. Und wir sind im Dienst! Papi! Dann schickte er eine Meldung nach Königgrätz, und ich kriegte den roten Mahnbrief.
Da fuhr der Personenzug in unsere Station ein, ich stellte mich auf den Bahnsteig, und die Reisenden drängten aus dem Warteraum, und der Zug rollte langsam aus, und auf dem Trittbrett des zweiten Waggons stand Máša, ihr Blusenkragen leuchtete in die Nacht, auf der Brust hatte sie die Dienstlampe, am Handgelenk an einem Lederriemen die Schaffner-Zange, sie war wie immer, auch damals beim Anstreichen des Zauns um die Ausbesserungswerkstätten herum, immer war sie sauber, wenn Feierabend war und die Schicht zu Ende, so sauber war sie, als wäre sie gerade gekommen. Und sie sprang vom Trittbrett, und wie sie das Bein streckte, hatte sie rote Schuhe und weiße Söckchen an, die Grüb-

chen in ihren Wangen, ihr ganzes Gesicht strahlte in der blauen Nacht, als hätte sie eben erst mit dem Handtuchzipfel ihre Öhrchen geputzt. Und sie gab mir einen Apfel, und ich hielt in der einen Hand die Laterne und in der anderen den Apfel, und dann drückte sich Máša an mich, nahm mich in die Arme, sie war stärker als ich, und ihre Wangen rochen nach Milch, sie drückte sich so sehr an mich, daß ihr Öllämpchen meine Brust wärmte, daß sich die Flamme in mein Herz durchbrannte, und flüsterte mir zu:

»Miloš, Miloš, ich hab dich so gern, so gern, an allem, was gewesen ist, bin ich schuld, ich hab die Mädchen gefragt, wies sein soll, die älteren hab ich gefragt, bestimmt kommt alles wieder in Ordnung, bestimmt, ich weiß jetzt, wie es geht... weißt du?«

Sie trat zurück, zog den Fahrplan aus der Tasche, öffnete ihn und reichte mir ein Photo, ich spürte, daß es abgegriffen war... es war mein Photo, ich hatte es ihr damals gegeben, als wir den Zaun mit roter Farbe strichen, das Photo des kleinen Jungen im weißen Matrosenanzug, ich drehte das Bild um, auf die Rückseite war ein anderes Photo geklebt, ich erkannte gleich, wer da an mir klebte, Máša, auch auf einer Kinderphotographie, auch in einer Matrosenbluse, und beide Photos waren oval ausgeschnitten.

»Miloš, wann kommst du zu uns, wann?« fragte sie.

»Übermorgen, wenns dir recht ist«, stotterte ich.

Ich mußte das Zeichen Vau neun geben, Schaffner, auf die Plätze, und die Schaffnerinnen meldeten mit erhobener Lampe: fertig, und ich hob meine grüne Laterne, und der Zug fuhr an, und Máša drückte sich noch einmal an mich, so fest drückte sie sich an mich, wie unsere Kinderphotos hatten aneinandergedrückt werden müssen, damit sie zusammenhielten, da küßte mich Máša, und dann faßte sie nach der eisernen Haltestange und schwang sich aufs Trittbrett, auf ihrer Brust leuchtete blau die Dienstlampe, und ich stand da, stumm, denn ich spürte, daß ich ein wirklicher Mann war, ich konnte mich davon überzeugen, ich betastete mich auch, ja, ich war ein Mann, aber wie hatte mir das passieren können, daß ich, als es mit Máša dazu kommen sollte, daß ich welk wurde wie eine Lilie? Das letzte Mal hatten wir uns im Krankenhaus gesehen, sie, im dunkelblauen Mantel mit den silbernen Knöpfen, neigte sich über mein Bett, und als der Mantel über mir war, erstrahlten die Knöpfe wie Laternen über einer Brücke, sie küßte mich, vorher aber fiel ihr die schwarze Dienstpfeife aus der

Brusttasche und schlug mir gegen die Zähne, dann wollte sie auf meinem Bett Platz nehmen und setzte sich auf meine verbundene Hand, aber sie mußte bald wieder gehen, ein Patient erwachte aus der Narkose, versuchte aufzustehen, war aber angeschnallt und schrie: Max, laß die Lenkstange loß, laß looos, Maaax! Und er riß eine Hand aus dem Gurt, langte unter sein Bett, packte die gläserne Ente und warf sie mit furchtbarer Kraft, die Ente flog quer durchs ganze Zimmer und zerspritzte an der Wand, an der ich lag, und Máša wurde mit Urin bespritzt, sie erhob sich, in ihrem Haar glitzerten die Tropfen, von der Tür her schickte sie mir noch ein Küßchen, da erst sah ich sie voll an, und danach, als ich aus dem Krankenhaus entlassen wurde, schaute ich, doch niemand kam mir entgegen, traurig war ich an jenem Tag, denn neben mich hatte man ein fünfzehnjähriges Mädchen gelegt, sie war im Schrank auf ein Geschenk gestoßen, das ihre Eltern für sie bereit hielten, Russenstiefel, sie konnte nicht widerstehen und zog sie an und fuhr damit nach Prag, aber dort in den Felsen, bei Satalitz, stieß der Zug mit einem entgegenkommenden zusammen, und als die Sitzbänke gegeneinanderkrachten, quetschte es dem Mädchen die Beine ab; als sie aus der Narkose erwachte, rief sie immer wieder: Gebt die Russenstiefel in den Schrank, die Russenstiefel...! Ich kam also allein aus dem Krankenhaus, wenn ich im Vorübergehen in die Schaufenster blickte, erkannte ich mich nicht, ich suchte mein Gesicht, doch es war nicht drin, als sei ich ein anderer gewesen... dann stand ich allein vor einem Schaufenster, fast hätte ich mich beriechen können, aber trotzdem dachte ich mir, das ist ein anderer, da hob ich die Hand, der im Fensterglas hob ebenfalls die Hand, ich hob die andere, der dort drinnen tat es auch, und wie ich so schaute, bemerkte ich, daß beim Gehsteiggeländer ein Maurer stand, ein riesiger Mann in weißem Arbeitsanzug, ganz bespritzt und runzelig war er vom Kalk, auf dem Pflaster liegt ein Handlöscher der Marke Minimax, und der Maurer schaut zu mir herüber und dreht sich eine Zigarette, dann steckt er sie zwischen die Lippen, reißt ein Streichholz an, schützt das Streichholz mit der hohlen Hand und beugt sich vor mit den Schultern und zündet sich die Zigarette an, aber dabei schaut er immer nur mich an, als wäre zwischen uns beiden die Zimmertür des Hotelchens von Bistrzitz bei Beneschau, die einen Spalt breit geöffnete Tür, von der einen Seite schaute ich, von der anderen Seite der Maurer... damals war mir, als hätte auch von der ande-

ren Seite jemand die Klinke heruntergedrückt wie ich. Und jetzt wußte ich, daß der riesige alte Maurer in dem weißen, kalkbespritzten Anzug, daß das der verkleidete Gott gewesen war…
Durch unsere Station fuhren einige Güterzüge, dann ein Personenzug, aus den Fugen der Dienstwagen quollen Lichtstriche, so wie den Mädchen in den Badeanstalten manchmal im Schritt die Härchen aus dem Badeanzug hervorquellen, die Heizer pfefferten mit der Kohlenschaufel die Braunkohle unter den Kessel, das Licht sprühte in die Nacht, und die schwingenden Körper der Heizer warfen schwingende Schatten an die Tenderwände, die Ein- und Ausfahrsignale verwandelten das rote Licht in grünes, die Weichensignale zeigten weiße Zeichen, ein stehendes Rechteck bei gerader Fahrt, ein schrägliegendes Rechteck bei Fahrt durch den krummen Strang, und dann dort, wo das blinde Gleis beim Liverpool endete, dort brennt ständig die ganze Nacht über eine hellblaue Laterne, und auf den Hauptsignalen rasseln die Flügel beim Wechsel der Lichter, in der Betriebskanzlei tickten die Apparate, und hie und da schrillt kurz das Telephon, wenn falsch durchverbunden wird, im Stellwerk rasselt es beim Aussteuern der Räder zum Öffnen der Fahrstraßensperren, und in diesem Gezirpe ging der Herr Fahrdienstleiter Hubička auf und ab, voll Sorge um den Transport, dessen Zuglauf er scharf überwachte und der nach Mitternacht achtundzwanzig Waggons Munition bringen wollte, er verfolgte die Garnitur auf dem bildlichen Fahrplan und horchte dann, blickte vom finsteren Bahnsteig in die Dunkelheit und schaute in den Warteraum, während ich über Máša nachdachte, wie es sein würde, wenn es wieder dazu kommen sollte? Auch ich stand nun ab und zu auf dem Bahnsteig, auch ich blickte zum Nachthimmel empor und sah dort meinen Film, über den ganzen Himmel legte ich Máša, so wie Herr Fahrdienstleiter Hubička die Zdenička auf den Telegraphentisch gelegt hatte, zog ihr Stück für Stück die Unterwäsche aus, aber als Máša nackt dort auf dem Himmel lag, wußte ich nicht, was weiter mit ihr? Ich wußte es, aber ich hatte noch nicht die Erfahrung, weil ich noch nie in einer Frau gewesen war, außer damals, als ich im Bauch meiner Mami gewesen war, aber daran konnte ich mich nicht mehr so richtig erinnern…
Und dann hörte ich, wie die Frau Vorsteher die Treppe herunterkam, in der einen Hand die Kerze, in der anderen den Topf mit

den Stopfnudeln, sie ging in den Keller, wo vor Entsetzen der Gänserich schnatterte. Ich stand auf dem Bahnsteig und schaute durch das Viereck des Fensterchens in den Keller, die Frau Vorsteher und ihr Schatten bückten sich, sie nahm eine Nudel aus dem Topf, weichte sie kurz ein, öffnete dem Gänserich den Schnabel und stopfte die Nudel hinein, dann hielt sie den Schnabel wie ein Klappmesser und streifte mit den Fingern die Nudel in den Kropf. Und wieder tauchte sie eine Stopfnudel ins Wasser und nudelte weiter den Gänserich, der sich wehrte.
»Bin gleich wieder da, übernehmen Sies eine Weile«, sagte ich zum Fahrdienstleiter, »ich geh nur auf einen Sprung weg.«
Und dann tastete ich mich die runde Wand hinunter und setzte vorsichtig einen Fuß nach dem anderen auf die schmalen Stufen des Wendeltreppchens, und leise öffnete ich die Tür.
»Frau Vorsteher, erschrecken Sie nicht, ich bins, Miloš«, sage ich.
»Was ist?« fuhr sie auf und blieb mit einer Stopfnudel in der Hand stehen, und das Licht der Kerze, die hinter ihr brannte, leuchtete durch ihr graues Kraushaar, und ich sah ihr abgehärmtes Gesicht, wie Aschenputtel war sie, während der Herr Vorsteher den Baron Lánský z Růže spielte.
»Ich bins«, sage ich, »Frau Vorsteher, ich möchte mir bei Ihnen Rat holen, kurzum, ich fahre übermorgen zu meinem Fräulein, der Máša, zu der Schaffnerin, wissen Sie? Und sie wird es sicher von mir wollen... Wissen Sie was?«
»Nichts weiß ich«, murmelte die Frau Vorsteher und bückte sich und tauchte die Stopfnudel ins Wasser und öffnete dem Gänserich den Schnabel.
»Aber, Sie wissen schon«, sage ich, »tun Sie nicht so, als wüßten Sie es nicht, ich will einen Rat von Ihnen... kurz, ich bin jedesmal ein Mann, aber wenn ich das beweisen soll, daß ich ein Mann bin, dann bin ich kein Mann mehr. Nach dem Hausbuch hab ich ejakulatio prekoks, wissen Sie?«
»Das weiß ich nicht«, sagte die Frau Vorsteher und tauchte wieder eine Stopfnudel ins Wasser.
»Aber Sie wissen es«, sage ich, »also, zum Beispiel jetzt denke ich fest daran... na, und bitte, jetzt bin ich ein Mann... fühlen Sie mal...«
»Jessasmaria«, flüsterte die Frau Vorsteher, »ich bin doch schon in den Wechseljahren, Herr Miloš.«

»Wo drin sind Sie?«
»In den Wechseljahren, aber das ist ja schrecklich«, erbebte die Frau Vorsteher und stieß den Topf mit den Stopfnudeln um. Ich kniete hin und sammelte die Nudeln auf, und die Frau Vorsteher auch, und ich erzählte ihr dabei, daß ich mir damals die Handgelenke aufgeschnitten hatte, weil ich im Atelier von Onkel Noneman verwelkt war, im Atelier in fünf Minuten fertig, weil ich früher fertig gewesen war, als ich angefangen hatte. Daraufhin schwieg die Frau Vorsteher, hielt den Gänserich an seinem Schnabel fest.
»Fühlen Sie mal, Frau Vorsteher«, sage ich.
»Tue ich, Miloš«, sagte sie und bückte sich, ihr Schatten an der Wand mit ihr, und blies die Kerze aus.
»Nun, bin ich ein Mann?« fragte ich.
»Ja, Miloš«, sagte sie.
»Gut, Frau Vorsteher, aber was weiter? Möchten Sie mich nicht einschulen? Ich bitte Sie herzlich darum... in der Irrenabteilung hat mir Doktor Brabec gesagt, daß ich die Pfeife mit einer älteren Dame anrauchen soll...«
»Aber, Herr Miloš, ich bin doch schon in den Wechseljahren, ich will mit dem nichts mehr zu tun haben, wirklich, ich verstehe Sie, wenn ich jünger wäre, Jessasmaria, was ist in euch in der Station bloß gefahren? Fahrdienstleiter Hubička mit den Stempeln, Sie jetzt mit dem Anrauchen der Pfeife... Aber übermorgen klappt es, Sie werden sehen, Sie sind ein Mann, und was für einer...«
Da sah ich durchs Kellerfenster, wie der Herr Fahrdienstleiter Hubička auf den Bahnsteig kam, er stellte sich breitbeinig hin und schaute in den Himmel, und ich wußte genau, daß sich dort nicht mehr Zdenička entfaltete und mit ihrem Hinterteil den ganzen Himmel füllte, sondern daß dort oben still ein Güterzug einfuhr, achtundzwanzig Waggons, die auf einmal entschwanden, und eine gewaltige Wolke quoll auf, wuchs und wuchs, glich den Himmelsburgen vor einem Sommergewitter, wurde immer größer...
»Sind Sie mir böse, Frau Vorsteher?« sage ich.
»Nein. Miloš, das ist ja alles so menschlich...«, sagte sie.
Und sie tastete sich die Wand entlang und stieg schwer Stufe um Stufe hinauf, bis in den ersten Stock, und dann lief sie in der Küche hin und her, wie es der Herr Vorsteher tat, wenn er es nicht und nicht fertigbrachte, uns ins Gesicht zu sagen, was er gegen uns hatte, darum sprach er sich in den Lichtschacht aus, nachher

kam er runter, ruhig und wie gereinigt, denn wenn er nicht in den Lichtschacht sprach, brüllte er sich bei seiner Frau aus, schreckliche Dinge sagte er zu ihr, alles, was an Unreinem in ihm war, leerte er aus, und eine Weile später wußte er von nichts, so daß er sich nicht die Pulsadern aufzuschneiden brauchte wie ich, er brauchte auch nicht der Telegraphistin den Rock hochzuziehen und ihr rund um den Hintern Stempel aufzudrücken, mir war klar, daß der Herr Vorsteher nie irrsinnig werden würde, so eine Seelenhygiene betrieb er, indem er alles in den Lichtschacht brüllte und den Rest in seine Ehefrau, die genau wußte, wann sie ihm mit dem nassen Lappen eins übers Maul ziehen oder ihm einen fürchterlichen Satz entgegenschleudern mußte, der ihn ebenso umwarf wie die Quartalsohrfeige, nach der er immer wie aufgewacht war.

Und der Herr Fahrdienstleiter Hubička wurde immer unruhiger, je mehr es auf Mitternacht zuging, er spuckte, hob immer wieder den Kopf und horchte. Ich sah, daß er ständig darauf wartete, daß die Tür aufgeht und eine Hand erscheint, die ihm eine Botschaft oder ein Päckchen hereinreicht.

Als die Uhr des Herrn Vorsteher zwölf schlug, sage ich:

»Die Uhr schlägt aber schön.«

Da ging die Tür auf wie von Zugluft, und eine junge Frau im offenen Lodenmantel trat ein, man sah ihre Tirolerjacke mit aufgenähtem Eichenlaub und Eicheln. Dazu trug sie einen grauen Rock, weiße Wollstrümpfe und Halbschuhe mit hervorschauender Zunge. Sie war angezogen wie der Herr Vorsteher, nur eben weiblich.

Und sie trug ein winzig kleines Päckchen.

»*Bitte*«, sagte sie, »*ich muß nach Kersko.*«

»Kersko«, sage ich, »da müssen Sie bis zum Morgen warten, das geht über den Fluß.«

»*Aber ich muß nach Kersko*«, beharrte sie.

»Das ist weit. Zu wem wollen Sie denn dort?« sage ich.

»*Ich habe einen Freund dort*«, lachte sie und zeigte mit dem Finger auf mich, »*Sie sind der Herr Fahrdienstleiter?*«

»Woher denn, der hier...«, sage ich.

»Sie sind der Herr Fahrdienstleiter Hubička?« fragte sie.

»Ja«, sagte er.

»Und der da?« deutete sie auf mich.

»*Mein Freund*«, sagte der Fahrdienstleiter.

»Miloš Hrma«, stellte ich mich vor.
»Viktoria Freie«, verbeugte sie sich und gab uns die Hand.
»Viktoria Freie?« wunderte sich Hubička.
Und ich wußte, das war die Nachricht, ich hatte es erkannt, klar, Viktoria Freie war die Hand, die die Botschaft und Nachricht überreichte, aber diese Nachricht freute Fahrdienstleiter Hubička gar nicht, er war sogar bleicher als sonst, ihr Erscheinen brachte ihn aus der Fassung, ich sah, daß ihn nicht die geringste Lust überkam, er besah sich weder ihr Hinterteil noch ihre Brüste, obwohl er doch die Angewohnheit hatte, Frauen mit den Augen auszuziehen. Und diese Tirolerin war, wie ich feststellen konnte, gleichzeitig Popotscherl und Zitzerl. Und ich mußte auf den Bahnsteig hinaus und gab einem Güterzug das Durchfahrtssignal, ich besprengte ihn mit grünem Licht. Und danach, als ich zurückkam und der Nachbarstation meldete, zu welcher Zeit der Zug meine Station passiert hatte, war das Päckchen verschwunden. Und Viktoria gähnte und streckte sich und machte mir Augen, ich faßte Vertrauen zu ihr, und als sie sagte, daß sie gern ein Stündchen schlafen würde, öffnete ich die Tür zur Kanzlei des Herrn Vorsteher, wie es der Herr Fahrdienstleiter Hubička in Dobrowitz gemacht hatte, bevor er das Wichsleinwandkanapee zerriß, und sie trat ein, und ich brachte meinen Mantel und legte ihn aufs Kanapee, der grüne Lampenschirm verbreitete angenehmes Licht, ich hörte, daß die Tauben im Schlag weiterhin unruhig waren, unruhiger noch als beim Wegreiten des Herrn Vorsteher, als wäre ein Marder oder ein Wiesel zu ihnen hineingeschlüpft, so verschreckt gurrten sie und schlugen mit den Flügeln.
»Ich heiße Miloš Hrma«, stotterte ich, »wissen Sie, ich hab mir die Pulsadern aufgeschnitten, weil ich unter ejakulatio prekoks leide. Aber das stimmt nicht. Ich bin zwar bei meinem Fräulein wie eine Lilie verwelkt, aber unter uns, ich bin ein richtiger Mann...«
»Sie haben noch keine gehabt?« wunderte sich Viktoria.
»Nein, ich habs nur probiert, und deshalb bitte ich Sie, mir einen Rat zu geben...«
»Sie haben wirklich noch keine gehabt?« wunderte sich Viktoria immer mehr.
»Keine, weil Máša – als sie bei Onkel Noneman in Karolinenthal zu mir geschlüpft ist, Máša hatte ich zwar bei mir, aber ich habe

nichts mit ihr gehabt, weil ich verwelkt bin wie eine Lilie.«
»Sie haben also tatsächlich noch keine gehabt«, sagte sie und lächelte und bekam Grübchen wie Máša, und ihre Augen glänzten, als staune sie über ein Glück oder als habe sie etwas Wertvolles gefunden, und sie wühlte mit den Fingern in meinem Haar, als sei ich ein Klavier, dann warf sie einen Blick auf die geschlossene Tür, die in die Betriebskanzlei führte, und neigte sich über den Tisch und drehte den Docht herunter und blies hörbar die Petroleumlampe aus, griff tastend nach mir und zog mich zum Kanapee des Herrn Vorsteher und ließ sich fallen und riß mich mit, wieder streichelte sie mich, wie in meiner Kinderzeit war es, wenn Mami mich an- oder auszog, sie erlaubte mir, daß ich ihr half, den Rock hochzustreifen, und dann spürte ich, wie sie die Beine hob und öffnete, ihre Tirolerschuhe aufs Kanapee des Herrn Vorsteher legte, und dann plötzlich war ich mit Viktoria zusammengeklebt, so wie ich auf meinem Photo im Matrosenanzug mit Mášas Photo zusammengeklebt war, und ein Licht überflutete mich, das immer stärker wurde, ich stieg höher und höher, die ganze Erde bebte, Gedröhn und Gedonner wurden laut, ich hatte den Eindruck, daß es nicht aus mir und auch nicht aus Viktorias Körper kam, sondern von draußen, daß das ganze Gebäude bis in die Grundfesten erzitterte, die Fenster klirrten, ich konnte hören, wie zu Ehren meiner rühmlichen und erfolgreichen Einfahrt ins Leben die Telephone zu schrillen begannen, auch die Telegraphen gaben von selbst Morsezeichen, wie es in den Betriebskanzleien manchmal bei Gewitter geschah, mir schien, daß die Tauben des Herrn Vorsteher nun bis auf die letzte gurrten, sogar der Horizont hob sich und entbrannte in den Farben des Feuers, da erzitterte das Stationsgebäude erneut, die Grundmauer ruckte ... Und dann spürte ich, wie sich Viktorias Körper zu einem Bogen spannte, ich hörte, wie sich ihre eisenbeschlagenen Schuhe ins Wichsleinwandkanapee gruben, hörte, wie die Leinwand riß, immer weiter riß, irgendwo von meinen Finger- und Zehennägeln lief ein jubelnder Krampf zum Gehirn, alles war auf einmal weiß, dann grau, dann braun, es war, als kühle heißes Wasser ab zu kaltem, und im Rükken verspürte ich einen angenehmen Schmerz, als hätte mir jemand einen Mauerhaken hineingestoßen.
Ich öffnete die Augen, Viktoria wühlte wieder mit den Fingern in meinem Haar und atmete schwer. Und ich sah durch einen Spalt in der Verdunkelung, wie am Horizont das Rot und Bern-

steingelb eines fernen Feuers aufloderten, wie bei Wetterleuchten. Und die Tauben des Herrn Vorsteher gurrten entsetzt, flogen im Schlag umher, stießen gegen Wände und Decke, stürzten auf den Boden und schlugen verstört mit den Flügeln.
Viktoria Freie setzte sich auf und lauschte. Sie strich ihr Haar zurück und sagte:
»Irgendwo muß ein schrecklicher Luftangriff sein.«
Ich öffnete das Innenfenster und zog am Verdunkelungsrouleau, das hochschnurrte. Weit hinter dem Gebirge loderte immer neues Feuer auf, der Horizont war gerötet und wie hinter die Berge zurückversetzt, zum Zentrum des Unglücks hin.
»Das wird wohl Dresden sein«, sagte sie und erhob sich und kämmte ihr Haar, und der Kamm erzeugte dabei einen eigenartigen Ton. Ich dachte an ihren geschmeidigen Körper, den ich plötzlich auf einem Trapez fliegen sah.
»Was sind Sie?« sage ich.
»Artistin«, sagte sie und zog den Kamm durchs dichte Haar und hielt den Kopf geneigt, »vorm Krieg hatten wir ›Die bunte Palette der Luftattraktionen‹.«
Ich setzte mich aufs Kanapee, strich leise über den Bezug. Er war über die ganze Breite zerrissen. Seegras quoll hervor. Und ein Güterzug fuhr durch die Station und sprühte Funken aus dem Schornstein. Viktoria stand am Fenster und kämmte sich die Funken aus dem Haar. Dann sah man auf dem Fahrweg gegen den rötlichen Horizont zwei Reiter.
Ich stand auf und fühlte mich zum erstenmal in meinem Leben ruhig.
»Danke«, sagte ich.
»Danke ebenfalls«, sagte sie, dann nahm sie ihren Lodenmantel und trat in die Betriebskanzlei und schaute auf die Uhr. Sie atmete auf. Griff sich in die Bluse, rückte die Brust im Büstenhalter zurecht. Und ging auf den Bahnsteig, wo breitbeinig der Fahrdienstleiter Hubička stand und den Himmel betrachtete. Die beiden unterhielten sich eine Weile. Dann kam sie zurück und sagte:
»*Und jetzt muß ich wirklich nach Kersko*«, lächelte sie und ging am Gärtchen des Vorstehers entlang zur Lindenallee und verschwand zwischen den Häusern.
Der Herr Vorsteher kam auf dem weißen Pferd angeritten, sprang flott ab und warf dem Stallmeister die Zügel zu, der wen-

dete und trabte zurück.
Der Vorsteher ging direkt zum Taubenschlag und rief: »Meine süßen Kätzchen, warum seid ihr denn so durcheinander? Wer hat euch was getan? Der Herr Vorsteher ist ja wieder da! Holla! Holla!«
Und dann betrat er fröhlich die Betriebskanzlei, setzte sich rücklings auf einen Stuhl und sagte:
»Der Herr Fürst läßt Sie grüßen, Hubička. Baron Bethmann Hollweg hatte die Photographien von Zdenička mitgebracht. Alle adeligen Herren sind begeistert und wollten Sie sehen. Selbst der Herr Graf läßt Ihnen ausrichten, Hubička, daß er Sie beneidet, daß er auf so etwas nicht gekommen wäre. Ich mußte der Gesellschaft an der Tafel darüber referieren, wie das alles war...«
Und er stand auf, der Telegraph rief unsere Station.
»Bahnhofsperre Dresden, Pirna, Bautzen...«
Der Herr Vorsteher ging auf den Bahnsteig hinaus und rief in die Richtung, aus der es weiterhin dröhnte und wo der Horizont verfärbt war:
»Ihr hättet nicht mit der ganzen Welt Krieg anfangen sollen!«

Fahrdienstleiter Hubička knipste die Arbeitsplatzleuchte auf dem Telegraphentisch an, öffnete das Merkbuch knapp am Tischrand und gab mir durch ein Zeichen zu verstehen, daß auch ich mir eine wichtige Meldung ansehen müsse, doch ich wußte gleich, daß es um etwas ganz anderes ging. Der Fahrdienstleiter war ganz abgehärmt, und als er mit dem Bleistift auf die Meldungen zeigte, zitterte die Spitze und kritzelte auf dem Papier wie ein Kardiograph. Vorsichtig öffnete er die Schublade, und ich mußte auf die letzte Zeile schauen, schielte aber in die Schublade hinein. Der Lichtkegel der Arbeitsplatzleuchte war die einzige Lichtquelle in der Betriebskanzlei, und auf dem Boden der Schublade schimmerten ein Revolver und dann noch so ein Gegenstand, der wie eine Taschenlampe aussah, doch an Stelle des Glases hatte er eine Art Uhr, die leise tickte.
»Miloš«, sagte der Fahrdienstleiter flüsternd und zeigte weiter ins Merkbuch und unterstrich eine Meldung, »Miloš, am besten stellen wir uns auf den Bahnsteig und schmeißen das Ding in einen mittleren Waggon. Wir schieben ihm Halt hinein, geben im letzten Augenblick Grün... und nehmen ihm so Fahrt weg.«
»Das stimmt«, sage ich laut und spürte, daß an allen Warteraum-

fenstern und allen Verdunkelungsschlitzen, daß überall spähende Augen sein konnten. Darum nahm auch ich einen Bleistift, unterstrich eine Meldung im Merkbuch und flüsterte:
»Erinnern Sie sich, wie uns der Signalflügel heruntergefallen war? Als der Schnellgüterzug durchfuhr? Wissen Sie was? Ich mache es wieder so. Ich krieche auf den Signalmast, beuge mich so vor und lasse von oben den Sprengstoff auf den mittleren Waggon fallen, und dann steige ich wieder runter, und wir schauen zu, was draus wird... Wo ist unser scharf überwachter Transport?«
»Ist eben durch Podiebrad, in einer halben Stunde haben wir ihn hier«, schnaubte der Fahrdienstleiter, schloß mit dem Bauch die Schublade und unterschrieb sinnloserweise auf der Merkbuchseite. »Hast du wirklich keine Angst?«
»Nein, ich bin noch nie so ruhig gewesen... ach«, sage ich, »ich bin ein Mann, bin ein Mann, genauso wie Sie, Herr Fahrdienstleiter, ich bin ein Mann, und das ist schön, alles ist von mir abgefallen, so...« – ich nahm die lange Schere vom Tisch und schnippte – »so habe ich mich von der Vergangenheit abgeschnitten.« Ich lachte und hob den Telephonhörer.
»Der Güterschnellverkehr«, sage ich und gebe an den Blockmeldeposten weiter, »stellt die Weichen für den Schnellgüterzug, Nummer dreiundfünfzig einhundertsechzig«, und ich drehte den Schlüssel im Block und ging in die Nacht hinaus, am Horizont war noch immer der langgezogene Flecken, als sei gerade die Sonne untergegangen. Leicht schlenzte ich die Hebel für das Haupt- und das Vorsignal hoch. Nie hatte ich einen so klaren Kopf gehabt, mir war, als würde Mami mich streicheln wie in der Kindheit, wenn sie mir einen bösen Traum verjagen wollte. Und Herr Fahrdienstleiter Hubička ging in der Kanzlei auf und ab, schaute zu Boden, er lief jetzt auch nicht mehr hinaus, um in den Himmel zu schauen, ich hatte es ebenso richtig vorausgesehen wie er, eine solche Verantwortung, wie würde es ausgehn? Und wenn gut, was dann? Aber daran dachte ich nicht, ich hatte wohl weitergedacht, hatte alles zu Ende gedacht, aber das interessierte mich nicht mehr, ich konzentrierte mich nur noch darauf, vom Hauptsignal genau den Waggon zu erwischen, mit dem der ganze Zug in die Luft gehen würde, nichts anderes wünschte ich mir, nichts anderes sah ich am Himmel als die unaufhörlich steigende Wolke, die Waggonreste und Schienenreste und Schwellenreste aufsog, und ich dachte daran, daß ich an so was eigentlich längst hätte denken

sollen, schon deswegen, weil sie mir den Großvater überfahren hatten, als er ihnen ganz allein entgegengegangen war, allein gegen ein Armeekorps, mit ausgebreiteten Armen und dem hypnotischen Gedanken, die Deutschen sollten umdrehen und dorthin zurückkehren, wo sie hergekommen waren. Und trotzdem, auch wenn Großvaters Kopf in die Raupenkette des Panzers geklemmt worden war, drängte Großvaters Geist dennoch weiter Armeekorps um Armeekorps, Panzer um Panzer, Soldat um Soldat zurück, bis ins Herz Deutschlands, dorthin, von wo sie ausgeschwärmt waren und wohin die russischen Armeen sie zurückdrängten... Ich aber hatte den Großvater vergessen, weil, wenn ich schon früher an ihn gedacht hätte, so hätte ich ganz andere Sachen versuchen können. In zwanzig Minuten kommt mein Zug, voll mit Munition, und ich werde die Gelegenheit haben, eine große Sache zu vollbringen, ich war keine welke Lilie mehr. Ich hätte nie geglaubt, daß sich in mir eine solche Kraft finden würde, wie ich nie geglaubt hätte, daß es Herrn Fahrdienstleiter Hubička derart mitnehmen würde, er konnte kaum mehr gehen, er stand nur noch breitbeinig beim Stellwerk und horchte, welches Telephon den von uns überwachten Zug meldete.
Ich ging wieder in die Betriebskanzlei, öffnete die Schublade, steckte den Sprengkörper in die Manteltasche, Fahrdienstleiter Hubička deckte mich dabei mit dem Körper. Und den Revolver steckte ich in die andere Tasche, und dann fuhr ich mit dem Finger die Zeilen im Telegraphenmerkbuch lang, unterschrieb und legte den Bleistift in die Schublade.
Der Herr Fahrdienstleiter trat an die schwarze Tafel, an die seit gestern alle Transporte mit Sondervorschrift angeschrieben wurden, eine Serie von zwanzig Militärtransporten, die versuchen sollten, den Fronteinbruch aufzuhalten, und er zeigte mit dem Finger auf die Züge und flüsterte:
»Miloš, ich stelle es dir für den letzten Moment ein...«
»Ja... aber der Schnellgüterzug will halten«, sage ich. Und ich ging auf den Bahnsteig, der Schnellgüterzug fuhr in die Station ein, rollte aus, und der Zugführer sprang ab.
»Grauenhaft, ganz Dresden ist kaputt«, sagte er.
Hinter ihm sprangen noch mehrere Leute aus dem Personalwagen, die sahen aus, als seien sie aus einem Konzentrationslager geflohen, sie hatten gestreifte Hosen an, doch als sie in die Betriebskanzlei kamen, sahen wir, daß es Menschen in gestreiften

Pyjamas waren, die Mäntel übergeworfen, so, wie sie das nackte Leben gerettet hatten, ihr Blick war stier, sie blinzelten nicht. Der Zugführer sank auf einen Stuhl und rieb sich die Stirn.
»Ganz Dresden eine einzige Fackel. Die da sind mir in den Personalwagen gekrochen«, sagte der Zugführer und erhob sich schwer, wie ein erschöpftes Pferd. Einen Augenblick lang stützte er sich mit den Fäusten auf den Telegraphentisch, schob sich, Hand über Hand greifend, bis ans Tischende, blieb hier mit gesenktem Kopf stehen. Es sah aus, als wäre er eingeschlafen. Und die Deutschen standen genauso da, guckten zu Boden, wo sie wahrscheinlich ihre letzten Stunden sahen, wie sie aus den Fenstern in die Gärten und Gassen sprangen und alles von ihnen wie abgetrennt war durch fallende Bäume und Mauern und Balken. Und alle diese Deutschen hatten lange Arme, jetzt fast bis zu den Knien, und immer noch blinzelte keiner von ihnen, als hätte ihnen das Entsetzen die Augenlider abgeschnitten. Ich bedauerte sie nicht mehr, ich, der ich jedes gestochene Zicklein beklagte wie überhaupt alles, was vom Unglück betroffen war, mir taten sie nicht mehr leid. Als ich noch im Krankenhaus war mit meinem Handgelenk, ging ich öfters zu einer entfernten Tante, und diese Tante Beatrice war schon fünfzig Jahre Schwester in diesem Krankenhaus und betreute die Abteilung, in die man von überall her die zu Tode verbrannten Menschen brachte, jetzt hauptsächlich Soldaten, die man ganz in Öl hertransportierte, beinahe Amphibien waren die, und meine Großtante kochte ihnen Gemüsesuppen, und wenn sie gar zu sehr litten, gab sie ihnen Morphiuminjektionen, und ich besuchte sie, weil Großtante Beatrice jedermann Ruhe einflößte, so groß und stark war sie, daß sie einen nur anzusehen brauchte, und schon hatte sie ihm Ruhe gespritzt, wahrscheinlich deshalb, weil sie schon so lange in dieser Abteilung arbeitete... und trotzdem wollte ich gehen, wenn mir bei den deutschen Soldaten die Tränen kamen, wenn ich sah, wie ihre Liebsten und Ehefrauen anreisten und wie diese Soldaten aus den Ölbädern ihren Letzten Willen kundtaten und ihren Frauen empfahlen, wen sie danach nehmen sollten und wie sie mit den Kindern den Besitz regeln sollten, da wollte ich aufstehen, aber Großtante Beatrice drückte mich wieder auf den Stuhl zurück und schnitt weiter gelbe Rüben und Sellerie und Petersilie, sie schnitt und sang leise, jedesmal ein anderes Liedchen... Der Gefreite Schulthe stirbt wohl morgen, der Gefreite

Schulthe stirbt wohl morgen, stirbt, stirbt, stirbt... zur Melodie von »Auf der Prager Brücke ein Maiglöcklein fein wächst« und schnitt weiter gelbe Rüben und Sellerie und Petersilie, und sie wußte, daß sie dem Gefreiten Schulthe morgen ein bißchen mehr Morphium geben und so sein Leid abkürzen würde, weil er ja schon Abschied genommen hatte... und am nächsten Tag sang sie leise: Der Oberleutnant Ditie stirbt morgen, morgen... zur Melodie von »Mir gab ein Mägdelein sein gülden Ringelein«, und sie schnitt Grünzeug, und ich beobachtete die jungen Männer in den Wannen, bei allen sah es aus, als würden sie baden, und ich wünschte mir nicht, daß sie morgen sterben müßten, ich wünschte mir, daß sie heimkehren könnten zu ihren Frauen, ihren Geliebten, mit denen sie zum letztenmal gesprochen hatten, denn wen man hier herunterschaffte, mit dem war es aus, amen. Aber jetzt, wie sie so aus Dresden kamen, bedauerte ich sie nicht mehr, nur noch sie selbst konnten sich bedauern. Und diese Deutschen wußten es. Der Zugführer richtete sich auf und sagte zu ihnen: *»Sie hätten zu Hause sitzenbleiben sollen auf Ihrem Arsch.«*
Und er ging hinaus, hob die Hand, die Maschine setzte sich in Bewegung, und der Zugführer sprang in den Personalwagen.
»Diese Deutschen hat uns der liebe Gott geschickt«, flüsterte der Fahrdienstleiter, »sie werden unsere Zeugen sein, falls etwas...«, schnaubte er, und ich hörte, wie von einem Wächterhäuschen zum anderen das Signal tönte, ein Hämmerchen, das auf eine gespaltene Glocke schlug, und ich wußte sofort, daß es mein Zug war. Ich ging in die Betriebskanzlei, wo der Fahrdienstleiter schon den Telephonhörer hielt, und daran, daß er blaß war, sah ich, daß es wirklich unser Zug war mit dem überwachten Zuglauf.
Ich drehte mir den Schlüssel heraus. Die Deutschen standen um den Ofen herum wie die Statuen auf der Pestsäule auf unserem Marktplatz. Einer von ihnen begann zu weinen, so seltsam, er gurrte fast wie die Tauben des Herrn Vorsteher, als sie vom Luftangriff geweckt wurden, dann weinte der Deutsche menschlich, jetzt erst gab sein Körper nach, die anderen Deutschen folgten mit Geschnupfe, dann weinten sie alle, jeder anders, aber es war ein von Grund auf menschliches Weinen, eine Klage über das, was geschehen war. Und einem Deutschen, er kühlte sich die Stirn an der Wand, blutete auf einmal die Nase, und er rutschte auf den Boden und machte einen roten Strich an die Wand.

Fahrdienstleiter Hubička sah mich an, er hatte die Mütze so tief ins Gesicht gezogen, daß er dabei das Kinn heben mußte.
Und ich lief hinaus in den Anbau und schlenzte die Hebel für das Vor- und das Einfahrsignal hoch, das Abfahrsignal aber ließ ich auf Halt.
Und der Fahrdienstleiter kam, ich zog den Sprengapparat aus der Manteltasche, leuchtete ihn mit der Dienstlampe an, und er stellte raffiniert die Ringe, als betätigte er die Feineinstellung eines Photoapparats.
Und die Tauben konnten noch immer nicht einschlafen, sie gurrten immerfort, schraken weiter wie im Traum auf, man hörte ihre Flügelfedern, wie sie gegen die Wände schlugen.
Dann gab mir Fahrdienstleiter Hubička die Hand, kalt und feucht war sie, als gebe er mir einen Fisch. Und ich ging den Schienenstrang entlang. Über den Mond zog eine Wolke, und es fing zu schneien an, ich drehte mich um und sah in der Ferne die abgeblendeten Lichter der Lokomotive. Der Mond kam hinter der Schneewolke hervor, die verschneiten Felder glitzerten in der kalten Nacht, und wieder hörte ich all die gefrorenen Kristalle ticken, als bewegte sich in ihnen ein farbiger Sekundenzeiger. Dann kroch ich auf den Signalmasten, wie über eine Leiter. Die nächste Wolke verdeckte den Mond, wieder fing es an zu schneien, Flocken wie Eintagsfliegen. Ich stieg über die Lampe. Die Lokomotive fuhr in die Station ein, pfiff kläglich, weil sie nicht Frei hatte. Und ich spürte, wie der Signalflügel hochging, mit ihm meine Hand, und die Lampe gab Grün statt Rot. Und in dieser Stellung gab mir der Flügel ausreichend Deckung, denn er überragte mich. Und die Lokomotive pfiff munter, ich sah, wie der Fahrdienstleiter dem Lokführer mit der grünen Laterne freie Fahrt gab, und ich saß auf dem Signalmasten, der Schnee fiel dichter, die Flocken piksten mich, ich sah, daß es jetzt stark schneite. Ich saß unbeweglich, hielt das Ding schon in der Hand, hörte, wie das Ticken des Apparats auf mich überging, und da fuhr die Lokomotive schon unter mir durch, sie war oben mit einer Plane sichtgedeckt, damit die Tiefflieger nicht aus jeder Entfernung gleich sahen, wenn der Heizer nachlegte, und dann ein Waggon nach dem andern, niedrige, offene Waggons und darauf die mit Stroh abgepolsterten Munitionskisten, drei, vier, fünf Waggons, zählte ich, der Mond steckte hinter dem beigefarbenen Gewölk, aus dem es so dicht schneite, und trotzdem sah man ihn

wie einen Reifen auf dem Grund eines Baches, der gluckst, sieben, acht, neun, und der Schnee fiel immer dichter, so daß ich einen Augenblick lang weder die Lokomotive noch den letzten Waggon sehen konnte, elf, zwölf, dreizehn, und da warf ich den Apparat, leicht, wie eine Blume ins Wasser, ich hatte es mir genau ausgerechnet, ich warf, als die Stirnseite des nächsten Waggons unter mir war, und der Apparat fiel genau mitten in den Waggon, da lag er richtig und würde den scharf überwachten Zug nun bis an sein Ende begleiten, ich schaute ihm nach, dem vierzehnten Waggon mit dem Fleck in der Mitte, bis der Schnee ihn wegschraffierte, und ich nahm mir vor, die vier Minuten von hier oben zuzuschauen, hier oben von diesem Sitz aus wie ein Jäger, und den Augenblick der Vernichtung abzuwarten, und es näherte sich schon der letzte Waggon, mit dem Häuschen hinten, aus dem plötzlich ein Lichtkegel flammte und sich auf mich konzentrierte, ich zog den Revolver und sah einen Gewehrlauf gleich unter mir aufblitzen. Ich schoß, und gleichzeitig schoß jemand aus dem Häuschen, eine Taschenlampe fiel auf den Bahndamm und leuchtete über die Schotterung, und aus dem Häuschen fiel einer hinterher und rollte in den Graben. Und ich spürte einen Schmerz in der Schulter, und der Revolver fiel mir aus der Hand, und kopfüber fiel ich, blieb aber mit dem Mantel an einem Tritteisen hängen, im Signal rasselte es, und das Grün wurde Rot, und der Flügel ging in die Waagrechte, und ich hing mit dem Kopf nach unten und hörte, wie mein Mantel riß, aus den Taschen fielen mir die Schlüssel und Kleingeld und fielen mir an den brausenden Ohren vorbei, ich sah, wie der Zug sich entfernte, wie er in die Kurve einbog, für mich mit den Rädern nach oben, als fahre er durch das Gewölbe der Nacht, die roten Schlußlaternen entfernten sich, ich sah im Graben unterm Signal den Soldaten, wie er sich zu einem Knäuel zusammenkrümmte, der Schnee fiel auf ihn, und er hatte sein Käppi verloren, er hatte eine Glatze, und mein Mantel riß weiter, ich spürte, wie mir das Blut unterm Hemd über den Hals auf den Kopf lief, und der Mantel riß durch, und ich fiel kopfüber auf die öl- und dampfgetränkte Schotterlage. Ich fiel auf die Hände, schlug mir an den scharfen Steinen die Handflächen auf. Dann rollte ich in den Graben, gleich neben den deutschen Soldaten, der auf der Seite lag und nun anfing, auf der Stelle zu treten, als ob er marschierte, er grub mit den schweren Stiefeln im Schnee, durch bis zur gefrorenen Erde und den Grasbüscheln,

und er hielt sich den Bauch und jammerte. Ich hielt mir die Hand vor den Mund, und als ich hustete, kam Blut. Der deutsche Soldat hatte mir die Lunge durchschossen und ich ihm den Bauch. Da wurde mir klar, warum der Herr Fahrdienstleiter Hubička den ganzen Abend geschnaubt und gespuckt hatte. Sicher hatte er mein Ende vorausgesehen, denn der Herr Fahrdienstleiter Hubička hatte nie Angst, vor nichts, das hier war einfach stärker gewesen als er, alles schien geschehen zu sein, bevor es geschehen war... ich schaute in den Himmel, aus dem es den Schnee schüttete, dann wälzte ich mich auf den Bauch und kroch zu dem Soldaten, der lauter jammerte und immer nur ein Wort wiederholte.
»*Mutti, Mutti, Mutti*«, rief er, und ich beobachtete ihn, spuckte Blut und wußte, daß dieser Soldat nicht seine Mutter rief, sondern die Mutter seiner Kinder, denn er hatte schon eine Glatze, als ich mich weiter über ihn beugte, sah ich, daß er dem Herrn Fahrdienstleiter Hubička erschreckend ähnlich sah. Und er preßte weiter die Hände auf den Bauch und marschierte immer weiter auf der Stelle, als wollte er weggehen von seinem angeschossenen Körper, immer weiter wühlte er den Schnee auf mit den schweren Militärstiefeln, bis zur gefrorenen Erde durch.
Ich breitete die Arme aus und legte mich auf den Rücken, aus den Mundwinkeln floß mir Blut, und meine Brust war voll Feuer. Und auf einmal sah ich das, was wohl der Herr Fahrdienstleiter Hubička den ganzen Abend gesehen hatte, daß ich verloren war, daß ich nur noch warten konnte, bis der Zug in die Luft flog, denn wenn nichts anderes, dann mußte mir das in dieser Situation genügen, weil mich doch nichts erwarten konnte als der Tod, entweder ich starb an dem Durchschuß oder man fand mich, und die Deutschen hängten mich auf oder erschossen mich, wie das ihre Gewohnheit ist, und da ahnte ich und erkannte, daß ich für einen anderen Tod vorherbestimmt war als für den, den ich in Bistrzitz bei Beneschau ausprobiert hatte, es ärgerte mich bloß, daß ich ihn in den Bauch geschossen hatte, diesen Deutschen, der sich in der Leistengegend festhielt und immer weiter mit den Stiefeln marschierte, und ich wußte, daß auch ihm niemand mehr helfen konnte, weil ein durchschossener Bauch tödlich ist, nur daß der Tod, dem der Deutsche entgegenmarschierte, noch weit weg war, und mir schien, der Soldat würde ihn so nicht erreichen, weil er auf der Stelle trat und im Takt wiederholte:

»Mutti, Mutti, Mutti…«
Seine Militärstiefel gruben sich mir ins Gehirn. Ich rollte herum und kroch auf den Ellbogen zu den Soldatenstiefeln, mit beiden Händen wollte ich sie anhalten, aber die Beine waren so in Bewegung, daß sie sich mir entrissen wie ein Hebel irgendeiner Maschine. Ich zog die Schnur aus der Tasche, mit der ich Nummern an Fahrräder und Kinderwagen band, die von Reisenden als Mitgepäck aufgegeben wurden, wischte mir das Blut ab und band das eine Schnurende um den einen Stiefel, und als die Beine wieder die Stellung wechselten, band ich den anderen Stiefel an, die Beine hörten für eine Weile mit dem Marschieren auf, zuckten nur, doch dann zerrissen sie plötzlich wie mit Maschinenkraft die Schnur und kritzelten weiter die Erde, beschleunigten sogar den Schritt, und der Soldat rief noch lauter:
»Mutti! Mutti! Mutti!«
Und damit erinnerte er mich immer mehr an das, woran ich nicht denken wollte, daran, wie Mami morgen am Fenster stehen und auf mich warten wird, aber ich werde nie mehr kommen und aus dem Gäßchen in den Marktplatz einbiegen, und sie wird nie mehr den Vorhang bewegen, zum Zeichen, daß sie mich erwartet hat und daß sie mich sieht und daß sie froh ist, denn meine Mami konnte nie ruhig schlafen, wenn ich Nachtdienst hatte, wahrscheinlich genauso wie die Frau dieses Soldaten, seit er an der Front war, die auch nicht einschlafen kann, auch irgendwo hinterm Vorhang steht und darauf wartet, daß irgendeiner in ihre Straße einbiegen, daß er vielleicht zu ihr kommen und daß es gar jener sein würde, der hier auf der Stelle tritt und sie ruft, der geht und geht, sich aber einzig dem Tod entgegenarbeitet. Ich kroch zu ihm hinauf und rief in sein Ohr: *»Ruhe! Ruhe!«*
Aber der Soldat wußte schon Bescheid, und ich, als ich die Hand auf den Schnee legte, um mich aufzurichten, fühlte den kahlen Lauf des Gewehres, ich nahm es und rollte zur Seite. Der Soldat lag da und ich ihm gegenüber. Ich setzte ihm das Gewehr dort an, wo das Herz ist, ich verwechselte die Seiten, rechts, links, ich bekam es aber heraus, indem ich zuerst mit der einen, dann mit der anderen Hand versuchte, wie man schreibt, ja, dann legte ich das Gewehr auf sein Herz an, damit er aufhörte zu rufen, damit er mir nicht mehr im Kopf umging, und drückte ab. Der Schuß krachte, ein ersticktes Flämmchen versengte die Uniform, es roch nach verbrannter Baumwolle und Wolle, aber der Soldat rief nur

noch mehr nach der Mutter seiner Kinder, nach seiner Frau, und trat noch rascher auf der Stelle, als tue er die letzten Schritte, als sei da schon das Gärtchen und dahinter das Häuschen, in dem seine Liebste wohnt... Und es hörte auf zu schneien, ein schöner Mond kam hervor, überall tickten farbige Sekundenzeiger in den niedergegangenen Flocken, am Hals des Soldaten funkelte ein weißes, silbernes Kettchen und daran etwas, der Soldat griff mit beiden Händen danach und rief ganz laut:

»*Mutti!! Mutti!!*«

Und ich setzte ihm die Laufmündung aufs Auge und drückte ab, kam dabei komisch zu liegen. Und dann hörte ich, wie er verstummte, seine Beine liefen langsam, leise zu Ende, blieben stehen, ich lag auf ihm und spürte, wie in den Soldaten Ruhe und Stille einkehrten, wie alles stehenblieb, wie Maschinen bei Arbeitsschluß. Und aus mir quoll Blut und befleckte den Soldatenrock, ich zog das Taschentuch heraus und versuchte den Blutflekken wegzuwischen, ich konnte nicht mehr richtig atmen, ich bekam einen Erstickungsanfall, aber ich wälzte mich mit letzter Kraft zur Seite, streckte den Arm aus und erfaßte das Kettchen, an dem sich der Soldat festhielt, dessen Gesicht ruhig war, nur an Stelle des rechten Auges hatte er ein versengtes Loch wie ein blaues Monokel... und ich riß das Kettchen ab, an dem sich der Tote festhielt, und im Mondlicht sah ich, daß es ein kleines Medaillon war, auf der einen Seite war ein vierblättriges Kleeblatt, auf der anderen die Aufschrift: *Bringe Glück.* Aber das vierblättrige Kleeblatt hatte kein Glück gebracht, weder ihm noch mir, auch er war ein Mensch wie ich oder der Herr Fahrdienstleiter Hubička, auch er hatte keinerlei Auszeichnungen, keinen Rang, und doch haben wir einer den anderen erschossen und einer den andern zum Tode befördert, dabei hätten wir uns, wenn wir einander irgendwo in Zivil begegnet wären, vielleicht gern gehabt, hätten uns unterhalten.

Und dann erscholl die Detonation. Und ich, der ich mich noch vor einer Weile darauf gefreut hatte, blieb neben dem deutschen Soldaten liegen, streckte die Hand aus und öffnete ihm die steif werdende Faust und steckte ihm das grüne Kleeblatt, das Glück bringt, hinein, während über der Landschaft ein Rauchpilz in den Himmel wuchs, mit immer neuen Stockwerken aus Qualm und Wolken, ich hörte, wie der Luftdruck über die Erde lief und in den kahlen Ästen der Bäume und Sträucher zischte und pfiff, wie

er im Signal an den Verbindungsketten rüttelte und sich gegen den Signalflügel stemmte und ihn beutelte, ich jedoch hustete, und das Blut quoll stärker. Bis zum letzten Augenblick, bevor ich mich selbst aus den Augen verlor, hielten der Tote und ich uns bei den Händen, und ich wiederholte für seine tauben Ohren das Wort des Zugführers von dem Güterschnellzug, der die unglücklichen Deutschen aus Dresden gebracht hatte:
»Ihr hättet zu Hause sitzenbleiben sollen, auf euerm Arsch...«

Schöne Poldi

Wo ist der Blinde vom Masarykbahnhof hin, wohin ist er verschwunden? Immer hat er dagestanden und Zeitungen verkauft, und wenn ein kalter Wind wehte, knisterten sie und blätterten sich auf, die Leute liefen vornübergebeugt an der lebenden Rotationsmaschine vorbei und sahen nicht hin, sahen nur zu gut, wollten aber nicht sehen, wie der Blinde mit dem Wind, der ihn zum Abreißkalender machte, um die Blätter raufte. Wo ist der Blinde bloß hin, wohin?

Und wo ist der Krüppel vom Wenzelsplatz hin, wohin ist der verschwunden? Er hat beim Čekan auf dem Gehsteig mechanisches Spielzeug verkauft, er hat immer die Feder aufgezogen in einem Marienkäfer aus Blech und hat ihn fliegen lassen, und der Krüppel fing ihn dann mit ausgestreckten Armen wieder ein, und mußte manchmal hinter dem Ding herlaufen, das fiel herunter erst bei der Linde, laufen, als wäre er bis zur Hüfte ins Pflaster versunken, denn er hatte beide Beine amputiert bekommen, bis oben an die Hüftgelenke, so daß er auch keine Prothesen anschnallen konnte. Wo ist dieser Mensch nur hin, wohin?

Und wo ist diese Frau mit den abgefahrenen Füßen hin, wohin ist sie verschwunden? Diese Frau ging immer auf den Knien durch Prag und trug Herrengaloschen verkehrt unter den Schienbeinen, und wenn frischer Schnee gefallen war und mir diese Frau über diesen frischen Schnee entgegenkam und dann an mir vorbei war, dann sah es so aus, in diesem Schnee, in dem noch niemand gegangen war, als sei die Frau vor mir hergegangen, dabei entfernte sie sich hinter mir. Wohin ist diese Frau verschwunden?

Oft sehe ich einen großen Stern, und ich denke bei mir, das sei der Abendstern. Und dabei ist er die Zunge des Schweißbrenners, das blaue, wehmütige Flämmchen, die Ausgießung des Heiligen Geistes, die sich bei der Berührung mit dem Eisen rot färbt. Ich öffne das Fensterchen des Knüppellagers und beobachte den Kerl, der auf einem Haufen Kriegs-Schrott steht, den Morgenstern mit den Fingern umklammert und Schläuche hinter sich herzieht, und aus dem Brenner sprühen Weihnachtsbäume. In der Poldi-Hütte klauben hoffnungslose Menschen kotbespritzte Hoffnung auf. Erstaunlich, wie das Leben immer neu er-

funden und geliebt wird, auch wenn das Stanniolgehirn stippige Bilder hervorbringt und der flachgetretene Brustkorb Unglück speit. Es ist immer noch schön, wenn ein Mensch die Speisekarte und die Addiermaschine und die Familie verläßt und einem schönen Stern folgt. Immer noch ist das Leben herrlich, wenn der Mensch die Illusion hat, daß er aus einem Quadratmeter die ganze Welt herausstampfen kann. Wenn es bis zum Ende der Brigade noch hundert Tage sind, kauft er sich einen gelben, zusammenklappbaren Zollstock und knipst jeden Tag einen Zentimeter ab, und wenn ihm der letzte aus den Fingern fällt, geht der Mensch durch den Flaschenhals, irgendwohin, anderen Abenteuern entgegen.
Aber die Schöne Poldi ist der Schrei, mit dem der Brigademann die Spruchbänder und Parolen in Fetzen reißt, hundert Gramm für drei Kronen fünfzig, denn der Mensch kehrt zurück in die Rohrleitungen des Gehirns und prüft die Rechnung, wofür hat er zahlen müssen und weshalb so viel zu zahlen war, weil, wer seine Finger in produktive Arbeit steckt, der ist für immer erlöst, denn das Leben ist die Treue zu grimmigen Schönheiten, manchmal auch um den Preis des eigenen Lebens. Und die Zeitungen beschreiben währenddessen schönschreiberisch, wie der Brigademann, wenn er von der Arbeit heimkehrt, den Kosakentanz tanzt und im Geiste ein Danktelegramm schickt; dabei spuckt er Teer und fällt ins Bett. Einem anderen springt glühender Stahl ins Auge, das Bild der Ehefrau ist weg, und der Walzwerker versucht mit lächerlichen Schritten dem Unglück zu entkommen. Manchmal verspeist der Fortschritt gebratene Jünglinge, und das Sanitätsauto nimmt den Mann mit, die Sohlen an der verglasten Hecktür, die zermalmte Hand will ihre Form wiederhaben, die sie hatte, und von dem abgefahrenen Bein schmerzt am meisten gerade die Zehe, die mit dem ganzen Bein verlorenging.
Der Doktor im weißen Kittel wäscht sich die Hände.
»Liebe Frau, haben Sie einen Glauben?« fragt er.
»Ja, schon, aber Herr Doktor...«
»Dann, liebe Frau, glauben Sie, konzentrieren Sie sich, beten Sie, glauben Sie ganz fest, denn ich bin mit meiner Wissenschaft am Ende.«
Und er wäscht sich die Hände und blickt nicht mehr auf, was sollte er sich aufregen? Der Herr Doktor weiß, daß eben jetzt oder in einer Stunde, ganz bestimmt noch vor dem Abend wieder ir-

gendwo eine Falle zuklappt, und der Sanitätswagen holt sich die Beute ab. Immer findet sich ein vertrauensseliges Brigademännchen, das den lechzenden Draht falsch mit der Zange zu fassen kriegt, oder dem es vom abgeschopften Ende die Schere verreißt, oder das den glühenden Draht schlecht überwirft, daß sechzehn Meter von dem roten Zeug hin sind und die Walzwerker auf und zurückspringen, um sich hinter die Walztische zu ducken, oder die Drahtschlinge legt sich dem Brigademännchen um den Hals und zwingt es, den Kameraden von der Fertigstraße einen Tanz vorzuführen, und eine Variation auf die Laokoon-Gruppe, wo maximaler Schmerz minimale Berührung sucht, und die durstige Rute, brennt sie nicht das Kinn weg, versengt sie die Backenknochen, brennt sie nicht das Schultergelenk durch, versengt sie die Finger, die den Kelch von sich abwenden wollten, und am Ende sinkt der Kopf, und die Lippen backen an der Ewigkeit an mit einem stinkenden Kuß, und die Seele öffnet mit einem versengten Schlüsselbein die Folterkammer, und die Schöne Poldi wird feist. Jünglinge im Feuerofen. Und doch setzen Brigademänner, wenn es ihnen nicht mehr weh tut, alles aufs Leben.

»He, Anči, hätte ich so einen Kerl daheim, ich würde die Treppe einseifen, und dann ab mit ihm, runter, Jessasmaria, der müßte mir fahren.«

»Tja, und so, meine Herren, und so ist das eben alles verfickt von Adam bis Eva.«

»Ach was, ob es dich in Prag erwischt oder hier.«

»Jawohl, das kommt von dem alten jüdischen Minderwertigkeitskomplex, das Christus-spielen.«

»Fräulein, bleiben Sie so stehen, Sie sind wie lebendig.«

»Bitte, aber ich nenne keine Daten, sonst müßte ich nämlich auch Namen nennen.«

»Schofför, schneller! Sonst suchen sie dich noch übers Radio. Ich will heute abend ins Kino.«

»Leute, ihr lacht hier so, was gibts denn?«

»Das kommt alles nur auf die Bedingungen an. Wenn hier zwanzig Meter hoch das Zinnkraut wachsen würde, dann hätten wir in drei Tagen auch den Dinosaurier.«

»Er hat bei den Großen geklaut, weil er bei den Kleinen nichts erben konnte.«

»Unser Fahrer, wenn der Kirschen holen fährt, bringt er Zwetschgen.«

»Von dem Tag an, wo sie bestohlen wurden, haben sie sich wieder gern.«
»Aber ich will wissen, wer schuld ist! Schiebt nicht alles auf die Bibel.«
»Der ist so vorsichtig, daß er sich, bevor er in eine unübersichtliche Kurve fährt, lieber notariell bestätigen läßt, daß nichts entgegenkommt.«
»Geh, František, Idiot, Wein muß in Fässern reifen, in Flaschen reift er nicht.«
»Zur Strafe wollten sie mich irgendwo rausschmeißen, aber nichts da, ich war nirgends organisiert.«
»Wenn sie mir heute sagen, ich soll ins Wasser springen, springe ich hinein.«
»Ach, liebe Leute, wie mich die Leute ankotzen! Wahrscheinlich setze ich mich an die Sázava und züchte Hühner.«
»Also, meine Herren, was ihr mir so im Lauf der Jahre erzählt habt, darüber schreibe ich einen Roman. Und wenn ihn niemand druckt, mach ich eine Anzeige fürs Gericht draus.«
»Erholungszentrum Poldi, alles aussteigen!«
Schöne Poldi ist dann wieder ein kleiner Teersee und Halden und Barackenunterkünfte, Stacheldraht trennt das Werksgelände vom duftenden Getreide und von den Gemüsefeldern. Durch die offenen Barackenfenster strömt Uringeruch, die übereinandergestapelten Schläfer liegen auf den Pritschen, so, wie sie nach der Nachtschicht eingeschlafen sind, strecken die Unterarme den Injektionsspritzen des Lichtes entgegen, unrasierte Burschen mit gebrochenem Genick und verstauchten Händen spielen Karten, verleihen ihren Schreien die Gültigkeit wütender Dinge. Das ganze Lager scheint aufmerksam zu warten, daß etwas Grundlegendes geschieht, plötzlich wird jemand klopfen, und das Radio wird sich vernehmen lassen, und gleich darauf werden die Menschen gut sein und schön. Draußen kommt ein schreiendes Plakat, eine Harmonika gibt optimistisch den Farbdruck wieder, und auf dem Tisch der Brigademänner gibt es nicht eine einzige Blume, kein einziges Blümchen, an das die Welt sich anlehnen könnte. Ich stehe in der Tür der Unterkunft, der Gang ist so lang, daß man die gegenüberliegende Tür kaum sieht. Ich gehe den langen Gang entlang, und wie ich mich umdrehe, sehe ich den Türrahmen, in dem ich gestanden hatte, klein wie ein Fenster. So eine Baracke ist eine Rattenfalle, an beiden Seiten zugeklappt

durch die ewig sich verjüngende Perspektive. Der Alte aus der Badebaracke, der mich hergeführt hat, entfernt sich, wird im Gang immer kleiner, bis er nur noch eine winzige Figur ist in dem Fensterchen am Ende des Gangs. Ich öffne die Zimmertür, die Luft füllen Ringe und goldene Quadrate. Als hätte hier jemand unvorsichtig mit einem Schrapnell gespielt. Ganz sind nur zwei leere Senfgläser, die Riegel der Spindschlösser sind krummgebogen zu rachitischen Fingern. Da kommt ein Brigademann und sagt, er heiße Jarda Jezule, Kürschner. In der einen Hand hält er den Koffer, in der anderen gesammelte Werke. Ein Ofen, daneben die abgehauenen Füße, das Rohr ragt aus der Wand wie die Wurst aus einem Riesenarsch. Jarda Jezule setzt sich aufs obere Bett, ich lege mich auf die Pritsche unter ihm. Jarda zieht Schuh und Socken aus und hat einen ganz kleinen Fuß, ein Füßchen, scharlachrot und zusammengepreßt wie bei einem Chinesenmädchen oder eine Bulldoggenschnauze. Und er reibt sich Blut in die Zehen und stopft Zeitungspapier in die leere Schuhspitze, dabei baumelt der kleine rote Fuß über meinem Gesicht, ich liege auf dem Bett unterm Kürschner wie in einem Fluß, in dem sein Fuß planscht. Im ganzen Lager werden Stimmen laut. Rufe und Zusammenwinken, durch die Wand hindurch stinkt der Waschraum und der Abort, von den Schiffschaukeln schmachtet die Drehorgel herüber, im Fenster die nächste, ebenso lange Unterkunft, Baracken, verschachtelt wie ein Militärlazarett.
Schöne Poldi ist aber auch der Weg aus den Unterkünften hinaus und am kleinen schwarzen See entlang, die Motorpumpe beschickt ihn mit einem Bächlein, eine Zigeunerin steht auf einem Stein und wäscht ihre Wäsche gleich neben dem rostigen Herd und dem versenkten Fahrrad. Hier vorbei gehe ich mit Jarda Jezule ins Schwarze Pferd Klavier spielen und Rum trinken. Die gesammelten Werke unter dem Bett – was bedeutet schon Lesen? Wenn wir in einer Schicht am Martinofen zwanzig Biere trinken und kaum ein Töpfchen vollpinkeln? Fürs letzte Geld schießen wir künstliche Rosen. Dann gehn wir zurück. Die strafgefangenen Frauen sind schon im Lager, in den Baracken, die von unseren Baracken hier durch einen verschalten Zaun mit einem Überbau aus Stacheldraht getrennt sind. Heute erst, als ich durch ein Astloch schaute, erkannte ich so richtig, daß die Frauen dort es sauber haben und rohleinene Tischtücher und Feldblumensträuße, und wir in der Freiheit, wir haben ein Bordell. Eine der

Strafgefangenen ist schön, auch wenn sie ihre Mutter in den Brunnen gestoßen und ihr mit dem Beil den Schädel gespalten hat, als die Alte auf den Tritteisen wieder hochgekrabbelt kam. Zwei Brigademänner versuchten, durch den Zaun zu der Mörderin zu kriechen, aber sie wurden von den Wachen geschnappt, als sie die Schöne schon fast berührten, und sie bekamen Ohrfeigen und außerdem je drei Monate Kriminal. Im Walzwerk schenkte ich ihr eine Blume, der Mord und die Strafe haben das Mädchen scheints geläutert, möglich, daß sie heute ein anständiges Leben führen würde, schwere Tischdecken, Zimmerpflanzen, zarte Worte. Früher, wenn sie abends badete, war jedes Astloch von einem Brigademann besetzt. Sie hatte einen Körper mit feinsten Härchen bewachsen, hellem Flaum, der sie einhüllte wie ein Heiligenschein. Beim Schrubben war sie verträumt und verharrte in wunderlichen Stellungen, vergebens machten die Brigademänner Stielaugen, vergebens schoben die Stärkeren die Schwächeren von den Astlöchern weg. Und ich habe gesehen, daß sie von all den Augen wußte, daß sie auf die Männeraugen sogar wartete, daß sie sich nur wegen dieser lüsternen Augen wusch, die ihr den Spaziergang ersetzten, den freien Spaziergang abends auf der Hauptstraße. Aber am meisten nervte die Männer nicht ihr nackter Körper, sondern das Schattenspiel in der Baracke, wenn sie ein Laken vors Fenster hängte und von der Glühbirne ihr Schatten und dessen unzüchtige Bewegungen auf die Leinwand geworfen wurden wie im Kino. Da sprangen wir alle am Zaun hoch, machten Klimmzüge am Stacheldraht und fielen herunter, aber wieder hob es uns hoch, und kaum hatten wir das Auge am Astloch und sahen das Schattenspiel, kletterten wir wieder rauf und wollten rüber in den Frauenkäfig, weil die schöne nackte Gefangene auf der Leinwand die Arme ausbreitete und darin so viel Sehnsucht war, daß es für jeden reichte, daß jeder Brigademann glaubte, sie strecke die Arme nur nach ihm aus, nach jedem einzelnen von uns. Meinte sie dann, es sei genug, zog sie den Trainingsanzug an, nahm das Laken vom Fenster, machte ihr Bett und legte sich hin wie alle anderen, zündete sich eine Zigarette an, legte die Hand unters nasse Haar und las Tom Mix. Da gingen wir in unsere Baracken, ließen das erleuchtete Frauenlager hinter uns, die strafgefangenen Frauen, die auf jedem Tisch einen Strauß Kornblumen oder Klatschmohn hatten. Nur im vergitterten Fenster des Baderaums lag auf dem Fensterbrett der Kopf einer halbverrückten Gefangenen, die lauschte dem Drehorgellied »Harlekins Millionen«, das von der Schießstätte herüberklang. Eine Träne glänzte wie ein Brillant im Ring ihres Auges. So ist es immer mit dem Menschen, wenn es ihm am schlechtesten geht, füllt er seine Augen mit schönen Dingen. Die Welt ist voller Kunst, man muß sich nur umsehen können und dem unerschöpflichen Flüstern hingeben, den Kleinigkeiten, der Sehnsucht und den Wünschen.

Und Schöne Poldi ist auch der Moment, wo sich der Schleifer plötzlich die Brille herunterreißt und wegläuft von der Arbeit, weg, nur weg und raus, und wo er zum Himmel blickt und gleich darauf zur Schrotthalde auf die Vögel, die irrtümlicherweise aus der kochenden Pfütze trinken. Er sieht, wie das verbrühte Körperchen ins verrostete Rohr hüpft, denn alles hat seine Folterkammer, alles aber auch sein Paradies. Und der Schleifer kehrt in die Knüppelschleiferei zurück, setzt die Schutzbrille wieder auf, drückt auf den Knopf und wirft sich wieder auf die Arbeit. Jeder Mensch rebelliert von Zeit zu Zeit. Der Mensch hat es sich versagt, sein ursprüngliches Leben zu leben, darum lenken die Engel die Sanitätsautos und sammeln die anderen Engel auf, die entzweigehauenen.

Gehe ich in die Werkskantine, nehme ich gern den Weg am schlafenden Knüppellager vorbei, geordnet ruhen hier die Stahlbarren, aufgeschichtet wie Eichenscheite. Dann schaue ich zum Himmel hinauf, wo mir nichts, dir nichts ein Kopf erscheint, groß wie das nächtliche Sternenzelt, ein Kopf mit sternenversengtem Schopf, ein Gesicht mit nie gesehenen Details. Stahl mit Zusatz von Wolfram und Kobalt erinnert im Schnitt an die Farben von asiatischen Schmetterlingsflügeln. Jemand pumpt mir Sätze ins Gehirn, längst vergessene Bilder der Kindheit, bedeutungslose Gegenstände und Reden nagen mir am Herzen, und ich, ein Flußfaun, bin gelähmt von der Sehnsucht nach der Flußnymphe, ich gehe durch den Wolframraum, Mund und Nase von einem Draht durchzogen, und weiche ich von der Bahn ab, reißt es mich im Rachen, daß es weh tut.

Ich trete an den elektrolytischen Ofen, die kleine blaue Glastafel vor den Augen, donnernd brodelt die Schmelzung. Das ist herrliche Arbeit herrlicher Menschen, der Raum im Martinofen dröhnt wie ein Sinfonieorchester, mit einem Blick laufe ich über den Rost zurück bis zur Treppe, über die du mit mir die Lampe hinabtrugst in den Glasbasar, wo meine Hand zum erstenmal deine Hand berührte und eine melodische Mangel mein Herz walzte. Verstaubte Schaufensterpuppen waren starr vor Scharfsichtigkeit und Förmlichkeit, der Schaukelstuhl deines Ganges erfrischte mein Gehirn, und der Blitz meines Gefühls flog in dein Haar. Leicht wäre es da, sich in die wallende Schmelzmasse zu stürzen, zur höheren Ehre der Liebe, Stahl mit mir und deinem Bild in mir als Zusatz, deinem Bild, das mir ein Kindergesicht aufdrängt, übergossen von einem blöden Lachen, weil das jüdische Mädchen Rasierklingen spuckte und ich mir die Hände zerschnitt. Schöne Blaubeernächte füllen mir die Leber mit Morgenfrühe, und die Düse meines Herzens spritzt mir das Blutgemisch ein. Ausfahren der Sonne aus den Dunkelheiten, geschmeidiges, schwankendes Getreide wellt sich wie ein Frauenrock aus Leinen. Die Räder der Fördergruben drehen sich rückwärts, zwischen den Reihen gekalkter Kirschbaumstämme beleben sich die Deckungshügel kleiner Militärfriedhöfe. Posten bewachen umdrahtete, bestrafte Frauen, und Schwalben tragen im Schnabel die Botschaft der Geigen aus. Die Strafgefangenen treten an, ich suche meine Schöne, doch sie ist noch nicht da. Einige der Strafmädchen tragen das Haar aufgesteckt wie vornehme Damen, sie haben die leinenen Blusenärmel und Hosenbeine über Ellbogen und Knie hochgerollt wie Gassenmädchen bei einem Platzregen, wie Millionärinnen, die sich am Strand von Miami sonnen. Auch diese Mädchen hält die Welt durch Äußerlichkeiten fest, mit Lippenstift, Zahnbürste, Hautcreme, Männeraugen. Es sind Pflaster für zehn, fünfzehn, zwanzig Jahre. Oder für lebenslänglich. Am Eingang zum Frauenlager trillert im Käfig ein Zeisig, dem haben sie die Augen ausgestochen, damit er schöner singt. Süß erfüllt meine Brust der Duft von Nagellack, eine Schokoladenwanne, eine Schlächterpistole. Ich denke an Zigarettenhülsen, Zwergglühbirnen, Grablampen, Vergolderpressen, Wallfahrtsdornen und Organza. Und Maiglöckchen rinnen mir aus den Augen. Schöne Poldi, du Kupferstich, du Köpfchen mit dem Duft eines Medaillons und dem Duft sternenversengten Haars, ich behänge dich mit dem Schönsten, was ich je sah, wenn Emailkrüge vom Himmel fallen, wenn eine wahnsinnige Luna die Reflexe deiner Reflexe spiegelt. Auch die Luft ist von dir verschmutzt. Es genügt, die Nummer zu wählen, am anderen Ende wird der Amethysthörer abgehoben, und aus deinem Mund strömt Luft, übertragen von elektromagnetischen Wellen, strömen Tiefkühlworte, Rosetten, Fäden, Laborbrenner, Nulleiter und Vibratoren. Ach, könnte ich dir meine Augen leihen! Es ist so schön, verliebt zu sein, einen kleinen Elektromotor bei sich zu tragen. Sogar die Berührung der Rasierklinge läßt sich konservieren, zwanzig Jahre, und länger. Ich bin sogleich mehr, wenn ich an dich denke, Poldilein. Mit dir würde ich das diamantene Weltall in Stücke hauen.

Ich haue mich in die Falle, senge aber erst einmal mit dem Streichholz die Wanzen in die Ritzen. Die Sonne strickt einen brillantenen Socken. Mit Kreide schreibe ich deinen Namen an die Querbretter des Bettes über mir, wo sich Jarda Jezule wütend ins Laken ein- und wieder auswickelt, Strohsackfülle rieselt mir in die Augen. Im zerdepperten Schrank steckt ein Messer. Da setzt sich Jarda Jezule auf und läßt sein rotes Füßchen herab mit den Zehen, die aussehen wie ein Gebiß.

»He, Jezule«, sage ich, »wo hast du den Lesestoff, die gesammelten Werke?«

»Was für Werke?«

»Die Werke, mit denen du hergekommen bist«, sage ich und zeichne weiter Poldis Köpfchen an das Querbrett, das Köpfchen mit dem sternenversengten Haar.

»Laß mich in Ruhe damit«, faucht Jarda und streckt den Kopf vor, »fünf Kilo hab ich verloren! Und dann noch die Wanzen und die Pißbude nebenan!«

»Das hatten im KZ sogar Dichter«, sage ich und zeichne weiter. »Ein bißchen Romantik, Jezule...«

»Aber ich bin nicht im KZ!« ruft Jarda, und das Blut schießt ihm in den Kopf.

»Stimmt«, sage ich, »hast vollkommen recht, aber Gewitter und Platzregen dauern keinen ganzen Tag. Kein Funken Romantik ist in dir, Jezule, kein Funken!«

Brigademann Jarda, ehemals Kürschner, klammert sich an die Bettkante, neigt den Oberkörper vor, sein Gesicht speit Wut. Das Gesicht eines Wasserspeiers an der Kathedrale. Er springt herunter, sein roter Fuß patscht auf, ein hinkender Schritt, dann fährt er mir mit dem ausgestreckten Finger vor die Augen wie mit einem Messer. Eine volle Minute hält er mich mit den Augen in Schach und tut, als wollte er mir etwas schrecklich Wichtiges sagen. Plötzlich winkt er ab, als werfe er, was er so nachdrücklich sagen wollte, samt mir weg. Er spuckt aus und beginnt seinen Schuh auszustopfen.

»Du, Kafka«, fragt er mit einemmal friedfertig, »hilft das Wässerchen gegen die Läuse? Hilft es?«

»Ja«, sage ich, »es hilft.«

»So. Aber jetzt schlaf, Kamerad Kafka, du hast Nachtschicht gehabt, also schlaf«, spricht Jarda Jezule, hebt den Schuh und untersucht ihn wissenschaftlich. Langsam schlafe ich ein. Ich höre noch, daß Jarda unterm Bett kramt, dann klopft er am Knie irgendwelche Bücher ab.

Die Mai-Moritat
oder
Es war eine stille Maiennacht

Im Elbtal setzt nicht nur der Frühling eher ein, hier setzte 1945 auch die Revolution eher ein. Es kam die Nachricht, die Russen stünden bei Jungbunzlau, und so riß man in Polabí die deutschen Aufschriften herunter, verkündete einen Eisenbahnerstreik und schickte die Musikkapelle mehrmals zur Stadt hinaus, den Russen entgegen. Beschäftigte der öffentlichen Dienste kamen in Zivil oder in Uniform aus der Illegalität heraus und verhandelten mit der hannoveranischen Kriegsschule, damit sie sich ergebe. Deren Kommandeur von Ott sah zwar ein, daß der Krieg bald zu Ende sein werde und das Volk sich erheben müsse, aber für die Auslieferung der Waffen lag ihm kein Befehl vor. So geschah es, daß beim Hissen der tschechoslowakischen Staatsflagge nicht nur unsere tschechischen Leute salutierten, sondern auch die im Karree angetretene hannoversche Kriegsschule auf ihre Art Ehrenbezeigung erwies. Danach schickte man Verbindungsmänner auf Motorrädern los, die draußen auf dem Land versteckte Waffen einsammeln sollten. Scheuers Emíček wurde bei Stratov von einer SS-Streife abgefangen. Dandy Vlček hängte eine Sowjetfahne aus dem Fenster seiner Wohnung im ersten Stock. Die Deutschen stürzten ins Erdgeschoß, wo Hausbesitzer Havrda eine Gastwirtschaft betrieb, und als Herr Havrda die Frage, ob dieses Haus ihm gehöre, stolz bejahte, rissen sie ihn vom Stuhl, ohrfeigten ihn und zerfetzten sodann die Fahne, welche der Banjospieler und Rezitator Dandy Vlček herausgehängt hatte.
Im Bahnhof Kostomlaty entfernten wir gerade die deutsche Benennung und die Reichsflagge, als dem eingefahrenen Personenzug eine Gruppe deutscher Soldaten entstieg, die vergessen hatte, in Nimburg auszusteigen. Der Führer entsicherte seine Pistole, und schon fuhr er mich an, warum wir die nationalsozialistische Fahne schändeten. Diese hatte unser Bahnhelfer, Herr Jeník, zum Glück samt Mast aus der Bodenverankerung gezogen. Ich sagte, daß ich als Fahrdienstleiter angeordnet hätte, zu Ehren von Hitlers Tod Halbmast zu flaggen. In Ordnung, meinte der Gruppenführer, aber was denn das zu bedeuten habe. Jetzt fuhr mir der Schrecken doch in die Glieder. Der Mann machte Anstalten,

unseren Bahnhelfer zu erschießen, weil der eine rote Armbinde trug. »Ein roter Kommissar.« Im letzten Moment retteten ihn zwei schlesische Eisenbahner, die seit zwei Monaten im Stationsgebäude hausten. Sie bezeugten, daß unsere Bahnhelfer immer die rote Armbinde trügen, wenn sie ungültige Fahrkarten einsammelten. Unerwartet kam die Nachricht, die Russen seien erst in Dresden und in Mähren. Daraufhin hängten die Gewerbetreibenden ihre deutschen Firmenbezeichnungen und Aufschriften wieder an die alten Plätze, und die Beschäftigten der öffentlichen Dienste mußten wieder in die Illegalität. Meine Station durchfuhren die letzten Züge mit SS in Richtung Liběchov, weil Partisanen auf der Prager Strecke bei Čelákovice eine Brücke verbarrikadiert hatten. Ein Nebengleis nahm drei süßlich riechende Lazarettzüge auf, die hier stehenblieben. Schließlich meldete das Telefon, die Russen stünden nun tatsächlich bei Jungbunzlau. Da wurden alle still, lediglich ein paar deutsche Pritschenwagen jagten noch auf Feldwegen hin und her.
Am Abend endlich sah ich die Rotarmisten, ihre Panzer und ihre Lastautos. Im Städtchen gingen die Wogen der Begeisterung hoch, man küßte und prostete einander zu, einzig die Braut von Scheuers Emíček stand unter den Arkaden und schaute traurig drein. Vierundzwanzig Stunden später wurde Emíček im Milowitzer Lager gefunden, grausam zernarbt und zerschnitten. Ein russischer Soldat kam in mein Stationsbüro geritten und fragte mich, wo es nach Budapest gehe. Als ich an diesem Tag auf dem Rad heimfuhr, begegnete ich der roten Reiterei. Die Sonne ging unter, auf den Soldatenbrüsten blitzten Unmengen von Auszeichnungen, wie in einer Uhrmacherauslage, aus den Steigbügeln ragten die Wimpelstangen mit den Messingspitzen empor. Die Braut von Scheuers Emíček wartete unter den Arkaden, doch niemand hatte den Mut, ihr von dem Unglück zu berichten. Im Obstgarten der Brauerei wurde ein russisches Feldlazarett eingerichtet, man stellte ein Podium auf und behängte die blühenden Kirschbäume mit bunten Glühbirnen. Allabendlich spielte hier eine russische Blaskapelle, gedämpft wie die Maiennächte. Jedesmal zu Beginn schnitt der russische Dirigent einen Zweig ab und dirigierte damit, leicht ans Pult gelehnt, die süße Musik. In den dunklen Schatten des Brauereigartens leuchteten weiße Binden. Gipshände, -beine und -brustkörbe, verbundene Köpfe.

Bei meiner Mutter quartierte sich ein Kalmück ein. Er fuhr mit einem Kutschwagen vor, auf dessen Achse in kleinen Eisenlettern zu lesen war: Franz Auer, Vogelgesang. Der Wagen war rundum mit Brüsseler Spitzen verziert, und auf den Sitzen lagen Stücke eines Perserteppichs. Man hätte meinen können, der Soldat wäre sein eigener Kommandeur, Hauptmann, Feldwebel und Quartiermacher. Abends saß er mit Vorliebe am Ofen und legte nach, er schaute immer wieder in den Spiegel und puderte sich mit Mutters Puder. Nachts kroch er mit unter unsere Plumeaus. Tagtäglich brachte der Kalmück meiner Mutter eine Katze oder einen Hund, und er streichelte oft ihre Hände, weil die Deutschen sein Mütterchen erschlagen hatten. Die Braut von Scheuers Emíček ging mit verweinten Augen auf dem Marktplatz umher, doch die Stadt bekam nicht genug vom Feiern, vom Sich-Begeistern, vom Zuprosten. Durch die Straßen schleppten sich deutsche Gefangene, heruntergekommen und voll Staub. Partisanen säuberten die Wälder. Am Elbufer hielt einmal ein Lkw mit Rotarmisten, sie waren kahlgeschoren und jung, zogen sich nackt aus und schlüpften dann in Damenunterwäsche. So badeten sie an einer seichten Stelle und lachten und wieherten vor Glück. Dann zogen sie noch andere Beute aus dem Lkw, römische Helme mit Roßhaarbüschen, die setzten sie auf, spritzten einander naß und brüllten vor Lachen wie römische Gladiatoren.
Auf dem Marktplatz führte man eines Abends Kriegsfilme vor. Die Leinwand hing an einem Wegweiser. Es war wieder ein schöner Maiabend, die Luft war voller Flieder- und Kirschblütenduft, aber auf der Leinwand rieselte der Schnee, rote Truppen rückten mühsam durch die verschneiten Karpaten vor und kämpften gegen die Deutschen. Anschließend hielt Marschall Malinowski eine Rede vor Armee-Einheiten. Doch als sich plötzlich der Wind erhob und die Leinwand blähte, sprangen zwei ehrerbietige Bürger hinzu, machten vor dem Marschall eine Verbeugung, langten nach seinen Ärmeln und hielten salutierend den Donnernden fest. Später ging feiner Mairegen nieder, und ein Mädchen in hellem Kleid trug seinen Stuhl hinter den Wegweiser und öffnete über dem noch immer donnernden Marschall einen Seidenschirm. Er sollte in Polabí nicht naß werden.
Die Nacht war wieder still, die Maiennacht, blühende Kirsch- und Pflaumenbäume und weißer Flieder machten sie hell. Von Lysá fuhr der Personenzug 813 ab. Über die blühende Straße bewegte

sich ein dunkler kilometerlanger Armeezug auf Fuhrwerken. Die Rote Armee schlief, ihre Bewegung wurde von den trottenden Pferden bestimmt. Als das erste Fahrzeug den geschlossenen Bahnübergang Zur Lust erreichte, hob ein ungeduldiger Soldat die Schranken, und seine Pferdchen zogen hurtig an. Schnell führte der Bahnwärter die Gäule am Zaumzeug übers Gleis, aber kaum war er hinter der anderen Schranke, folgte das nächste Gespann, so daß sich ständig ein, zwei Wagen mit schlafenden Soldaten auf dem Bahnübergang befanden. Der Zug 813 hatte inzwischen Stratov verlassen. Der Wärter lief ihm entgegen, legte Knallkörper auf die Schienen, winkte mit kreisender Lampe »Halt«, aber die Lokomotive fuhr trotz allem in die Kolonne hinein. Als ich angerannt kam, waren zwei Planwagen unter der Lok zermalmt, neben dem Bahndamm standen zwei Paar zitternder Pferde. Die abgerissenen Deichseln lagen in der Wiese. Und irgendein Bahninspektor schrie dem Wärter zu, er solle sich erschießen, weil er durch seine Unachtsamkeit zweifach rotes Blut vergossen habe. Wir mußten den Wärter an einen Stuhl binden. Im Licht der Eisenbahnerlampen sah man auf der Schotterunterlage der Schienenstränge abgefahrene Stiefel, Arme, Beine und verstümmelte Rümpfe. Der Bahnhofsvorsteher mußte eine Meldung verfassen, aber er konnte die Leichen nicht zählen. Zuerst schätzten wir sie auf sechs. Bei Morgengrauen endlich hatte der Herr Vorsteher gemäß Vorschrift auf dem Bahndamm die Rümpfe, Arme, Beine und Köpfe gesammelt. Wir setzten sie zu Menschenleibern zusammen. Insgesamt fünf Tote. Ein Bein allerdings blieb für immer verschwunden.
Am nächsten Tag begab ich mich in der Uniform eines Fahrdienstleiters zur Feier des Sieges der alliierten Armeen über die deutsche Armee. Ich begegnete der Braut von Scheuers Emíček. Sie weinte nicht mehr, trug Schwarz und ging gleichfalls zur Siegerwelt – die ballistische Kurve einer venezianischen Nacht, messingene Blasinstrumente schmetterten Märsche und Galoppe, die Leute riefen in allen Weltsprachen Hurra und Hoch!

P. S. Tags darauf kam ein Rundschreiben der Direktion, das für den Dienstgebrauch tschechische Sätze in russischer Übersetzung lieferte. – Dieses Fahrrad kann ich nicht hergeben, ich brauche es für die Ausübung meines Dienstes. – Diese Uhr kann ich Ihnen nicht herausgeben, ich habe danach die Zugabfertigung zu regeln. – Diese Frau ist keine germánka, sie ist meine eigene Frau. – Hilfe! – Es lebe die Freundschaft der tschechoslowakischen und sowjetischen Eisenbahner. – Es lebe Marschall Stalin. – Der Herr Vorsteher wurde zornrot, als er das Rundschreiben las. »Wir sollten uns schämen! So eine Schande, so eine!« sagte er. Dann leckte er den Klebefalz des Kuverts ab, in welchem er der Direktion in dreifacher Ausfertigung die detaillierte Meldung über die fünf Rotarmisten schickte, die am Bahnübergang beim Wächterhäuschen 232 überfahren worden waren, dort, wo man es Zur Lust nannte.

Die Legende von der schönen Julinka

Ich war im Hotel Palace abgestiegen. Gegen Mitternacht, kaum daß ich mich niedergelegt hatte, stellte ich fest, daß über der Badtür eine elektrische Uhr tickte. Ich, die ich nicht einmal das Tikken der Armbanduhr ertrug, sie mit einem Schal zu umwickeln, in ein Köfferchen zu stecken und samt diesem und der tickenden Zeit in den Schrank zu sperren pflegte, ich vernahm nun über mir den Zeitmechanismus, der an einem Ende des großen Zeigers mitten im Zifferblatt befestigt war. Ich machte Licht, sah feindselig die Uhr an. Und während sich der große Zeiger dem kleinen näherte, rückte ich den Tisch hin, stellte einen Stuhl darauf, kletterte auf den Tisch, dann auf den Stuhl, öffnete den Glasdeckel, aber als ich den großen Zeiger mit meinen Fingern festhalten wollte, entwand er sich mir, solch eine Kraft hatte er. Ich kletterte wieder herunter, öffnete den Koffer, entnahm ihm einen Schnürstiefel, zog den Schuhbändel heraus, kletterte schnell wieder auf den Tisch, vom Tisch auf den Stuhl, knüpfte den Schuhbändel zu einer Schlinge, und als der große Zeiger über dem kleinen Mitternacht anzeigte, oder Mittag, legte ich den beiden die Schlinge um und zog zu. Nach einem Weilchen spannte, stöhnte, rasselte es in der elektrischen Uhr, der Mechanismus versuchte noch einmal, die Fessel zu sprengen und die Zeiger zu befreien, doch schließlich gab die Zeit auf, in der Uhr wimmerte, krächzte es, endlich herrschte Stille. Zwölf Stunden zuvor hatte ich mit den Reifen meiner Galaxis 500 die Staatsgrenze überschritten. Dann hatte ich im Märchen gehalten, bei einer Viehmast, die auch Märchen hieß. Nun stand ich im Türrahmen der Mast, vierzig Jungstiere schlabberten Melasse aus den Trögen, der Mäster tauchte den Wurzelstriegel in silbernes Wasser und striegelte die scheckigen Stierchen. Wenn der Mäster zum Hydranten ging, um Wasser zu holen, sah ich die schönen Männerbeine in den Struckhosen, und jeder Jungstier leckte, so es ihm die Kette erlaubte, die schreitenden Kleider und die Hände und das Gesicht des zottigen Mannes, an dem im Sonnenlicht der nasse Speichel glitzerte und im Haar zu winzigen Melassekristallen trocknete. Ich sagte mir, während der Mensch so in dem glasierten Kleiderzeug dahinschritt, daß dieser Kerl vorm Schlafengehen sicher seine Hosen wie zwei kreuzweise zusammengenagelte Bretter in die Ecke stellte. Mir gefiel er, schrecklich gefiel er mir, wenn ich die Kraft gehabt hätte, ich hätte ihn verprügelt, denn wenn ich jemanden gern habe, möchte ich ihn gleich verprügeln. Rücksichtsvoll behandle ich bloß Dämchen und konventionelle Trottel, mit denen ich leben muß. Am Morgen, nach dem Frühstück, hatte ich in einer gewissen Rechtssache den Anwalt aufgesucht, in derjenigen nämlich, wegen der ich, Julinka Krimová, Stieftochter des Herrn Samuel Krim, einstigem Viehgroßhändler und Kommissär der Prager Schlachthöfe, mit der Galaxis 500 zum erstenmal wieder in das Land gekommen war, aus dem man mich als einzige der Familie Krim in jenen Tagen heimlich im Loktender herausgefahren und über Ungarn nach Jugoslawien und später nach England gebracht hatte, derweil die ganze Familie Krim so lange Perserteppiche und Meißner Porzellan und holländische Originale forttrug, um sie bei Prager Geschäftsfreunden zu deponieren, bis die Nazisten einen nach dem anderen abholten, und sie allesamt in Konzentrationslagern ihr Ende fanden, weil sie sich nicht rechtzeitig hatten vom Besitzstand trennen können. Jetzt saß ich im Herrenzimmer des Rechtsbeistandes meines Stiefvaters, sah die Originale holländischer Meister, die ich als Mädchen einst in der Villa meines Stiefvaters gesehen hatte, des Herrn Krim, schaute in die Vitrinen mit dem eigentlich mir gehörenden Sèvres- und Meißner Porzellan, schritt über die eigenen Perserteppiche. Als der Rechtsanwalt eintrat, fragte er, ob ich mit ihm frühstücken würde, eine ranjajka? Da sah ich auch noch das Dienstmädchen auf den Silbertabletts des Herrn Samuel Krim Schinken mit Ei auftragen, Tee in meine Sèvrestassen eingießen, und ich aß mit meinem Besteck, versehen mit den Initialen S. K. Als ich nachher erklärte, ich sei die einzige Erbin Herrn Krims und möchte fragen, was von dem großen Besitz denn übrig sei, verengte der Anwalt den Stand seiner Augenbrauenbörstchen, hob seine Hände, zeigte mir seine beiden Handflächen und sagte, diese Hände seien rein. Zwar habe meine Mutter all die Sachen zu ihm gebracht, die Perserteppiche, das Sèvres- und Meißner Porzellan, die holländischen Originale, und auch das Besteck und das Tafelsilber, wie er hinzufügte, weil ich beharrlich den Blick auf eine Gabel gerichtet hielt, aber all das habe er, der Anwalt der Familie, dazu benutzt, zuerst den Abtransport der Familie Krim hinauszuschieben und später die ganze Familie den ganzen Krieg über nachweislich in den Konzentrationslagern mit Päckchen zu versorgen. Wobei er, wohlgemerkt, nicht nur sein eignes Leben riskiert hätte, sondern auch das Leben seiner ganzen Familie, so daß seine Hände eben rein wären. Ich erhob mich, spazierte über die Teppiche, betrachtete meine Originale, der Anwalt folgte mir und erklärte, daß die Villa in der gegenwärtigen Situation rechtlich ebenfalls nicht mehr zu meinem Erbe gehöre, denn sie sei jetzt eine Kinderkrippe. Einzig noch vorhanden wäre ein nicht fertig gestrickter Pullover, den meine Mutter, Julinka Krimová, vor ihrer Verhaftung beim Portier des Hotels Palace hinterlegt hätte ... Da lächelte ich, dankte, der Anwalt hob erneut die Hände und zeigte mir seine Handflächen und verkündete zum drittenmal, diese Hände seien rein, wohingegen ich den Eindruck gewann, er hege den Wunsch, ich hätte dasselbe Ende genommen wie meine Mutter. Dann war ich wieder draußen, ich schlüpfte in die Galaxis 500, legte Hände und Kopf auf das Steuerrad ...

»Hallo, Sie! Hallo, Sie dort!« rief ich. Aber der Mäster in der Viehmast Märchen schritt mit staksigen Schritten, er trug einen Holzeimer, hob den anderen Arm, er hatte einen weißen Unterarm, doch eine braungebrannte Hand. Während er so dahinschritt, beleckten ihn wieder die Jungstiere, wo es ihnen die Kette erlaubte, sie beleckten den Viehtreiber und waren bei jedem Lecken getroffen, als würden sie die Heilige Eucharistie empfangen. Und ich stand im Rahmen der Stalltür in der Sonne, und auch ich leckte durch das Tasterlebnis mit den Zungen der Jungstiere die feuchten Hosen und die karamellfarbene Jacke, den braungebrannten Männernacken und das braungebrannte Männergesicht, durch das Tasterlebnis bin auch ich dieser Stallknecht, indem ich geleckt werde, lecke ich. Übrigens ist das typisch für mich, Zucker nehme ich mit der Zange, doch gefällt mir etwas, schwupp, in den Mund damit. Wie einfach, in alles Lebendige einzubrechen. Ich muß nur aufpassen, daß ich, wenn einer stirbt, nicht durchs Erlebnis mit ihm kalt werde. Dann bat ich den unmöglichen Menschen, mit mir liebenswürdigerweise zum jüdischen Waldfriedhof hinunterzufahren. Er sagte, daß er Apollon heiße. Und über die Hügel und den Wald raste eine rote Rakete, dann der Knall, und Herr Apollon zog eine Schreckschußpistole und schoß in den Himmel, und die so rote Rakete zerplatzte und fiel im Teilchenwirrwarr zur Erde. Die Galaxis 500 fügte sich meinen imperativen Händen, ich fuhr durch die Prager Straßen. Vor alten Arbeiter-Mietshäusern hielt ich, vor den fünfstöckigen, strafanstaltsähnlichen Gebäuden, deren Wohnungen man von offenen Pawlatschen aus betrat. Ich schloß die Galaxis 500 ab und begab mich in den Hof, wo mit wütender Stirn ein Bulldozer eine alte Akazie anging, jene Akazie, auf der ich als Kind herumgekrochen war, denn ich, ein uneheliches Kind, hatte bis zu meinem zehnten Lebensjahr, da Herr Samuel Krim meine Mutter heiratete, in diesem Hof gespielt. Der Bulldozer-Fahrer hielt, nahm eine Stahlseilschlinge, legte sie der alten Akazie um die Hüften, fuhr an, ein schreckliches Krachen in den Baumwurzeln ertönte, ich rannte los, in den nächststehenden Block. Das Haus hatte kein Dach mehr, Arbeiter mit Spitzhacken standen auf dem Gemäuer, Schutt stürzte lärmend in die Tiefe, ich lief durch den Staub zur Treppe, rannte in den dritten Stock hinauf, rannte über die Pawlatsche, über ihre schwankenden Bodenbretter, das Geländer war schon abgerissen, fast nur meinem Gedächtnis folgend, gelangte ich unter den Türrahmen. Die Decke der Küche, wo ich immer geschlafen hatte, wo ich auch das Licht der Welt erblickt hatte, war abgerissen, die Wand zum Zimmer war eingerissen, und auf dem Mauerwerk standen zwei Maurersleute, die mich wie eine Erscheinung anstarrten. Unter den vielen Wandanstrichen fand ich den Anstrich mit den Röschen, ich stellte die Möbel in der Küche genau wie damals auf, auch die Möbel im Zimmer, ich ging im Ziegel- und Verputzschutt umher und zeigte und erklärte den Maurersleuten, wo was gewesen war, die beiden mußten sich setzen und auf ihre Spitzhacken stützen, sie blickten abwechselnd in den Hof auf die Galaxis 500 und auf mich und waren völlig verstört. Mir kamen Tränen. Ich lief über die schwankende Pawlatsche, über den Hof, wo der Bulldozer die entwurzelte Akazie am Stahlseil an mir vorbeizog, sie hielt sich mit den Wurzeln am Tor fest und riß es aus – der Baum ließ das alte Tor nicht los… Als hätte man mich auf die Richtstätte geschleift, dort hatten sich wahrscheinlich alle gewehrt wie die alte Akazie, auf der ich einst gesessen war und die Stulle aß, in deren Geäst ich gesessen war, mit Freundinnen oder mit der Puppe spielend. Vor achtzehn Stunden fügte sich die Galaxis 500 meinen imperativen Händen, ich hatte im Rückspiegel mein erfreutes Gesicht gesehen, das sich von der Viehmast Märchen entfernte, ich hatte Gegend und Straße rasch zurückbleiben sehen, die Landschaft war schön herausgeputzt gewesen, wo ich bin, ist auch eine fade Landschaft schön, denn jede Landschaft wird schön durch mich, und ich werde schön durch jede Landschaft, weil ich nicht mehr unterscheide, Christi Himmelfahrt ist für mich das gleiche wie Abschuß und Start der Atlas-Rakete mit der Schubkraft von hundertsechzig Tonnen. Am Tag zuvor war ich vierzig Jahre alt geworden, ich beobachtete mich im Rückspiegel bis zu dem Mädchen, das sich jeden Tag ein Zauberkuvert mit Kinderglück gekauft hatte, ich dachte zurück und lenkte meine Galaxis 500 vorwärts, und da berührte mich Herr Apollon mit dem Knie, für mich donnerte es hörbar, und in meinen Augen blitzte es. Und die Galaxis 500 bog nach rechts oder nach links ab, wohin Herr Apollon gerade mit dem Finger wies, in den Kurven brachte ich den Wagen zum Schleudern und genoß das Schleudern als höhere Ordnung, über uns und um uns herum und als Auge in uns... Aspekte dichtlaubigen Hagebuchengehölzes, Tunnel aus Tannenästen, Streifen der Nachmittagssonne, offener Blick über Wiesen und Buchen, Auen- und Eichenwäldchen. Ich hatte eine Zeit, eine glückliche Lebensphase gehabt, wo ich gleich am Vormittag alles Geld ausgab, um am Nachmittag blank zu sein, im Londoner Zoo begegnete ich beim Bärenzwinger einem jungen Mann, als ein Eisbär seine Bärin ans Gitter stellte und sie so lächerlich von hinten liebte, daß wir lachen mußten und uns auf diese Weise kennenlernten, ich gab sein ganzes Geld aus, es war schon ziemlich nach Mitternacht, als er sagte, in Chelsea gibt es ein Pärkchen, wo unter den Zweigen silbriger Fichten ein weißes Bänkchen versteckt ist, dann standen wir in Chelsea vor einem hohen Gitter, es war genauso hoch wie das Gitter um die Eisbären, inmitten des Pärkchens strahlte das weiße Bänkchen, halb verdeckt von Zweigen der silbrigen Fichten, wir griffen in die Gittersperre wie in riesige Harfensaiten, immer rund um das Pärkchen, in dem die silbrigen Fichten das weiße Bänkchen einmal verdeckten, einmal enthüllten, bis wir zum Ausgangspunkt zurückkamen, zum versperrten Gittertor, an dem eine gewaltige Kette hing wie für eine Kuh und an der Kette ein Vorhängeschloß, das einem Wecker glich. Wir standen betroffen da, erstaunt, verwirrt, entsetzt, wir standen so da, wie wir uns kennengelernt hatten, am Gitter, der junge Mann hinter mir, wie die Eisbären nachmittags im Zoo, doch war die Situation die eines umgedrehten Handschuhs, die Eisbären hatten nicht herausgekonnt, wir konnten nicht hinein, nur das hohe Gitter wirkte gleich. Im Foyer des Hotels Palace wurde ich vom alten Portier erwartet. Ich wunderte mich gar nicht, als er sprach, daß er die Ehre habe, mich als die Tochter Frau Julinka Krimovás zu begrüßen, die damals nicht nur zuletzt in diesem Hotel, sondern auch im selben Zimmer Logiergast gewesen sei wie ich. Der alte Portier war ganz verschneit vom eigenen weißen Haar und Bart, er hielt einen Schlüssel in der Hand und erinnerte an den Heiligen Petrus, als er mir erklärte und zeigte, wie Mutter vor der Verhaftung heruntergekommen sei, wie sie ihn gebeten habe, den nicht fertig gestrickten Pullover zu verwahren, wie er ihn ins Fach überm Schlüssel gelegt habe, ins Fach für die Briefpost und die kleineren Päckchen, wie er den nicht fertig gestrickten Pullover auf dem Dachboden verwahrt habe, weil ordentliche Hotels und Portiers die vergessenen oder nicht abgeholten Gegenstände ihrer Gäste einige Jahre aufhöben, er besitze in seiner Mansarde sogar Schränke, wo er solche Sachen zwanzig und mehr Jahre lang aufbewahre... Und der alte Portier stieg die Treppen empor, schloß die Mansarde auf, öffnete einen Schrank. Und die Galaxis 500 bog, wohin Herr Apollon mit dem Finger wies, nach rechts oder nach links ab, vorbei an gelblichen Blüten auf saurem Moorboden, an Schattenlauben in moränigen Klüften, an Ahornwäldchen und Jungeichen, an Blüten in tiefen Forsteinschnitten unterm Baumgewölbe, an Waldblüten, die kühlen Nymphenaugen ähnelten. Und Herr Apollon schwieg in einem fort und redete sich mir so in die Seele hinein, ins Herz. Der Portier wies auf vergessene Spazierstöcke und Regenschirme, auf Dutzende Krawatten und Westen, Schuhe und Schühchen, Stiefel und Stiefelchen, auf Spielzeug. Und er redete leise dazu, an jeden der Gegenstände knüpfte sich ein bestimmtes Ereignis, sogar in dem Teddybär stecke ein tragisches, doch ordentliche Portiers seien verschwiegen wie Beichtväter. In Paris saß ich einmal auf der Terrasse des Café de la Paix, von welchem die Legende behauptet, daß in Erfüllung gehe, was man dort denke, was man sich dort wünsche, auf der Terrasse dieses Pariser Straßencafés stieß ich der Hitze wegen tschechisch den Stoßseufzer aus, wenn halt ein Glas Pilsner da wäre! Und der Garçon, ein Kellner mit schönen Beinen, schob den Ärmel zurück, warf einen Blick auf die Zeiger seiner Armbanduhr und sagte tschechisch: Madame, ich mache hier in einer Viertelstunde Schluß, wenn Sie erlauben, gleich um die Ecke bei Louis ist Kirchweih auf Alttschechisch, es spielt eine Blaskapelle und Pilsner gibt's vom Faß. Dann hatte er nicht nur schöne Beine, sondern auch einen schönen Körper, der Garçon, und jetzt steht er in der kristallenen Kugel meiner Kathedrale auf einer Konsole, nickt mir zu, bedeutet mir mit beiden Händen, daß er mich sieht, er verneigt sich vor mir wie Cassius Clay nach einem Sieg, es ist, als hielte er mein Herz zwischen den Handflächen, wie die anderen Männer, die mich liebten und gern hatten und denen ich dankbar bin und derer ich mich nicht schäme, weil sie mir allesamt durch Erinnerungen die Gegenwart verschönen. Der alte Portier zog ein Paar Schuhe hervor, ließ mich daran riechen und verriet, daß sie seit zwanzig Jahren da wären und einem griechischen Händler gehört hätten und immer noch gehörten, der die ganze Republik mit seltenen Gewürzen beliefert hatte, so daß nicht nur er und sein Gepäck, sondern auch seine Schuhe, und dies jetzt noch, zwanzig Jahre später, nach seltenen Gewürzen dufteten. Sodann zog er ein verstaubtes Päckchen hervor, riß die Hülle aus Zeitungspapier ab und reichte mir den nicht fertig gestrickten Pullover, der mit zwei Stricknadeln durchbohrt war wie das Herz Christi. Ich dankte, es war ein bißchen wie im tschechischen Märchen vom Hans, der am Anfang einen Klumpen Gold kriegt und am Ende nichts mehr davon hat. Der Portier schloß seine Schätze wieder ein, wir gingen in die Rezeption hinunter, ich zog die Nadeln heraus und entrollte den nicht fertig gestrickten Pullover. Und vor mir funkelten Mutters Ohrgehänge und Mutters Fingerringe, Mutters mit Brillanten und anderen teuren Steinen verzierten Broschen und Kolliers, so, wie ich sie kannte, wie ich sie selbst vorm Spiegel probiert hatte, bevor sich Mutter mit Herrn Krim in die Oper oder in Gesellschaft begab. Der alte Portier und ich waren erstarrt, einige Minuten lang standen wir wie die Heilige Familie über der Krippe, in der das Jesuskind lag. Ich sagte, Herr Portier, nehmen Sie sich einen der Ringe zur Erinnerung. Ich aber nahm von ihm den Schlüssel, doch nachdem ich das Zimmer aufgeschlossen hatte, in dem meine Mutter zuletzt als Logiergast gewesen war, wußte ich, daß ich in dieser Stadt und in diesem Zimmer und überhaupt hier nicht mehr bleiben konnte. Ich hob den Telephonhörer ab, bat um die Rechnung, blickte zur elektrischen Uhr mit den zusammengebundenen Zeigern, der Schuhbändel hing herab wie ein Trauerflor. Ich rückte den Tisch hin, stellte einen Stuhl darauf, erklomm den Stuhl und zerschnitt mit der Schere die schwarze Masche, doch die Uhr ging nicht mehr, die Zeit, die ich tags zuvor eine Sekunde vor Mitternacht gefesselt hatte, setzte sich nicht mehr fort. Dann eine Gebirgswiese mit geducktem Weidengebüsch und Kahlstellen. Ruinen die zwei deutschen Grenzhöfe, überwuchert von Himbeer- und Brombeergesträuch. Als ich klein war, las ich deutsche Märchen und Sagen. Gewiß würde, wenn die Weihnachtszeit kam, da über den verlassenen Höfen im Grenzwald immer der märchenhafte Knecht Ruprecht mit seinem Sack schweben, in den er abgeschnittene Köpfe von Kindern steckt, die durchs Schlüsselloch erlauern, wie die Eltern den Weihnachtsbaum schmücken und die Geschenke vorbereiten, immer würde er dort über den zerstörten Gebäuden im Wald schweben, immer würde am Heiligen Abend ein silberner Schlitten, von silbernen Hirschlein gezogen, über den Nachthimmel sausen, und in dem silbernen Schlitten würde das Jesuskind sitzen und auf eine Rodung fahren, um unter der Patronanz des Hirsches von Sankt Hubertus jene bösen Bauern zu richten, die im vergangenen Jahr die Haustiere schlecht behandelt hatten. Dann hielt die Galaxis 500 am Ufer eines künstlichen Sees, Stauwerkspfütze mitten in den Forsten. Herr Apollon sprang hinaus und schritt mit langen Viehtreiberschritten zum großen Waldteich. Und über die Wälder stieg die rote Rakete in den Himmel, dann ein Schuß, und Bruchstücke der Rakete fielen auf die Baumwipfel. Der Herr Apollon hatte eine Schreckschußpistole aus der Tasche gezogen, geschossen, und die rote Rakete hatte geantwortet. Der alte Weg führte in den jüdischen Waldfriedhof, ein Weg, der im Wasser verschwand wie die Reifenabdrücke eines vom Boden abhebenden Flugzeuges. Als wäre der Weg direkt in den Himmel angestiegen. Der jüdische Waldfriedhof, der halb im Trockenen lag und dessen andere Hälfte vom Wasser des Stausees überspült war. Mit einem Blechkamm kämmte Herr Apollon sein mit Melasse getränktes Haar, dann saß er auf einem Baumstumpf und schnitzte sich aus einer Weidenrute eine Pfeife. Die Galaxis 500, von Prag abgefahren, kehrte dorthin zurück, woher sie gekommen war, ich kehrte ins Märchen zurück wie der große Uhrzeiger, der sich beeilt, um mit dem kleinen deckungsgleich zu sein, Zeiger aufeinander und übereinander, wie an Mitternacht und zu Mittag. Vor Pilsen winkte mir ein Anhalter, ein Jüngling mit grünem Rucksack, er war betrunken, aber ich merkte es nicht. Mit zunehmender Ausnüchterung wurde er wirklich betrunken. Voll Lust erklärte er mir, wie in diesem Land die Pyramide auf der Spitze schreitet, wie ich in hohen Ämtern Arbeiter und Intelligenz mit zwei Titeln finde, wie man Fenster putzt. Ausgenüchtert war er so betrunken, daß ihm grundlegende Wörter entfielen und daß es ihm schreckliche Mühe bereitete, sich trotz meiner Hilfe zu erinnern, wie man Tisch, Stuhl, Pferd aussprach. Ich lud ihn zu einem Gläschen ein, und als er sich sattgetrunken hatte, wankte er nicht mehr und lächelte wieder und redete mit unglaublicher Lust und Ironie. Dann öffnete er unvermittelt seinen Rucksack, und ich erschrak, denn er hatte ein rosiges Kuheuter aus Kunstmasse drin und sagte, daß er, anstatt Philosophie zu studieren, mit dem Euter umherreise und die Dörfler besseres Ausmelken der Kühe lehre, um dadurch den Frieden nicht nur in der Gegend, sondern auch im ganzen Land und in Europa zu stärken, ja in der ganzen Welt, und daß man ihn Kunsteuter nenne. Er ergriff eine Zitze und belehrte mich ironisch, dies sei das rechte Händchen und dies das linke Händchen, dies die linke vordere Zitze und dies die rechte hintere Zitze und dies die rechte vordere Zitze und dies die linke hintere Zitze. Barfuß war ich durch das Friedhofswasser gegangen und hatte die hebräischen und deutschen Aufschriften auf den Denkmälern des jüdischen Waldfriedhofs gelesen, der mit flach geneigter Böschung in den See eintaucht, vom Ufer ließ sich die Weidenrutenpfeife vernehmen, stets zwei Töne eindringlich wiederholend... Johanna Rubin geb. Löwy, Regina Wahle geb. Stiedry, Cilly Elend, Emma Fischl geb. Silberstein, Henriette Bodanzky geb. Bejkowsky, Eli Karniol, Pauline Bondy, Clara Piesen... Und die Grabsteine stiegen nieder und wateten durchs Wasser wie eine Truppe durch einen Fluß im Schein der gerade untergehenden Sonne. Die Galaxis 500 durchfuhr Mies, ich sprach ernsten Gesichtes zum Anhalter, der in dem Maße, in dem er wirklich nüchtern zu werden begann, entsetzlich betrunken wurde, ich sähe irgendwie schlecht, hätte seit dem letzten Unfall ein Auge so beschädigt, daß ich darauf fast ebenso schlecht sähe wie auf dem anderen, um das ich beinahe gekommen sei, als ich die Galaxis 500 zu Wolken zerfetzte, jene Galaxis, die ich vor dieser gehabt hätte. Ich bat den Anhalter, mir die Gegenstände unterscheiden zu helfen, ich sah eine Friedhofsmauer als Nebelstreifen an, eine am Straßenrand stehende Dampfwalze als Wolkenfetzen, ich klagte weiter, die Galaxis 500 nicht mehr recht lenken zu können, seit ich vor Jahresfrist bei einem Unfall gerade noch mit dem Leben davongekommen sei. Der Anhalter nüchterte wieder aus, er bedankte sich und verkündete, an Ort und

Stelle zu sein, und wankte mit seinem rosigen Kunsteuter los, das im grünen Rucksack nach vorn fiel. Fast am Ende des Friedhofs erblickte ich ein schwarzes Denkmal, bis zur Brust im Stauwasser, ein schwarzes Denkmal mit zwei goldenen abgehackten Händen, die einander mit den Daumen und den beiden abgezogenen Ringfingern berührten. Hinter mir ständig die eindringliche Quinte der Weidenrutenpfeife, die Weidenquinte. Mein Rock war naß geworden. Ich ging ans Ufer zurück. Während ich nun in den Grenzwald einfuhr, gewahrte ich auf der Straßenbankette einen Jungen mit einem Schulranzen auf dem Rücken, er zog eine Schreckschußpistole aus der Tasche, hob sie und schoß, und eine rote Rakete stieg über den Wald, zersprang und fiel in Stücken zwischen die Bäume. Ich hielt. Ich erkannte, daß es kein anderer sein konnte als der Sohn von Herrn Apollon. Und aus einem entfernten Wald stieg über die Wipfel und in den Himmel eine rote Rakete, die als Antwort platzte und fiel und zersplitterte. Ich sagte, Apollon, komm, ich nehm dich mit. Er setzte sich neben mich, hatte die gleichen Haare, das gleiche Gewicht wie der Mäster in der Viehmast im Märchen. Ich fragte, was die Mutter mache, doch der Junge erwiderte, er habe keine Mutter, er sei mit dem Vater allein, und wenn er in die Schule gehe oder aus der Schule komme, gebe er im tiefen Wald dem Vater stets ein Zeichen, daß er schon auf dem Heimweg oder dem Weg aus der Schule sei, und der Vater antworte stets mit derselben Schreckschußpistole. Als die Galaxis 500 vor der Viehmast Märchen hielt, bedankte sich der Junge und ging in den Bau. Ich betrat den Stall, doch von den Jungstieren keine Spur. Alles leer. Ich fragte den jungen Menschen, der am Rahmen des offenen Scheunentors lehnte und irgendein Amtsschreiben las, er las es gewiß schon zum hundertsten Male, weil das mit Amtsstempel versehene Schreiben ganz abgegriffen war, ich fragte also, nachdem er zu Ende gelesen hatte, wo Herr Apollon sei? Er sagte, Herr Apollon sitze im Gasthaus im Dorf Märchen und trinke, weil man alle seine Jungstiere zur Schlachtbank geführt habe. Sprach's und las wieder das Schreiben, mit dem er aufgefordert wurde, irgendeine Strafe anzutreten. Ich wendete die Galaxis 500 und machte mich auf den Weg ins Dorf. Herr Apollon saß auf dem Baumstumpf wie ein Faun, die Ellbogen auf den Knien und zwischen den Fingern die Pfeife. Ich hakte den Büstenhalter auf, öffnete den Reißverschluß des Rockes. Ich war nackt, die Quinte der Weidenrutenpfeife schlug die schieferne Dämmerung. Ich lief ins Wasser, bespritzte die hebräischen und deutschen Aufschriften der Denkmäler zwischen den Vergißmeinnicht. Ich tauchte, stieß mich mit einem Fuß ab wie die Kinder beim Schwimmen, fischte Steinchen vom Grund und legte sie auf die Schultern der Denkmäler, immer näher zu den goldenen abgehackten Händen auf dem schwarzen Hintergrund. Dann kniete ich bis zum Hals im Wasser und berührte mit der Stirn die goldenen abgehackten Hände, mit Handfläche und Finger ertastete ich Vor- und Zunamen des Denkmals... Nathan Krim-Rabbiner... Ich legte meine Hände auf die Hände des goldenen Rabbiners, der unter meinen Knien in der kalten, wassergetränkten Erde lag, mein Stiefgroßvater, vom Chassidismus besessener Rabbiner, im Alter erblindet, was als Gnade angesehen wurde, der blinde Rabbiner, der sich als Pensionär mit einem ebenfalls pensionierten katholischen Dekan anfreundete, und beide erzählten einander saftige Anekdoten, abends dann, wenn sie vom Spaziergang zurückkehrten, guckte der Dekan in die erleuchteten Fenster und berichtete, was er darin nicht sah, nämlich wie sich die Frauen und Mädchen zum Schlafengehen oder Lieben auszogen. Im einzigen Gasthaus des Dorfes Märchen, im Gasthaus, das gleichfalls Märchen hieß, brachte ich die Galaxis 500 zum Stehen. Da, in einer Ecke des Schankraums, saß Herr Apollon, wieder in den speichelgenetzten Kleidern, die glitzerten, als wären sie gläsern. Er hatte die Beine ausgestreckt, war melancholisch gestimmt, blickte stumpf vor sich auf den Boden hin, leerte sein Glas, und der schieläugige Wirt brachte ihm ein neues. Ich richtete mich auf und lehnte mich mit dem Rücken ans Denkmal. Das Wasser reichte mir jetzt bis zur Taille, die goldenen Rabbinerhände berührten meine Schenkel. Der Ton seiner Pfeife erstarb. Funkelnde Stille, ähnlich dem Tasten von Kinderfingern und die Ahnung des Inhalts vom zugeklebten Zauberkuvert Kinderglück. Ich setzte mich auf einen Stuhl und blickte ins Gesicht dieses schönen Menschen, dessentwegen ich zurückgekehrt war. Sein lockiges Haar fiel ihm ins Gesicht wie Teufelshörner, genau wie vorgestern, als ich nackt vor ihm im Friedhofswasser stand und er mich anstarrte. Dann zog er sich aus, daß alle Knöpfe von seiner rohleinenen Jacke absprangen. Er hatte einen weißen, alttestamentarisch von der Sonne unberührten Körper. Der bronzene Kopf war in den weißen Rumpf eingepaßt. Und er sprang ins laue Friedhofswasser.

Ich legte meine Hand auf seinen melassesüßen Handrücken, schaute in seine anderswohin blickenden Augen, er sah noch immer vor sich, wie er am Nachmittag die vierzig Stierchen dem Schlachthof ausgeliefert hatte, er sah, wie ihn die Stierchen vorwurfsvoll anschauten, er hörte ihre verzweifelten Stimmen, die ihn zu Hilfe riefen, aber er konnte nicht, mästete er doch die Stierchen für den Schlachthof. Mein Finger lag auf dem Rücken seiner süßen Hand. Heute war ich auf meinen Perserteppichen gegangen, hatte meine Originale betrachtet, hatte mein Meißner- und Sèvres-Porzellan gesehen, hatte mit meinem Silberbesteck und aus meinen Silberschüsseln gegessen. In der Mitte des Gasthauses Märchen saß an einem Tisch ein kleines Zigeunermädchen und schrieb Anfangsbuchstaben in ein Heft, es half der Feder mit der Zunge nach, es war fest von der Glocke des Unwissens umgeben. Der Schatz in Mutters nicht fertig gestricktem Pullover. Was damit anfangen? Dann drückten mich die kühlen Rabbinerhände von der einen Seite, von der anderen Seite diese braungebrannten Viehmästerhände, die bewegten Wellchen bespülten die hebräischen und deutschen Aufschriften, und meine verhundertfachten Hände strichen wie Stierzungen über den weißen Männerleib, meine Zunge leckte das von Melasse herrlichsüße Haar und Gesicht dieses unmöglich-schönen Menschen, und ich wurde zur Feier, durch den Blitz, der mit Donner die zerfetzten Wolken flickt, ich wurde zum steil ansteigenden Weg in den Himmel. Und die Unendlichkeit erschien mir in der Gestalt schwimmenden Samens. Ich bückte mich dann, fischte einen Kiesel vom Grund und legte ihn auf die Schulter des Denkmals. Es beschütze mich das Licht seiner Verdienste, der Verdienste meines Stiefgroßvaters! Die Armbanduhr zeigte halb sechs, die Schwarzwälderuhr über dem Schanktisch zeigte dreiviertel zehn, schlug aber drei. Und auf dem sonnenüberfluteten Kirchturm vorm Gasthaus Märchen zeigte die Uhr viertel zwei, schlägt aber zwölf. Im Nebenzimmer umringte eine Männergruppe die Färbelspieler, lauter große Kerle bildeten einen Wall, hinter dem sich die Kleinen vergeblich auf die Zehenspitzen stellten. Sie waren auf die Informationen angewiesen, die ihnen die Großen gewährten. Aber diese Informationen befriedigten die Kleinen nicht. Die Kleinen widersprachen einander, gerieten in Streit, fingen auf Grund der Informationen sogar eine Rauferei an. Da kam das Söhnchen von Herrn Apollon in den Schankraum gelaufen und rief, Vater, man hat neue Kälber gebracht. Die Galaxis 500 fügte sich meinen imperativen Händen, neben mir saß das Söhnchen von Herrn Apollon, neben ihm der Herr Apollon selbst. In der Viehmast hatten die Beifahrer und die Fahrer schon die schrägen Stiegenbretter angemacht. Herr Apollon öffnete die Stalltür, und die Kälber sprangen herab, Herr Apollon und sein Söhnchen hielten ihnen die Hände hin, und die Kälber leckten die hingehaltenen Hände, saugten gierig an den Fingern, leckten die Handflächen. Ich trat in den Stall und hielt meine Hände hin, die aufgeschreckten Tiere küßten mich, ich streichelte sie und führte sie zu den Trögen. Herr Apollon war so glücklich, daß er fast weinte, er sah mich an, und die Unendlichkeit erschien mir wieder in der Viehmast Märchen. Der Staub und die Steine im Hof waren mir teuer wie Gold. Der Türrahmen, in welchem die Kälber standen und durch welchen sie eintraten, dieser Türrahmen war das Ende der Welt für mich, durch das ich die Bäume im Hof sah, die grünen Bäume, die mich in Begeisterung versetzten, und die Schönheit und Süße ließen mein Herz höher schlagen, und die Verzückung benahm mir die Sinne, so seltsam und wunderbar war es. Einige spielende Mädchen und Buben kamen mir wie spielende Juwelen vor. Ich mochte nicht sehen, daß die Kinder geboren wurden, auch nicht, daß sie würden sterben müssen, weil in diesem Augenblick alle Dinge blieben, wie sie waren und wo sie waren. Im Licht dieses untergehenden Tages erschien mir die Ewigkeit, hinter jedem Gegenstand und jeder Person gewahrte ich etwas Ewiges. Das entsprach meiner Erwartung und weckte mein Verlangen. Dieses Gebäude lag in Eden oder war im Himmel erbaut, wie es mich vor Jahren der Mann der silbernen Sprache lehrte, Tomáš Traherne. Es beschütze mich das Licht seiner Verdienste!

P. S. Diese Legende entstand als Sublimierung eines Ereignisses, von dem ich erzählen hörte. Julinka Kominíková, Tochter eines Prager Viehgroßhändlers und Kommissionärs der Prager Schlachthöfe, studierte im Frühjahr 1939 in Paris und wohnte im Hotel Ritz, am Tag vor jenem Schicksalstag im März 1939 (Hitler-Einmarsch in die Rest-Tschechoslowakei) erhielt sie ein Telegramm, sie solle sofort nach Hause kommen, nachdem sie eine Flugkarte bestellt hatte, eilte sie ins Foyer des Hotels Ritz, überlegte kurz, nahm Brillantohrgehänge und Fingerringe und Broschen ab und tat sie in einen nicht fertig gestrickten Pullover, und der Portier legte den nicht fertig gestrickten Pullover ins Fach mit ihrer Zimmernummer. Und Julinka wußte nicht, ja, sie konnte gar nicht wissen, daß das Flugzeug, mit dem sie in Prag landete, das letzte Flugzeug war, die Deutschen besetzten Prag und das übrige Land, ihre Verwandten mußten nacheinander alle ins Konzentrationslager, sie verteilten Originale und kostbares Porzellan so lange an die Verwandten, bis auch ihre Mutter ins Konzentrationslager mußte und am Ende sie selbst. Nach dem Krieg kehrte Julinka als einzige zurück, sie besuchte ihre Bekannten und ging über ihre Teppiche und betrachtete ihr Porzellan, ihre Originale, doch sie bekam kein Stück zurück, weil die Bekannten behaupteten, Päckchen geschickt zu haben. Dann erinnerte sich Julinka ans Hotel Ritz, und sie ersuchte um eine Ausreise-Genehmigung. Als sie im Foyer des Hotels Ritz stand, erkannte sie, daß ein anderer Portier da war. Sie stellte sich ihm vor, erklärte, worum es ging, der Portier sagte, ja, bevor der alte Portier in Pension gegangen sei, habe er ihm den nicht fertig gestrickten Pullover übergeben, und der Mann griff in ein Fach, zog den nicht fertig gestrickten Pullover heraus und reichte ihn Julinka, sie entrollte ihn, und auf dem Grund des Hotels Ritz funkelte der kleine Schatz wie im Märchen. Julinka sagte dann, Herr Portier, wählen Sie sich einen der Ringe zum Andenken aus.

Die Legende von Egon Bondy und dem Vladimírek

Auf dem Moldau-Ufer fuhr eine Straßenbahn, und Bondy sagte: »Schärfen Sie das Auge, Doktor, dort drüben sieht es so aus, als würde die Straßenbahn das Ufer lang fahren.«
Wir schritten sodann unter blühenden Akazien dahin, und plötzlich krallte Egon Bondy seine Fingernägel in meine Hand und sagte: »Nein, ist das eine Nummer! Sieht hier ganz so aus, als schritten wir unter blühenden Akazien fürbaß.«
Anschließend gingen wir an einem Garten entlang, ein Einbeiniger kniete auf einer Bank und zersägte mit einer Handsäge einen Ast, das leere Hosenbein zitterte, die Krücke lag nahe dabei.
Egon Bondy fegte mit seinem Bart mein Ohr und flüsterte verzückt: »Hier sieht es so aus, als würde ein Einbeiniger auf einer Bank knien und mit einer Handsäge einen Ast zersägen, als würde das leere Hosenbein zittern und die Krücke nahe dabei liegen.«
Danach wechselten wir von der Kampa auf die Kleinseite, auf den Kleinen Ring, wo Vladimírek vor einer abblätternden Wand seine Staffelei aufstellte, auf die Staffelei eine Holztafel setzte, an der Holztafel ein Quartblatt befestigte und nach einem Sprung in der Wand Egon Bondys Porträt zeichnete. Danach kam Bauše, stellte seine Staffelei hinter Vladimírek auf und zeichnete, wie Vladimírek nach einem Sprung in der Wand Egon Bondys Porträt zeichnete. Danach kam Dočekal, stellte seine Staffelei hinter Bauše auf und zeichnete Bauše, wie dieser den Vladimírek zeichnete, der nach einem Sprung in der Wand das Porträt Egon Bondys zeichnete.
Während wir an der gekoppelten Gestaltergruppe entlang schritten, täuschte Egon Bondy vor, den totalen Realismus an einer nichtexistenten Leine zu führen. »Was malt ihr da?« fragte er. Dočekal sagte, er male Bauše, der Vladimírek male, der nach der gesprungenen Wand Egon Bondys Porträt zeichne. Als Bondy den Bauše fragte, antwortete Bauše, er zeichne Vladimírek, der Bondys Porträt zeichne. Vladimírek aber verkündete, den explosiven Fleck zu malen.
Egon Bondy trat zu Dočekal, gab ihm eine Ohrfeige und verkündete: »Ich schicke Bondy eine rollende Ohrfeige.«
Dočekal schickte die Ohrfeige dem Bauše, Bauše gab sie dem

Vladimírek, Vladimírek berührte mit drei Fingern die Sprünge und lachte schaurig: »Chachachachachaaa!«
Noch bevor Bondy heimkam, war sein Gesicht angeschwollen. Er schaute in den Spiegel, betastete mit drei Fingern seine dicke Backe und sprach: »Sieht so aus, als hätte ich eine Ohrfeige kassiert.«
Abends traf sich Bondy mit Vladimírek im Gasthaus Zu den zwei Großmüttern. Vladimírek sprach hingerissen: »Ich will aus Flekken und zerbröckelnden Prager Wänden eine Galerie machen!«
»Ai, ai, aiaiai!« lachte Bondy und mischte deutsche Wörter in sein Lachen.
Als sie wieder draußen waren, blieb Vladimírek vor der Wand des Clementinums stehen und rief ins Dunkel: »Sieh her!« Starr stand er vor einem Fleck. »Egonchen, das da sieht aus, als würde jemand hier stehen, der Brustkorb, siehst du's, Bondychen, und dieser Sprung darüber sieht aus wie ein durchgeistigtes Gesicht.«
Um des größeren Nachdrucks willen zückte Vladimírek, explosionalistisch hingerissen, einen Zimmermannsblei, zog auf der Wand die Konturen der übereinstimmenden Formen nach und ließ sich weiter hinreißen: »Sieh nur, Bondychen, die Hand, als würde sie eine Zigarette halten, und dieser Sprung hier, der sieht so aus, als wäre er Rauch.«
Da regte sich der ganze Fleck, und aus der Wand gab eine starke Hand dem Vladimírek eine so realistische Ohrfeige, daß er hinfiel, denn an der Wand des Clementinums lehnte ein Bäckergehilfe, der auf sein Mädchen wartete, das nicht kam.
Vladimírek suchte auf allen vieren seine Brille und stammelte: »Irr, völlig irr.«
»Ai, ai, aiaiaiai, ai!« quiekte Egon Bondy begeistert. »Es lebe der totale Realismus!«
Und dann kehrten sie im Malvasier ein, wie es ihre Gewohnheit war.
Nachdem wir im Ritter Malvasier genug getrunken hatten, gingen wir zu uns, nach Lieben, Auf den Wall der Ewigkeit. Da die Polizeistunde nahte, nahmen Bondy und Vladimírek Kannen und Krüge, um ein letztes Mal Popowitzer Bock herbeizuschleppen.
Als sie mit den vollen Gefäßen und einer zusätzlichen Kanne, die ihnen Herr Vaništa liebenswürdigerweise geliehen hatte, wiederkehrten und vor dem Haus standen, aus dem sie losgegangen wa-

ren, sagte Vladimírek diabolisch: »Dieser Fleck sieht wie eine Tür aus.«
Egon Bondy lachte: »Nein, nein, wir, die totalen Realisten, gehen da nicht auf den Leim! Hier!« Und er trat heftig in die Tür, die jedoch ein Fleck war.
Vladimírek kicherte schrill: »Chachachachachachaaa! Ich hab's gewußt! Es lebe der Explosionalismus!«
Egon Bondy hüpfte sich das verschüttete Bier aus dem Anzug, quetschte sich am Waschbecken die zerschlagene Nase gerade und murmelte, deutsche Wörter dazwischenmischend, immer wieder: »Irr, völlig irr.«
Danach rannte er wutentbrannt hinaus, um den falschen Fleck mit den Füßen zu malträtieren. Vladimírek und ich liefen auch hinaus, weil wir meinten, Egon Bondy wolle sich übergeben, wie es seine Gewohnheit war. Doch wie erstaunt waren wir, als er nur die Wand mit Füßen trat.
Noch erstaunter allerdings waren wir, als die Hausbesitzerin im weißen Hemd auftauchte und schrie: »Kerle, warum tretet ihr mir die Tür ein? Das ganze Haus ist wieder wach!«

P. S. (1) Vladimírek öffnete die Eisentür, zweigeteilter Dachboden, schiefe Decke mit Rohverputz. Eine Luke. »Ich trete Ihnen hier auf einem Bild herum«, sagte ich. »Nichts passiert«, sagte Vladimírek, »das ist nur der Teppich.« Dann steckte er den Kopf zur Luke hinaus und sprach mit ferner Stimme: »Von hier gucke ich jeden Abend den Leuten in die Bäder, Wohnungen und so.« – »Nun ja«, sagte ich, »aber bald kommen die Fröste, dann können Sie hier nicht zeichnen.« – »Aber, ja doch«, sagte Vladimírek und ließ sich auf die Knie nieder, »ich hab schon eine Lösung, ich schalte abwechselnd andre Muskeln ein.« – »Das wäre aber auch die allereinzigste«, sagte ich. »Ihr seid früher also ebenfalls ins Malvasier gegangen?« – »Ja, dort pflegten wir zusammenzukommen, ich, Reegen, Bauše, Krauer. Vorher freilich trafen wir uns immer bei den Fischlein, bei den Fischlein im Springbrunnen auf dem Altstädter Ring.« Ich sagte: »Und ich habe mir in dem Springbrunnen tagtäglich das Gesicht gewaschen, wenn ich morgens um vier zum Autobus nach Kladno jagte!« – »In der Gegend liegen unsere heiligen Bezirke«, sagte Vladimírek. »In der Karlsgasse sind jetzt noch die Flecken, die Rotbauer nachgezeichnet hat, dort haben wir die Menge einmal so wild gemacht, daß die

Leute die Wände hochgingen und sich in den Flecken mit einer Stange gegenseitig ihre konkretisierten Erscheinungen zeigten. Von Laterne zu Laterne haben wir sie geschleppt. Der Krauer, der Reegen...« Vladimírek zog ein Foto aus einem Haufen Papier und stach mit dem Bleistift in die Augen eines jungen Mannes: »Das ist Reegen. Eine Zeitlang schlief er mit den Jungens auf der Slaweninsel in einem verlassenen Treibhaus, auf einer Decke schlief er da seinen Traum aus... Tagsüber hat er geraucht, Bier getrunken, gezeichnet, sein Wirtshaus war Die Hölle auf der Kampa. Im Winter, damit er nicht erfror, schlief er in dem Treibhaus im Schrank; und damit er darin nicht erstickte, klemmte er mit einem Holzscheit die Schranktür hoch.« – »Sie können bei uns wohnen«, sagte ich, »kommen Sie mit nach Lieben, Sie schlafen mit einem Schreinergehilfen zusammen.« – »Meinetwegen«, sagte Vladimírek, »aber den Atlas behalte ich, ich arbeite an einem interplanetaren Kampf, die sollen wissen, die Hurensöhne, daß man mit mir rechnen muß! Ich hab außerdem einen Verbesserungsvorschlag für eine Schaufel mit Ring eingereicht... Auch Altamira war auf Assoziation begründet«, erklärte Vladimírek und zeichnete mit dem Zimmermannsblei an einem Riß im Kamin eine Bisonkuh fertig. »Wie Sie sehen, reicht es, zu Ende zu ziehen, und Altamira ist erklärt.« – »Gut«, sagte ich, »aber meiner Ansicht nach ist das erst der Anfang...« – »Mag sein«, sagte Vladimírek, »doch ich verfolge andre Dinge. Wenn ich auf der Straße zeichne, beginnen sich die Menschen auszuliefern, ich entfessele in ihnen das gleiche, was die Surrealisten als einzelne in sich erreichten. Ist doch im Fleck an der Wand auch Rembrandt vibrierender... Dann ist es natürlich schon das Bild des Zuschauers. Das, was alle Surrealisten zusammengenommen in allen ihren Büchern besaßen, das habe ich in diesem kleinen Finger. Den Heutigen fehlt das Erlebnis, die wiederholen bloß, die nähren sich von einst lebendigen Formeln. Begreifen Sie, ich mag nicht warten, bis mich irgendeine Zukunft erkennt! Ich will alles sofort und hier. Die Menschen sofort auf der Stelle interessieren, die Kunst mit den Leuten machen, unmittelbar in den Leuten, nicht durch die Galerie...« Und dann kam uns die Straße entgegen. Ich sagte: »Dort drüben, wo die Glocke ist, dort habe ich gewohnt, die Glocke hatte sich losgerissen und war durchs Dach in das Haus geflogen, in dem ich wohnte.« Vladimírek erwiderte: »Ja, aber dort drüben auf der Wand hab ich gezeichnet, und die Leute haben gedacht, daß es keine Sprünge sind, sondern daß ich eine verblaßte Freske nachzeichne.« Und Vladimírek ging im Zickleingang, er knickte in den Knien ein, schlug unvermittelt mit einem Bein aus und berührte mit dem Absatz ein Verkehrsschild, weil er 1,96 m maß. Am Kleinseitner Ring stellte er die Staffelei auf. Eine Tafel mit weißem Quartblatt. Die Farben. »Hier, diese Partie«, sagte Vladimírek, trat zu einem Stützpfeiler und deutete auf eine Stelle der Wand, »diese Partie, was könnte das sein?« – »Eine Mondlandschaft«, sagte ich, »ein See mit Wiese, auf der ein Stier weidet.« Vladimírek rührte im Terpentin. Es kam ein hübsches Mädchen auf hohen Stöckelschuhen. »Was malt der Herr?« fragte sie nach einer Weile. Ich sagte: »Sehen Sie hier den Stier, wie er auf der Seewiese weidet?« Das Mädchen jedoch antwortete: »Ich sehe da etwas anderes. Einen schwarzen Jäger. Sehen Sie ihn?« Vladimírek sagte: »Gut, dann malen wir einen schwarzen Jäger.« Und er setzte in die Mondlandschaft mit dem weidenden Stier einen schwarzen Jäger. »Aber ich sehe ganz was andres dort«, sprach ein kleiner Mann mit tief in die Stirn gezogener Mütze, »ich sehe dort eine Landkarte Europas«, und er umriß mit winzigem Finger, was er in den Wandsprüngen sah. Vladimírek malte über den weidenden Stier in der Mondlandschaft und über den schwarzen Jäger die Landkarte Europas. Und dann trat ein Zuschauer nach dem anderen aus der Menge, um mit dem Finger sein Gesehenes nachzuzeichnen, und Vladimírek malte unaufhörlich übereinander und durcheinander auf ein und demselben Quartblatt. Eulen und Paviane, fließende Lava am Fuße des Vesuvs, gerade in der Luft sich befindendes Schmutzwasser aus einem Eimer, zwei ausgemolkene Ziegen. Die Menge schwappte bis auf die Fahrbahn. Der Verkehrspolizist kam von der Kreuzung, hob seine weißen Ärmel wie ein Priester und sprach: »Stört mir meinen Verkehr nicht!« Ein intelligenter Mann mit Brille rief: »Das kann doch wohl nicht Kunst sein! Kunst muß etwas Schönes, Vollendetes sein, etwas, das uns überragt... Das da ist Geschmiere.« – »Das ist ein Bild«, sagte Vladimírek, »und zwar ein Resultierbild.« Drei Männer in Montgomerymänteln traten vor. Einer fragte: »Nun, was sagen Sie, Meister, daß Sie hier malen?« – »Nichts«, sagte Vladimírek. »So«, sprach der Mann. »Also, Leute!! Während das Volk den Fünfjahresplan aufbaut, gestaltet hier einer: NICHTS.« – »Ja«, sagte Vladimírek, »nichts.« – »Tja, Meister, wissen Sie denn«, fragte der Mann im Montgomerymantel kreischig, »daß auch ein Courbet existiert?« Ich sagte: »Weil Vladimírek die vierjährige Graphikschule absolviert hat, hat er das Recht, Courbet zu vergessen, oder nicht?« – »Sieh an«, hob der Mann im Montgomerymantel die Stimme, »der Herr Zutreiber.« – »Wie Sie meinen«, sagte ich, »doch jeder Kunstadept weiß genau, daß im Namen Courbets der Monet verurteilt wurde, im Namen Monets der Cézanne, im Namen Cézannes der Picasso – und so fort bis zu diesem Augenblick, in dem wir uns gerade befinden.« Ich plusterte mich dabei auf, sah dem Mann aus der Nähe in die Augen und rief: »Bloß Ihr verkümmertes Gehirn scheint das nicht begriffen zu haben!« – »Wer sind Sie?« rief er wie angeekelt. »Ich möchte mir an Ihnen nicht die Hände schmutzig machen. Das ist eine faschistische Provokation! Eine Provokation des arbeitenden Volkes. Man sollte die Polizei rufen!« Der Verkehrspolizist kam wieder von der Kreuzung herüber, schob den weißen Ärmel hoch, warf einen Blick auf die Uhr und warnte: »Also, meine Herren, zum letzten Mal! In fünf Minuten habe ich Sie bereits aufgeschrieben!« Da tauchte ein Mann mit Mittelscheitel aus der Menge und erklärte: »Es handelt sich um ein Mißverständnis, um einen Irrtum. Meine Herren, lassen Sie das, gehen Sie auseinander, alle, ich bin Redakteur der Hanakischen Lehrerzeitschrift. Gehen Sie Ihres Weges, seien Sie vernünftig... Auf diese Weise löst man keine wichtigen Probleme!« Der Mann im Montgomerymantel streifte den Ärmel hoch, warf gleichfalls einen Blick auf die Uhr und sprach steif zu den Zuschauern: »Leute, genau um dreiviertel sechs plus zehn Sekunden entdeckten diese Meister für Sie: NICHTS.« Danach wechselte er mit seinen Freunden auf den anderen Gehsteig über. In der Mitte der Brückengasse kam E. F. Burian geschritten, die Weste mit goldenen Bienlein besät. Vladimírek klappte die Staffelei zusammen. Der Redakteur der Hanakischen Zeitschrift für die Lehrerschaft meinte: »Das bringe ich in unserem Blatt, gibt ein nettes Artikelchen. Bloß, Jungs, ihr müßt so was ein bißchen vom wissenschaftlichen Standpunkt angehen.« Wir gingen über die Karlsbrücke. Vladimírek riß das bemalte Quartblatt von der Holztafel und warf es genau an der Stelle in die Moldau, wo ein Kreuz daran erinnert, daß man hier Johann Nepomuk in den Fluß gestürzt hatte. Das Quartblatt segelte im Zickzack langsam und lange auf die Wasseroberfläche. Ausgeschüttet waren in die Moldau alle die Paviane und Eulen, der schwarze Jäger, der weidende Stier, die Seelandschaft, der Eimer mit dem schmutzigen Spülicht, die zwei weidenden Ziegen und die fließende Lava am Fuße des Vesuvs. Der Journalist beugte sich vor, als wollte er dem schwimmenden Bild nachspringen. »Mensch, warum haben Sie das weggewórfen? Was machen Sie nur! So was Schönes, und Sie kippen es in den Fluß, Sie verantwortungsloser Mensch!« – »Was soll's?« sagte Vladimírek und ging im Zickleingang, die Nase war leicht deformiert, weil er von klein auf an der Brust des Alls sog, er warf wie die Girls das Bein hoch und legte die Schuhspitze auf die Tafel mit der Aufschrift: Haltestelle der Straßenbahn, weil er 1,96 m maß. Der Redakteur der Hanakischen Zeitschrift für die Lehrerschaft ging mit leicht gesenktem Kopf darunter durch, an Vladimíreks Hosenschlitz vorbei, und mahnte mit hocherhobenem Zeigefinger: »So was Schönes! Und Sie haben es weggeschmissen!« Über Prag wölbte sich ein schöner Abend.

P. S. (2) Ich kämme mich, halte den Kamm gegen das Licht, und es macht mich ganz kopfscheu, wieviel Haare ich mir ausgekämmt habe. »Ich zerfalle langsam«, sagte ich. Egon Bondy saß auf dem Kanapee, die Flasche zu seinen Füßen verdeckte der Lodenmantel. Durchs Haus fuhr der furchtbare Ton des Müllschluckers. Bondy sprang hoch und horchte aufmerksam: »Was ist das?« – »Der Bau hat sich in die Hosen gemacht«, sagte ich und schaltete das Radio an. Bondy lehnte sich an die Wand, lauschte. Er lauschte in Unterhosen, wie es im Haus symphonisch gluckerte. »Himmelarsch, ist das eine Nummer«, lobte Bondy und zog seine Hosen an, »Doktor, haben Sie Papier? Meine unglückliche Sekretion.« Ich reichte ihm ein Durchschlagpapier, das eng beschrieben war. »Bei uns«, sagte ich, »benützt man zwecks Afterpurität, wie sich Herr Marysko auszudrücken pflegt, gewöhnlich Gedichte.« Bondy leerte gemächlich seine Flasche mit Wasser, das Auge des Radios leuchtete grün, und aus dem Apparat tönte es deutsch: »Ich bin heute ja so verliebt... Noch nie war das Leben so schön.« Die Schnüre aus der Verschnürung des künstlichen Beines, der als Luster dienenden Prothese, kamen auf Bondys Scheitel zu liegen. »Möchte bloß wissen«, sagte er, »wie es möglich ist, daß mir beim Anhören solcher Musik lauter edle Verse zufließen? Oh, im Wiener Knast, so ein Haufen Fressen, ich zerriß eine Zeitung, um mir den Fraß einzupacken, ich riß einen Fetzen ab und las: Záviš hingerichtet...« Der Tenor sang weiter, lieblicher: »Nur für Natur – hegte Sie – Sympathie... Unter Bäumen süßes Träumen, liebe Gräfin Melanie...« Draußen fiel dichter Schnee, im Hof stand ein kleines Zigeunermädchen, in der Hand eine Puppe, die genauso gekleidet war wie das braune Mädchen. »Das müssen wir analysieren«, sagte ich, »denn ich tagträume immer nur, ich mime einen Operettensänger, und die Zuschauer gehen davon, na bitte...« Bondy und ich neigten uns zum Radio: »Lieber Freund, man greift nicht nach den Sternen...« Dann gingen wir hinaus, das Zigeunermädchen preßte die Puppe an sich, drehte sich, bekam die Beine übers Kreuz und blieb so stehen. An der Mauer ein Schaukasten, darin ein Plakat mit durchgeschalteten Telephondrähten, dazu der Schriftzug: Kennen Sie die Kumpane? »Nicht zu glauben«, staunte und freute sich Egon Bondy zugleich, »ein regelrechter Salvador Dali! Aber bei Vladimírek nimmt es paranoide Züge an... Die Briefe, sehr geehrter Herr Professor, Assistenten, die Briefe an die Redakteure... Und dann das Gedicht, Heda geht ihrem Vater entgegen und pflückt unterwegs gelbe Dotterblumen, jedes Wort auf einer extra Seite?« Am Ufer der Rokytka ein kaputtes Bett. »Wissen Sie, wie Vladimíreks Vater gestorben ist?« sagte Bondy. »Er fiel auf einen Nachttopf, und als man ihn aufhob, sprach er: Vladimírek, putz dir jeden Tag die Zähne... Und tot war er.« An der Rokytka eine badende Amsel. Auf einem Bretterzaun eine Kinderzeichnung, ein Hering, ein Pfeil und die Aufschrift: Fišer. »Das muß Vladimírek photographieren!« sagte Bondy. Dann ein verlassenes Sommer-Restaurant, Stühle, Tische aufgetürmt, Laub, in dem der schwer fallende Schnee raschelte. Auf der zugefrorenen Rokytka ein zusammenlegbares Bettgestell. »Bondy«, sagte ich, »das Bett aufklappen und sich mit gefalteten Händen und ragendem Glied drauflegen, aber schau, der Vladimírek klopft jeden Morgen an meine Tür und raunt mir durch die Füllung eine entsetzliche Nachricht zu, von Mal zu Mal wilder. Heute kam er mir damit: ›Doktor, sind Sie noch auf der Welt? Ich hab den Eindruck gehabt, Sie hätten sich die Kehle durchgeschnitten.‹ Zu allem Überfluß zückte er die Geige und begann schaurig zu spielen, dazu sang er ein ganz anderes Lied. Vorher einmal hatte er die Mandoline gespielt wie Smerdjakow. Oder er kreischte frühmorgens unvermittelt: Chachachachachachaaa! Neulich meldete er mir durch die Wand, daß er sich für mich einen prima Selbstmord ausgedacht habe, er werde Schwerter in mein Zimmerchen montieren, ich würde mich dann einsperren und den Schlüssel verschlucken, worauf er den Mechanismus einschalten und mich langsam zerhacken lassen würde. Ab und zu stürzt er zu mir herein, daß ich vor Schreck im Bett erstarre, er hebt die Hände und lamentiert: ›Was liegen Sie herum? Auf was warten Sie? Warum gehen Sie nicht unter die Leute? Ich besitze bereits tausenderlei Beweise, Tausende Leute wissen von mir, und was ist mit Ihnen, armseliger Wicht, was ist mit Ihren Fürzchen? Der französische Rundfunk hat eben gemeldet, in Prag wäre der Hauptstil in der bildenden Kunst: der Explosionalismus. Chachachachachachaaa!‹ – Bondy«, krächzte ich und legte die Hand auf den Ärmel von Egon, »mir tritt jedesmal der kalte Schweiß aus allen Poren, weil er mich immer mit noch etwas Schrecklicherem tröstet. So hat er heute früh zu mir gesagt: ›Ich würde Sie samt der Folterbank hochheben, auf die Sie gespannt wären, über das Wasser eines Teiches halten und langsam unter die Oberfläche sinken lassen, bis sich Blasen bilden, dann würde ich Sie wieder hochhalten und wieder runter lassen und so fort, damit Sie mir nicht ersaufen, damit Sie mir nicht verduften... Und wenn ich Sie dann wirklich abmurksen möchte, würde ich Sie in einen Kanal stecken, bis zum Hals mit Karbid zuschmeißen, und müßten Sie nach einer Weile seichen, würden Sie von allein Feuer fangen und verbrennen wie eine Fackel!‹« Bondy war verzückt: »Ei, ei, ei, ei! Ich suche so was mühsam mit der Stecknadel, und dieses Aas ist voll davon. Und genial ist es obendrein. Das sind Nummern!« Ein Lastauto fuhr am Rokytka-Ufer auf die Aufschüttung und entledigte sich einer Ladung Müll. Bondy sang deutsch mit Fistelstimme: »Lieber Freund, man greift nicht nach den Sternen«, hielt plötzlich inne und sprach tschechisch weiter: »Bloß wie Vladimírek zum Malen bringen? Auf daß ein paar Artefakte da wären?« In den Müll wühlten sich heruntergekommene Greise und Greisinnen, die unweit gelauert hatten. Sie gruben mit Klammerhaken und sortierten Holzstückchen, Koks, Buntmetall, Papier, Schuhe aus. »Ins Irrenhaus mit ihm«, sagte Bondy bedächtig, »dort kann er sich ausruhen, dort kann er gestalten, aber die Mulde und die Greise hier, die sind ein vollkommenes Bild der kapitalistischen Welt! Morgen muß er sich den großen Schein fürs Krankenhaus holen, ich geh mit ihm hin. Wenn er dem Spezialisten ungefähr ein Siebentel von diesen Viechereien vorführt, kann er ein halbes Jahr zeichnen und malen, da ist er nämlich für ein halbes Jahr nervenkrank geschrieben.« Der Schnee fiel immer dichter, Flocken saßen in Bondys Bart, er sang deutsch: »... Unter Bäumen süßes Träumen, liebe Gräfin Melanie... Wissen Sie«, sagte Bondy plötzlich tschechisch und stellte einen Schuh vor den anderen, als ginge er auf einem Seil, »wissen Sie, als man Záviš die letzte Unterredung mit seiner Frau gestattete, unterhielten sich die beiden, als sähen sie sich zum erstenmal und hätten sich auf den ersten Blick ineinander verliebt. Er gestand ihr seine Liebe, und sie schwor ihm ewige Treue, dann erzählten sie einander, wie sie sich's miteinander einrichten wollten... Aber der Vladimírek? Sein Komplex der mangelnden Anpassung? Der gewissenhafteste Beamte der Republik wurde aus dem! Darum rein mit ihm ins Auto und ab... Noch nie war das Leben so schön«, sang Bondy wieder deutsch. »Mein Bruder«, sagte ich, »als er zurückgekommen ist, hat er erzählt, daß sich die Strafgefangenen erinnerten, wie in der Leichenhalle neben einem Frauenleib auch Männerleiber lagen...« – »Aber wer hat die hingeworfen?!« schrie Bondy begeistert, hob einen Stein vom Boden und warf ihn auf die zugefrorene Rokytka. Auf dem Eis das kaputte zusammenlegbare Bettgestell. Ein leeres Wägelchen, gezogen von einem Mann und einer beschneiten Frau und einem beschneiten kleinen Mädchen, alle drei vornübergebeugt wegen des dicht fallenden Schnees. »Aus der wird mal ne hübsche Maid«, sagte Bondy. Wir schritten jetzt rückwärts, die Krägen hochgeschlagen. An einem kleinen Wasserfall badete zwischen alten Tiegeln und steifen Lumpen fröhlich ein Amselchen. »Unser Zeitalter«, sagte Bondy, »das ist genau das: hinten Fußspuren, vorn dichter Schnee, in dem wir rückwärts schreiten. Wissen Sie, ich fühle mich jetzt immer irgendwie verlassen, allein, ich gehe zu Mikuláš, wärme mich bei ihm ein wenig auf, aber die Seinige ist schon daheim, öffnet alle Augenblicke die Tür und sieht mich dabei derart vorwurfsvoll an, daß ich mich wieder schleiche. Wissen Sie, würde mich einer nur vom deutschsprachigen ›Prager Leben‹ kennen, würde er denken, das also ist der flotte Bondy, aber der bin ich nicht mehr, ich werde ständig lyrischer... Würde ich heiraten, dann würde ich ihr entgegengehen, und wir würden uns über Poesie unterhalten, vielleicht würde sie mich durchbringen. Oder ich würde mir was für ein paar Stunden suchen. Mikuláš hat mir gesagt, die Ehe würde erst so im zweiten, dritten Jahr was bringen... Aber ich wär nicht so allein.« Bondy hatte immer leiser gesprochen. Dann drehten wir uns um und schritten nach vorn gebeugt gegen das Schneetreiben. In der Passage des Automat Welt lief ein verlassener, verelendeter Hund umher. Bondy streckte die Hand aus, doch der Hund hatte keinen Mut mehr. Auf der verglasten Anzeigentafel der Blumenstube wurde verkündet: Schnittblumen direkt aus dem Kühlhaus. Eine Zigeunerin kam an die gläserne Wand gesprungen und preßte die Nase an die Scheibe. Bondy gab ihr durchs Glas ein Küßchen. Die Zigeunerin sprang einen Schritt zurück, spuckte aus, trat an die Münzwaage und schaute in das Spiegelchen. »Wissen Sie«, sagte Bondy, »meine Mutter ist aus dem Fenster gesprungen, ich muß öfter daran denken, darum habe ich ständig eine kleine Sicherheit bei mir, Luminal. In dieser Tasche hab ich's. Sie können's sehn... Oder soll ich davonlaufen, hinaus? Dort darf man wenigstens schreien, aber hier, in der Schlechtwetterzeit, wo man kein einziges seiner Gedichte gedruckt sehen kann?« Ich sagte: »Na ja, aber wenn Sie die Sprache verlieren, ist es aus mit der Dichterei, einzig, wenn lebenslänglich drohen würde oder fünfundzwanzig...« Bondy sagte bitter: »Was also tun? Nur die Ereignisse registrieren und ohne ein einziges Ideechen leben? Ich weiß selber nicht mehr«, fügte er hinzu und hielt vor der Aufschrift: Popowitzer Bock. Ich sagte: »Heute nicht, wir haben gestern alles Geld ausgegeben, auch das von Vladimírek für die Straßenbahn. Heute sind wir arm, Bondychen.« Bondy, halb in der Hocke, lockte wieder den streunenden Hund und sprach zu ihm in leisem Singsang: »Aber ich hab nicht mal was für die Straßenbahn, die Tram. Doch bei Ihnen hab ich auf dem Teppich ne Krone gesehn!« Bei Kovomat stand ein jüdisches Mädchen, es trug an Stelle eines Beines eine Prothese. Aus dem Profil eines beleidigten Engels blickte es auf Straßenbahnen, Autos, andere Verkehrsmittel und auf Menschen. »Die könnte ich lieben«, flüsterte Bondy, »mein Leben lang würde ich sie lieben, sie würde mich vielleicht auch brauchen, ich wäre glücklich, vielleicht würde ich mit dem Schreiben aufhören, wissen Sie?« – »Da haben Sie das Geld für die Straßenbahn«, sagte ich, doch Bondy verharrte wie abwesend in der Hocke, obwohl der Hund längst weggelaufen war. »Nein«, sagte Bondy, »wenn es ginge, würde ich ihr meine Beine geben, soll sie mit meinen Beinen gehen, soll sie mit meinen Beinen tanzen! Ich würde mit ihrer Prothese zu Hause sitzen und schreiben, bei Gott, schreiben, das Arbeitsamt würde mich in Ruhe lassen, ich würde einfach zu Hause sitzen und schreiben... Noch nie war das Leben so schön!« sang Bondy deutsch, die Dreizehn kam, Bondy sprang aufs Trittbrett, hob in Operettenmanier die Hand und sang lauthals weiter deutsch: »Glücklich ist, wer vergißt, was nicht mehr zu ändern ist...«, dann brüllte er tschechisch: »Und grüßen Sie Vladimírek!« Ich sah Bondy Platz nehmen, er drehte sich um, winkte mit seiner kindlich rundlichen Hand, drei Jünglinge standen auf der hinteren Plattform, schlugen mit den Absätzen den Takt und trillerten dreistimmig: ts, ts, ts, tadada pjapapapa, tsts, tsts... Und wieder schneite es dicht, ganz dicht – es fiel Schnee.

Die Legende vom Spiel auf den Saiten, die zwischen Wiege und Sarg gespannt sind

Er hatte einen Stiefvater, der mit der Mutter im Norden lebte. Bäumchen in der Hand. Franziskaner. Schreitet über glühende Kohlen. Salvator ab Horta. Er wittert paralytisch tote Figuren und verfolgt so die glücklichen Spuren. Triumph der Optik. Alabasterkreuz, Engelsgarten. Zwei Büchlein verfaßte er: »Wie ich mit einem Luftballon am Schnürchen den Kater die Assoziation lehrte, so daß er einen Fleck an der Wand als Motte ansah und mit dem Pfötchen auf ihn losging.« Und: »Über den Einfluß von Rauchen, Spiegel und Kino auf Eheschließungen zwischen Personen mit gleichen Gesichtszügen.« Vladimír. Bischof, der sich an der Sonne sonnte. Adler befächert ihn. Servatius. Obwohl ich die Bekanntschaft mit dem Angeklagten seit der Schulzeit aufrechterhalte, kam es zwischen uns zu keinem Geschlechtsverkehr, außer dem einen oder anderen Küßchen. Einmal ist er bis zum Hals ins Austrittshäuschen gefallen, dabei jammerte er, daß er sich am Morgen die Zähne nicht geputzt hätte. Küssen, die praktische Verführung zu unsittlichem Lebenswandel. Benediktiner. Zeigt mit dem Schwert auf seine herausgerissene Zunge. Schwert. Placidus. Wir daheim haben Kaninchen gern, gebackenes Kaninchen. Aber bloß die Kruste. Das Kaninchen wird paniert, dann nagen wir die Hülle ab, anschließend packen wir es wieder in Ei und Semmelbrösel. So essen wir ein und dasselbe Kaninchen an einem einzigen Tag siebenmal. Aventinische Mansarde. Bogen Papier sehen – Todesfall in der Verwandtschaft. Ich stamme aus einer geordneten Familie, wo beide Elternteile arbeiten, die Mutter sogar Schicht. Adler. Brennendes Herz in der Hand, von ein oder zwei Pfeilen durchbohrt. Augustinus. Weißer Samstag, Weiße Kinnlade, Weißes Posthorn. Daß ein strenger Winter kommt, erraten einige, wenn die Kastanien ein zweitesmal blühen oder im November noch einmal die Gänseblümchen sprießen. Ich dagegen errate den strengen Winter, wenn ich beim Umstechen des Gartens keine Regenwürmer finde. Ich glaube an Regenwürmer, meine Herren. Blitz auf jemanden herniederfahren sehen – geiles Weib. Erscheint Ihnen diese Situation nicht hoffnungslos? Und doch besteht kein Grund zur Klage. Augen, zwei Augen auf einem Buch. Äbtissin. Ottilia. Außerdem schlug sie auch mit dem Kopf an die Jalousie des Bestattungsinstitutes, um Hilfe herbeizurufen. Das Manko war mit dem Genannten nicht durchgesprochen worden, weil er den Tod durch Ertrinken erlitten hatte. Weiße Brezel. Weißer Hirsch. Herumwatscheln – du bringst es zu nichts. Abt oder Bischof. Über ihm glühende Säule. Von Fischottern bedient. Schwäne. Guberthus. Er gab an, daß er Schürzenjäger sei, daß er aber Arbeit als Korbflechter annehmen werde. So durchschaute er den tiefen Ursachenzusammenhang. Gottes Segen. Ganze zwanzig Heller hat er gewettet, daß er drei Sack Zement auf einmal in den vierten Stock tragen würde. Im dritten hat er gesagt, legt mir noch einen Sack drauf. Kurz darauf ist er in die Straßenbahn gestiegen, dabei hat er den Haltegriff herausgerissen und ist in Ohnmacht gefallen. Ihre ausgerissenen Augen in einer Schüssel oder auf einem Buch. Patronin der Augen. Wunde im Hals. Schwert. Lucia. Und er unterzeichnete: Frieden Heil! Durch Straßenkot waten und einen Toten tragen – Krankheiten widerstehen. Gottes Auge. Obgleich die Mutter durch die Schulleitung auf die Schulschwänzerei des Sohnes aufmerksam gemacht worden war. Im Bette liegend. Feuersbrunst durch Gebet löschend. Germanus von Paris. Die Eltern stammen mangels finanzieller Mittel aus einer Arbeiterfamilie. Damit stieg sein Ansehen ungemein. Schwarzer Fasan. Roter Igel. Roter Stern. Patronin der Philosophen. Zerbrochenes Zackenrad. Krone. Schwert. Katharina von Alexandrien. Und er betastete sie in ungebührlicher Weise am ganzen Körper. Liebe mit dem Zentimetermaß messen – du erlangst hohe Ehren. Im Ziegenwinkel an der Haštalská-Gasse, die dicke Frau Hausbesitzerin in den gestärkten Röcken. Wem sie begegnete, den fauchte sie an, daß er anlief. Die Ingenieure zündeten Kerzen an. Die dicke Hausfrau löschte die Kerzen aus und nahm die Herren ins Gebet. Eine Köchin putzte sich gern heraus und bügelte ihre Schürzen. Um Mitternacht holterdipolter! Die putzsüchtige Köchin versteckte sich. Das Gespenst raschelte mit den Röcken, als stürze Wasser auf Mühlräder. Sie war erlöst. Sie hatte, die dicke Hausfrau, ihre Dienstmädchen gepeinigt. Die hatten dauernd bügeln müssen. Zur Strafe mußte die Hausfrau aus dem Grabe steigen. Jetzt hat sie geniest, wie ein Windhauch. Jetzt ist es still. Rote Fensterrahmen. Schokolade machen – Verlobung. Ich griff ihr in den Schoß, um das Rebhuhn zu finden, das ich vorher geschossen hatte. Finger auf den Mund gelegt. Johannes Silenciarius. Teufelswirtschaft. Der König kann sich verstecken, aber Matt kann er nicht decken! Er besitzt kein positives Verhältnis zu unserer Ordnung, weil er 0,75 ha Gartenland in Privathand hält. Rote Pressung. Der Genannte hat versprochen, daß wenn ihn seine Ehefrau nicht aufregen wird, daß er dann nie mehr eine solche Sache anstellen wird. Nunmehr beginnt eine andere Art der Krise. Zweifache Paralyse. Tag und Nacht. Einen toten Dekan sehen – Veränderung. Beil im Haupt. Josaphat. Hab angeblich ein gesundes Herz, Beuschel und gute Beine, sagt der Doktor, so einen Siebziger hätte er noch nicht gesehn. Ich könnte bis neunzig da sein. Ist das nicht Pech? Alles regt mich schon auf auf dieser Welt, ich hab im Urnenhain meine Urne bezahlt, natürlich Urne, was hab ich bloß wem getan, daß ich hier noch so lang herumgeistern muß? Kleines Loch. Demartinka. Würgen, Erbrechen – unbedeutende Krankheit. Schwert zwischen den Zähnen. Juvenalis. Ich fragte: »Spielen Sie Toto?« Und sie sagte, ja. »Zupfen Sie meine C-Saite an, und Sie werden Glück haben.« Galgenstrick in der Hand. Desiderius von Vienna. Zwei blaue Schlüssel. Viehstall – Veränderung in der Liebe. Zwei Steinsäulen. Schön grüne Grasbüschel sammeln – Geld. Zwei Jungfrauen. Kutteln jedweden Rindviehs – Schaden. Er konnte das Ochsenpaar nicht zum Stehen bringen, das von Mitgliedern der LPG geführt wurde. Den rechten Ochsen allerdings führte der Zeuge Štěpán Šimácek. Das abgeschlagene Haupt tragend, aus dessen Hals Palmwedel wachsen. Ursinius von Ravenna. Er leerte städtische Güllengruben. Manchmal fiel er in die Fäkalien, betrachtete im Liegen seine Handflächen und philosophierte: »Die scheißens z'amm, und ich solls in Holzeimern wegschaffen.« Darum pflegte er sub specie dieser aeternitatis sein Geld in den Gasthäusern zu vertrinken. Betrunken, lud er daheim die Betten auf den Schubkarren und fuhr sie hinter die Stadt. Er spazierte auf Brückengeländern. Machte Kopfstände auf Turmumläufen. Schlug den Brotlaib auf den Boden und sagte zu ihm: »Alsdann, wirst du springen oder nicht?« Manchmal trat er sogar sein Fahrrad mit den Füßen. Arbeitende Frauen schrie er an: »Na, was seids?« Und wartete die Antwort nicht ab, sondern gab sie selber: »An Dreck wert.« Jetzt im Alter erregt er unterm Eindruck seiner lebenslangen Leerung städtischer Aborte auf andere Weise Anstoß. Er steht drei Stunden lang betrunken am Fenster, neben sich eine Photographie, die ihn als länger dienenden Unteroffizier bei den Ulanen im alten Österreich zeigt. Er deutet auf die Auszeichnungen an der Brust der Photographie, damit die Bürger sehen und vergleichen können, aus welch herrlichen Anfängen er zum heutigen Ende gelangt ist. Lanze aus Blei. Ohne Zunge sprechend. Eusebius von Rom. Führt jetzt ein geordnetes Leben, weil er unterm Pantoffel steht. Der Läufer ist tot, weil der böse freie Bauer droht. Dann hängt der Läufer in der Luft, der sich mit freibeuterischer Leidenschaft selbst das Grab gegraben hat. Er fuhr in betrunkenem Zustand auf seinem Moped durch die Gemeinde Jinonice und gefährdete mit seiner Fahrweise die Fußgänger, denen er zurief: »Aus dem Weg, oder ich fahr dich nieder!« Drei Blumen in der Hand. Bischof. Kurtisan. Schwan. Engel, der ihn vorm Blitzstrahl schützt. Bad der Elisabeth. Frau, sollte der liebe Gott einen von uns beiden zu sich in die Ewigkeit berufen, sollte er es lieber mit dir tun. So, wie ich dich beweinen würde, so würdest du mich nie beweinen, kein Zehntel der Pinte meiner Tränen. Feigenblatt – vereiteltes Stelldichein. »Er flennt? Soll er! Um so mehr trinkt er nachher!« Dornenkrone und brennendes Herz in der Hand. Karmelitin. Wundmale. Hostie. Maria Magdalena de'Pazzis. Sie hat bei mir nur ein Oberbett und einige Überzieher fürs weibliche Geschlecht zurückgelassen. Ansonsten hat sie bei mir nichts Wesentlicheres zurückgelassen. Der Zug aber ist durchdacht vermittels der Kraft einer guten Optik. Es war abends, und er schwor mir im Stehen ewige Liebe, und dabei kniete er. Das kam wahrscheinlich davon, daß er normal nicht beischlafen konnte. Dann ging er, um es mit Bier hinunterzuspülen. Im Gefängnis auf Splittern liegend. Kelch auf der Brust. Lucianus von Beauvais. Faustisches Haus. Folimanka. Mit einer Freierin sich unterhalten – Schaden am Besitz. Brevier lesend. Schwan. Kirchenmodell. Ludgerus. Der Großvater erzählte seinen Enkeln so lange liebevoll Märchen, bis er einen Gichtanfall kriegte. Daraufhin verprügelte er seine Enkelkinder unchristlich. Danach war er wieder liebevoll. Im Ort nannte man ihn den »bösen Großvater«. Er hatte den Mund voll Märchen, die Hände voll Ohrfeigen und eine Büchse voller Bonbons, die er immer erst verteilte, wenn er die Kinder unchristlich verprügelt hatte. Boot mit seiner Leiche schwimmt gegen den Strom. Den Teufel austreibend. Melanius von Rennes. Golcov-Hof. Eine Granate detonieren sehen – schlimme Neuerung beraubt dich allen Glückes. Wer ist darauf gekommen, daß die Linde der tschechische Baum sei? Bass hat es besser gewußt. Es ist, meine Herren, die Weide! Je mehr man sie beschneidet, desto mehr wächst sie. Und außerdem, mit Weidenruten werden Ufer befestigt. »Herr Doktor, ich bin dauernd so traurig, so sehr«, sagte Patient Šoltys, der ständig lachte, lachte und sich auf die Schenkel schlug: »Wirklich, ich bin so sehr traurig, wirklich, so sehr«, lachte Patient Šoltys. Schlange auf seiner Frau sehen – Geburt eines Sohnes. Komödiantenberge. Den Kopf abgeschlagen haben – Freiheit. Haus Bei Alexanders in der Plavecká-Gasse. Auf dem Friedhof. Ein kopfloser Mann ging öfters hin, um seinen Kopf zu suchen. Eine Frau hatte Zahnschmerzen. Im Hemd kam ihr der Kerl entgegen. Kopflose haben es auf Frauen abgesehen. Jesuskind, das Meer mit dem Löffel in eine Grube umschöpfend. Bischof. Herz. Augustinus. Er schlug mir vor, ich, eine Frau, möge ihm mit einer kleinen Harke, einem sogenannten Kratzhaken, die Nase kennzeichnen. Der Leutnant machte sich aus Kampfer Eierkognak. Der Stabskapitän besuchte ihn und trank den Eierkognak. Er bekam Gesichte davon, und wenn er in der Kapelle mitblies, malträtierte er die Trompete und spielte alles eine Terz höher. Er hieß Makarius. Wegen des Trinkens von Eierkognak aus Kampfer nannten sie ihn Zulukampfer, manchmal auf Jakamarus. Credo mit dem eigenen Blute auf die Erde schreibend und dabei enthauptet. Dominikaner. Schwert oder Hackmesser im Kopf. Petrus Martyr. Der Angeklagte verspielt die Lohnzahlungen andauernd in der Staatslotterie, weil er meint, unter einem glücklichen Planeten geboren zu sein. Durch die Untersuchung wurde festgestellt, daß dem tatsächlich so ist. Seine Mutter, als sie mit ihm schwanger ging, glaubte im neunten Monat, daß sie auf die große Seite müsse, aber als sie sich auf einen Dorfabort in Odřepce setzte, fiel ihr der Angeklagte als Neugeborenes in die Exkremente. Die Nachbarn liefen herbei und zogen den Angeklagten an der Nabelschnur heraus. Er hat wirklich Glück, weil er auf Gold geboren wurde. Allerdings verspielt er vorerst weiterhin die Löhnungen in der Staatslotterie, womit er die Familie und die Ordnung in der Gemeinde in Gefahr bringt. Töpferwache. Harlekin sein – lange närrisch sein. Dominikaner. Dritter General des Ordens. Auf seinem ausgebreiteten Mantel übers Meer fahrend. Raymundus von Penaforte. Harfenspielerin beschenken – gehe sparsam mit deinem Vermögen um. Der Waldbrand dann entstand durch Unachtsamkeit des Försters, der das alte Reisig im Walde angezündet hat. Er wollte so den Waldarbeiterinnen zeigen, wie schnell sich ein Waldbrand ausbreiten kann. Durch den solchermaßen gelegten Brand ist es zur Beschädigung von 4 ha Waldbestand gekommen. Hyazinthe sehen – Liebe. Mistgrube umschreiten – Wohlhabenheit. Brauner Springer. Nun gerät er in begründete Not. Es ist die letzte Chance des schwarzen Läufers. Tiefe Keller. Seine bourgeoisen Gelüste befriedigte der Angeklagte dadurch, daß er sein Vermögen dazu benutzte, um viermal jünger zu sein. Während der ersten Republik wechselte er vierzigmal den Frühling. Im Winter verbrachte er den Frühling in der Provence, dann fuhr er dem Frühling nach Sizilien nach, danach reiste er zum Frühling in Rom, und den tschechischen Frühling hob er sich für den Schluß auf. Und obendrein prahlte er noch damit, daß er die Arbeitenden aufwiegelte, weil er sie zur Nachahmung anregte. Einsiedler. Drei Hirschkühe. Topf. Hut oder Kapuze am Sonnenstrahl aufgehängt. Teufel auf dem Rücken. Goar. Der Patient verlangt ununterbrochen nach Rauchen. Wird ihm nicht entsprochen, tritt er mit dem Fuß gegen die Tür und klopft daran. In der Wut hat er seinen Kittel in Stücke gerissen und sich einen Streifen Stoff als Schleife um den Penis gebunden. Jerusalemer Leuchter. Wäsche aus Hirschleder. Giftige Hütte. Leberwürste braten – Gusto auf Gutes. Funken blutrot – Weinen. »Hier in der Kanzlei übernehmen wir Gräbergießen. Es gibt hier Ausweise zum Ausleihen von Friedhofgießkannen. Vorsicht vor Friedhofsdieben.« Das schrieb der beschuldigte Totengräber an die Tafel, der dadurch die schönste Sammlung von Dahlien zusammenbekam. Anemonchen, Schmetterlingchen, Seeröschen. Giftige Hütte. Seine Einstellung zu unserer Gesellschaftsordnung läßt sich wegen seiner Schlauheit und Geriebenheit schwer bestimmen. Engel brachte ihm Fische, was sich öfters wiederholen sollte. Abt. Glühenden Stein in der Hand. Comgallus. Noch einmal das gleiche, und der andre ist ne fertige Leiche. Das bedeutet Bankrott, doch der nächste Bauer ist tödlich bedroht. Armenhaus des Hl. Adalbert. Mit einem Holzbein gehen – Veränderung der Stellung. Mit Blättern oder Fellen bedeckt. Auf allen vieren kriechend. Von Jägern und Hunden verfolgt. Onufris. Sie redete mir zu wie einem kranken Huhn. Aber in Ozerov pod Slovany, Haus Zu den zehn Jungfrauen. Sodomina. Am ärgsten wütete dort eine Jüdin. Ein schwarzer Kerl mit dem Ochsenziemer. Er hat das Jüdelinchen versohlt. Wen die Jüdin seither auf der Gasse tanzend fertigmacht, wehe dem! Im Haus Bei Nessels. Nach den Klosterjungfrauen kamen die weltlichen. Die Quetschung über dem rechten Auge und das aus der Hüfte gedrehte Bein verursachte der Angeklagte, weil seine Frau beim Vollzug der ehelichen Pflichten einen Apfel aß. Schutzengel gekleidet wie ein Diakon. Nonne. Vor der Monstranz, deren Strahlen ihr Herz treffen. Franciska Romana. Invalidenhaus. Der Bericht über ihren Leumund ist von der Art, daß sie am Ort ihres Arbeitsplatzes Mitglied der Organisation ČSM ist. Obwohl ihr Verhältnis zur heutigen Gesellschaftsordnung positiv ist, hat sie eine sehr gute Arbeitsmoral, und im Hinblick auf ihre Erkrankung an Knochentuberkulose wird sie anderen Arbeitern als Vorbild hingestellt. Karpeles-Mühle. Enterich im Wasser schießen – Geschlechtsverkehr. Locke eines Toten – Unglück. Katzenloch. Sie zogen sich nackt aus und mimten Orchideen. Aus dem Fenster stürzend. Serapion. Unnachahmlicher Scharfsinn. Durch höchste optische Schärfe will er seinen Gedanken Leben verleihen. Stute ohne Schweif sehen – sei vorsichtig. Konfiszierte Zeitschriften – deine Vermutungen werden sich bewahrheiten. Liebling, wenn du eine andere liebst, eine hübschere, als ich es bin, dann schreib es mir nur. Pflücke zwei Rosen, schenke mir eine, zwei Mädchen lieben, und du hast keine. K + M – S. Katze und Maus, das Spiel ist aus. Královská Výtoň Salzkammer. Steinerne Uhr. Der Obus blieb nicht deshalb stehen, weil er überfüllt gewesen wäre, sondern deshalb, weil drei Halbstarke die Schaffnerin angefallen, diese um die Schleifleitungsmasten gejagt hatten, wobei der Angeklagte Hemelík rief: »Komm her, du Nudel, ich kassiere dich ab!« Hagelschlag bringt den Henker um die Knechte. Rad mit Messern und Haken zerschlagen. Enthauptet. Ring am Finger. Katharina von Alexandria. Schnaps trinken – erhältst freudige Botschaft. Schöne Jungfrau Maria. Es muß eingeräumt werden, daß der Verurteilte Stanko, obgleich er orthodoxer Pfarrer war, nicht zur reaktionären Politik des Vatikans inklinierte. Wimpel und Reichsapfel. Gelegentlich in Rüstung. Im Mörser zerstampft. Abgehacktes Bein. Viktorinus. Das russische Abc, meine Herren, das sind umgekehrte Möbel. Sommer und Winter. Bad der Johanniter. Die Wäscherin im Kloster Maria Magdalena in die Mondnacht blickte. Ein Mensch im Garten Geld auflas, das herangereift war. Sodann ließ man den Pumpmeister in den Brunnen hinab, dort saß ein Mönch und hielt Lämmlein auf dem Schoß.

Die schöne Mimin Laura. Sie schickte sich zur Flucht an, doch der Gemahl schnitt ihr den Kopf ab und sandte ihm dem Herrn Grafen. Als Taglöhner die Statuen aus der aufgegebenen Kapelle trugen, versteinten darob zwei Prager Damen. Die Taglöhner trugen sie gleich den übrigen Statuen hinaus, ohne daß ihnen etwas aufgefallen wäre. Liebe mit dem Millimetermaß messen – Unendlichkeit. Schwänchen. Himbeersaft. Kleines Ballhaus. Die Angeklagten stellen eine sogenannte Montage her. Die Untersuchung hat ergeben, daß die Montage ein angewärmter Obstwermut für elf Kronen mit Zucker und Zitrone ist, was so berauschend wirken soll, daß die Russen mit der Montage angeblich die Raketen antreiben. Am Tag zuvor war unsere Kuh läufig geworden. Als ich sie aus dem Stall führte, hielt sie mich für einen Stier statt für eine Frau und trat mir auf den Bauch. »Ich ging, Hohes Gericht, meine Gattin aus ihrer schweren Lage befreien: Auf ihr stand die Kuh.« Zweifacher Angriff, der widerspricht jeder Erwartung. Die Partie wird wahrscheinlich remis ausgehen. Das Remis wird durch einen klaren Blick erreicht. Schiffmühle. Minister sehen – hast wenig Freunde. Als Bahnbediensteter bewege ich mich häufig auf Bahnhöfen. Totem das Hemd anziehen – großer Schade. Weil das Pferd zu scheuen pflegte, löste Šeps beim Laden die Aufhaltekette. Das Pferd biß ihn durch unglücklichen Zufall ins linke Ohr, ohne davon zu wissen. Mist und Balken. Einsiedeler Kalkofen. Malvasierpflaume. Stadt London. Wir sind dann vor der Kantine auf Balken und Brettern gesessen. Ich hatt' im Gefängnis das Treibhaus zu machen. Ich sag: »Herr Wachtmeister, ich könnte den Balken brauchen.« Aber der Wachtmeister fängt an zu brüllen: »Frauenzimmer, das lassen Sie sich ja nicht im Traume einfallen. Das ist der zerlegte Galgen!« Mäuseloch. Blaue Ente. Folterkammer – unglückliche Liebe. Galgen neben sich. Zerrissene Kette in der Hand. Er wollte den Verurteilten vom Galgen losbitten und sich statt seiner hängen lassen. Aber die Schlinge löste sich mehrmals. Feriolus. Der Kulak Hušek schlich sich in die entstehende LPG ein, allerdings nach langen Überzeugungsversuchen. Er ließ auch unbebauten Boden brachliegen. In die Irrenanstalt kam er, weil bei der Taubenhalter-Ausstellung die Kommission seine Blondinetten nicht anerkennen wollte. Er verfaßte jedoch eine kleine Schrift, die bezeugte, daß er kein Irrer ist. Sie heißt: »Wehe euch, ihr Vordermänner, alle habt ihr überholt und obendrein auf die Hintermänner gepfiffen. Desgleichen wehe euch, ihr Hintermänner, die ihr die Vordermänner habt überholen lassen. Lobpreis aber euch, ihr Mittelmänner, die ihr weder vorn noch hinten geblieben seid.« Als ich im Anstaltsgarten kraft meines Amtes die Bezeichnung des Schriftchens abschrieb, traten zwei Jungen ihren Ball durchs Torgitter und riefen mir zu: »Herr Irrer, würden Sie uns den Ball wiedergeben?« Als ich sie ermittelte, schlug mich der beschuldigte Vater, Hildebrant, mit den Worten: »Da hast du ein paar in die Fresse.« So kam es zur Lockerung zweier Zähne, die ein wichtiges Organ zum Zermalmen der Nahrung sind. Dadurch aber tritt der doppelte Notstand ein, und die Tore der Sehnsucht öffnen sich. Die Dame wird in entsprechendem Zustand an die Wand gedrückt. Franziskanernonne. Sie war neun Jahre lang Kokotte und wurde bekehrt, als sie, vom Hund ihres Liebhabers geführt, diesen ermordet in der Schlucht fand. Margaretha di Cortona. Genanntem Hund wurde das Auge von einem Hund ausgestoßen, mit welchem Hund jener Hund raufte. Derart große Optik ruft zwangsläufig das große Schicksal hervor. Er sieht den fernen Stand verwickelter Dinge. Auf verlorenem Posten. Kraut jeglichen Gemüses – erregst dich unnütz. Braut in Ohnmacht sinken sehen – auch das mir Überraschung ist. Der Bruder Bohuslav Veselý erschlug meinem Vater den Hund, den er aufaß. Fische am Himmel fangen – Zwietracht der Gedanken. Der Angeklagte ist Kulak, und darum hat er den geringsten Grund, auf unsere staatlichen Einrichtungen zu schimpfen. Beine gebrochen – Glück auf Reisen. In der Podskalská-Gasse steht ein Haus. Früher jagte hier der Heilige Wenzel Hirsche. Tiefe Wälder. Auf heiligem Boden erlegte er einen Hirsch, den er hier begrub. Das Geweih nagelte er ans Forsthaus. Der Hirsch holte sich jede Nacht sein Geweih. Nun steht ein Haus da mit dem Bild dieses Forsthauses. Das Hirschgeweih ist in natura auf dem Bild. Der Hirsch holt sich weiterhin jede Nacht das Geweih. Dann geht er zum Brunnen trinken. Gegen Morgen springt er an der Wand hoch, lehnt sich mit den Hufen an den Bildrahmen, und das Geweih kehrt an den Giebel des gemalten Forsthauses zurück. Man kann sehen, wie das Geweih wackelt, bevor es ins Bild einrastet. Auf der Porculánka. Der Angeklagte hat nach begangenem Diebstahl in Lověna in der Ecke des Raumes die große Seite verrichtet (geschissen). Zu seiner Person gibt er an: Ich bin der einzige Geschwister. Franziskaner. Die fünf Wundmale Christi. Lilie in der Hand. Geflügeltes Kruzifix. Franziskus von Assisi. Infolge der Ohrfeige verging ihm die Lust zu weiterer Unterhaltung. Osseker Wäsche. Esel an der Krippe. Ich rutschte in die Wanne, in der kochendes Wasser war, und verbrühte mir die Genitalien, das heißt den Arsch und das andere. Die Tropfen der Heiligen Elisabeth nannte man: Schwalbenwasser. Erfunden wurde es von einer polnischen Adeligen, einer Klarissin, die im Haus Zu Gottes Antlitz wohnte. Ein Krakauer Student hat es von einer Witwe erfahren, die bei der Adeligen diente. Dann probierte er die Herstellung des Schwalbenwassers. Der Nachtwächter stieg auf eine Leiter. Licht brannte. Der Nachtwächter fiel auf den Gehsteig hinunter. Der Student war tot, der Nachtwächter war tot. Einzig des Studenten Schatten geht um. Bücher und Bilder abdrucken – Betrübnis. Affen sehen – schwere Krankheit, aber auch Glück in der Liebe. Einsiedelei von Smolikov. Jungfrau Maria auf dem Goldenen Felsen. Schifferschenke. Einige Polizisten waren in Ziviluniformen gekleidet. Zur Selbstverteidigung trat sie ihn in die Hoden (Eier). Haken. Scheiterhaufen von Regen ausgelöscht. Blitz zerstört den Dianatempel. Martina. Bett, wenn es gemacht ist – sichere Treue der Ehefrau. Obere Halle. Englischer Gruß. Ich bin normal zur Arbeit gegangen und dabei schwanger geworden. Von Haar verhüllt. Selten mal. Als man sie nackt ins Freudenhaus führte, hüllten Engel sie in ihr Haar. Lamm. Agnes. Wunde in der Brust haben – Glück in der Liebe. Der Angeklagte knurrte mich an wie ein Hund an der Kette. Pomade – deine Überspanntheit ist dir zum Schaden. Pelc Tyrolka. Beide verpaßten einander dann je eine Ohrfeige mittlerer Qualität. Zwischen den Teilnehmern kam es vorm Volksgericht zu einer Verhandlung zur Lösung auf gütlichem Wege, wobei der Antragsteller die Gegnerin verdrosch, so daß sie blaue Flecken im Gesicht hatte. Brutale Beherrschung eines mächtigen Schachzuges. Kloster der Heiligen Elisabeth. Glockengießerwerkstatt. Chor der Nonnen rund um die Grube, in welcher die eben gegossene Glocke glänzt. Eine nach der anderen entschwebt durch die Decke. Nur eine Nonne bewacht bei Ölfunzellicht die gegossene Glocke. Sie diente danach für verschieden hohes Entgelt. Der Angeklagte jedoch hat kein positives Verhältnis zur heutigen staatlichen Verfassung, weil er Totengräber ist. Verbrannte Hände. Und doch malte er noch Bilder aus dem Leben der Heiligen. Lazarus von Constantinopolis. Rum trinken – Gesellschaft. Russisches Café.

Paradieshof. Wehe, meine Herren, wehe. Ich schenke meiner Frau zu Weihnachten die teuerste Omega-Uhr, aber sie: »Was soll ich mit dem Blechding? Warum kaufst du mir nicht die beste Uhr der Welt, die russische Pobjeda, auf der ich stehe?« Meine Herren, dreimal wehe! Rose brechen oder abreißen – der Geliebten etwas Liebes. Sieben goldene Leuchter. Streichholzfabrik. Salmiak. Lechze nicht nach Spirituosen. Spiritka. Die Ecke vom Karlsplatz heißt Bei Hubaleks. Bei Slivenecký́s. Dort trafen sich die Pikarden. Das Porträt eines jeden hing an der Wand. So ein Pikarde schläft zu Hause im Bett und ist gleichzeitig im Pikardenverein. Ein Verein der Doppelgänger. Die Frau von einem sagte sich: »Jetzt reicht's!« In der Verbrannten Gasse brannte es, sie mußten den Pikarden samt dem Bett hinaustragen, so fest schlief er. Seine Frau rannte mit dem Messer in den Verein der Doppelgänger. Dort zerschnitt sie das Porträt ihres Mannes quer durchs Gesicht. Als sie zurückkam, war mit demselben Schnitt ihr Mann abgemurkst, der im Bett schlafende Pikarde. Sie wurde verrückt. Danach lief sie im Haus bei Hubaleks umher, trug das verwundete Bild in den Händen, aus dem Blut tropfte. Malzfabrik Slivenecký. Halde in Šlotýř. Was also die Ruhestörung anbelangt, da weiß ich jetzt, was ich angestellt hab. Ich fühle mich schuldig. Meine Handlung bedauere ich, und das vor allem deswegen, weil mir eine Strafe mit Bewährung noch nicht abgelaufen ist. In angetrunkenen Zustand werde ich mich nie mehr bringen, weil ich es ärztlich verboten hab. Beine und Hände durchbohrt. Bischof. Zange. Haken. Felicianus. Schneebälle auf jemanden werfen – Unschuld. Sirup lecken – Schamlosigkeit. Unweit des Altstädter Rathauses habe ich beim Unbekannten Soldaten den finnischen Hebel angesetzt. Im Ungelt rief der Türke die Braut auf ein Wörtchen zu sich, das sie ihm gab. Dann aber ein abgeschnittener Kopf am Hochzeitsfest. Sie hatte dem Türken die Liebe versprochen und sich einen anderen genommen. Der Türke trug ihren Kopf in der Wüste herum. Auf dem Bild jedoch trug er den Kopf am Haar. Die Leute hatten auch gesehen, wie der Türke ohne fremde Hilfe einem Bild entstieg. Er griff ihr in den Schlüpfer, ans Geschlecht der Dame. Man nimmt den Turm als eine tote Figur, die hier wie eine Vogelscheuche steht. Geißel. Bischof. Meßbuch vom Schwert durchstoßen. Bonifacius. Svobodas Tümpel. Geadelt als von Schönau. Das klassenmäßige Herkommen des St. Linhart ist nicht aus Prag. Denn nach Prag kam er erst im Jahr 1951. Der Genannte ist Witwer, denn er ist geschieden und lebt eheähnlich mit M. Lálová, einer Witwe, die ebenfalls geschieden ist. Sonnenschirm sehen – Unterstützung in der Not. Wahnsinnigen sehen – Gram. Einen Sternenkranz ums Haupt. Er wurde in der Moldau an der Stelle gesehen, wo man ihn ertränkt hatte. Priester. Kruzifix in der Hand. Gebein. Fluß. Johannes von Nepomuk. Dreierlei Geigen. Silberner Spazierstock – Wonne. Das Betragen des Angeklagten ist untadelig, weshalb sich sagen läßt, daß er ein positives Verhältnis zur heutigen staatlichen Ordnung besitzt. Dies läßt sich allerdings nur insoweit behaupten, als er in nüchternem Zustand ist. Drei rote Sternchen. Drei rote Herzen. Bei den Kaffeetanten. Die Ulrichová trat aus der Tür und sah die Moravková, die, auf dem Baum der Ulrichová sitzend, sich deren Zwetschgen pflückte. Den Ohrwurm haben – Ladung vors Amt. Zum goldenen Brunnen wird auch Zum halben goldenen Rad beziehungsweise Zum roten Sessel genannt. Dort befindet sich ein Brunnen. Ein Dienstmädchen, das Wasser schöpfte, sah den Eimer voll Gold. Sie beugte sich vor und ertrank. Jetzt geht sie im Hause um. Der Gang in dem Haus ist so eng, daß man die Särge durchs Fenster hinunterlassen muß. Die Treppe hinunter erschlug sich der Gehilfe aus der Weinstube. Nagel im Kopf. Arzt. Nägel waren ihm durch Kopf, Beine und Hände getrieben worden, und man hatte ihn in die Grube geworfen, damit er verblutete. Julianus Emensenus. Die Eheleute Boušek begehen im Haus sehr oft moralische Delikte dadurch, daß sie öffentlich raufen und sich weiter gegenseitig mit Worten beschimpfen, die oft nur von kleinen Kindern benutzt werden. Der Gipfel von alledem ist, wenn die Ehefrau von Miroslav Boušek mit ihrer Beredsamkeit nichts ausrichtet, ihren Rock hebt und ihren nackten Hintern sowie ihr Geschlechtsteil zeigt. Nonne. Karmeliterin. Brennendes Herz in der Hand. Vor sich Kruzifix und Juwelen. Theresie. Zum goldenen Tiger. Zum Bischofshut. Zur rauhen See. Durch eigene Hilfe ließ sich der Brand nicht löschen. Es wurden Feuerwehrmänner berufen, die den Brand so und insoweit löschten, daß der angeführte Hühnerstall in Asche sank, samt dem auf der Nachbarparzelle gelagerten Holz. Bei Fleků sitzen – Zufriedenheit. Totenuhr halten – Hochzeit. Meer, über das sie geschritten war. Engel. Taube hatte ihr den Schleier gebracht. Fürstin. Aldegundis. Der Beschuldigte schlug die Geschädigte mit dem Schaufelstiel über den rückwärtigen Teil des Körpers, der der Straftatmeldung als Beweisstück beigefügt ist. Der Zug, mit zauberischem Zwang ausgeführt, dämpft jeden Widerstand. Was für eine an Motiven reiche Natur! Überall ringsum Untergang. Der König und die Dame müssen sterben. Weil es sich um einen vollkommen unbewußten Menschen handelt, kann man dafürhalten, daß er ein positives Verhältnis zum eben gegründeten Kaninchenzüchterverein hat, auch wenn er eine Neigung zu Diebstählen besitzt. Messer, mit diesem durchbohrt. Vor der Umkehr war er Dieb und Mörder. Mohr. Anachoret. Moises von Äthiopien. Haus ausgebrannt – Freude. Mordhaus. Soweit es um die Glaubwürdigkeit des Jugendlichen geht und das Gericht die Beurteilung des Schuldirektors zugrunde legt, führe ich an, daß es sich um eine Person handelt, die geistig nicht erwachsen ist, sondern minderwertig. Löwe oder Hahn. Adler. Wie ein Kind. Kessel mit Öl. Vitus. Verse schmieden – Haß. Wo gibt's denn heute noch den Kleiber? Fiii fiiii? Das hier sind Blaumeisen. Und sehen Sie? Finken setzen sich nicht hin und picken nicht aus der Hand. So ein Fink pickt verschreckt im Fluge – wie ein Dichter. Das ist aus der Zeit, wo die Vogelfänger ihre Leimruten aufstellten. In der Siedlung genießt er einen guten Leumund, weil er sich von Zeit zu Zeit in betrunkenen Zustand versetzt und in diesem Zustand Unsinn treibt. Nonne. Schwarze. Mutter des Heiligen Augustin. Monika. Sie wollte, daß ich ihrer Person Gewicht gebe. Mit dem Absatz stand sie auf meinem Herzen, um in meinen Augen dann zu sehen, wieviel sie wog. Hätte sie mir ein Zeichen gegeben, würde ich ihr Briefe mit meinem Blut geschrieben haben. Zwei Ochsen versuchen vergeblich, sie an einer Schlinge ins Freudenhaus zu ziehen. Schüssel. Lucia. Großer Stiefel. Runzeln sehen oder haben – Schönheit. So stellte das Gericht durch Teilgeständnis des Angeklagten, Zeugnis der Karla Beranová und des Josef Nepomudský, Straftatsmeldung, ärztliches Attest, Präservative und neun Aufnahmen nackter Frauen fest, daß Anton Kadraba unehelich geboren ist, als Sohn des Josef Kadraba, eines kleineren Bauern, der sich zu betrinken pflegte. Derart männliche Handlungsweise gewährt den höchsten Genuß. Jesusmaria, gute Frau, üben Sie die Liebe, wie Meerrettichsoße gemacht wird. Goldene Kanone. Jüdische Niederlage. Ich habe sie stets zu ergründen versucht, wie Kinder einen Weihnachtsbaum ergründen, das mit Watte zugeschneite Bäumchen. Das Bäumchen mit dem Engelhaar. Kinder, wollt ihr einen Schokoladekringel haben? Tut vorsichtig die Watte zur Seite, dort drinnen im Weihnachtsbäumchen, auf einem Zweiglein, an einem Goldfaden hängt er. Dort ist ein Nestchen und darin Süßigkeit. So band ich sie an mein Herz. Ich hatte einst eine kleine Hand. Die schlüpfte überall durch. Um einen Schlüssel auf der anderen Seite umzudrehen. Um ins Einmachglas zu fahren. Grüne Felder. Die Mächtigkeit des zweifachen Angriffs läßt die Dame kalt. Dadurch ist ausreichend bewiesen, daß der Verdacht einer Straftat nicht ausreichend bewiesen ist. Wozu aber sich im Sommer um Nikolaus kümmern? Schere zum Abschneiden der Brüste. Scheiterhaufen. Agatha. Nach dem Unfall kroch ich vom Motorrad und sah, daß ich eine Rißwunde in der Brust hatte und daß aus ihr das Herz und ein Teil der Lunge quollen. Ich rannte darum los und rief um Hilfe und versuchte, das Herz und den Lungenteil zurückzuschieben. Ein Bürger hielt mich an, leistete mir Hilfe, brachte Gaze und verklebte mir die Wunde mit Leukoplast. Rose. Dominikanernonne. Dornenbekränzt. Sie hieß Isabella, wurde wegen ihrer Schönheit aber Rosa genannt. Rosa von Lima. Eierkuchen essen – Profit. Ich habe einen Sohn, der ist einen und einen halben Monat alt, und darum ist er nirgends beschäftigt. Er stammt aus einer Arbeiterfamilie, hat sich aber angewöhnt, flott Geld auszugeben, ohne Wirtschaftsplan. Stern auf der Brust. Weiße Kartäuserkutte. Ums Haupt eine Gloriole aus Sternen. Bruno. In Anbetracht meines Gelenkrheumatismus habe ich kein Verlangen, mich zu befriedigen. Ist der Turm nicht paralytisch tot? Davon ist der Schachkampf nicht frei, das ist sein bester Trumpf, mit dem er triumphale Siege erringt. Als Arbeiter ernährte er sich so sein Leben lang. Flammenschwert oder Geißel. Engel. Jophiel. Der Angeklagte brachte zu seiner Verteidigung nichts vor. Diese Verteidigung kann ihn nicht von der Schuld befreien. In der Hölle. Voriges Jahr hatte ich auch in Jitschin eine schwere Darmoperation gehabt, seither kommt kein Sämchen mehr aus mir heraus. In Zeiten, wo ich zu verliebten Absichten gezwungen bin, fällt mir großer Unsinn ein. Damit warf ich mich unschuldig ins Gefängnis. Wasserrohr – unangenehme Begegnung. Stachel zum Augenausstechen. Zur Zeit Maximilians zu Grubenarbeit verurteilt, wo man ihm, wie es üblich war, ein Auge ausstach und ein Bein lähmte. Spiridion. Der Vater des Angeklagten war Arbeiter. Er starb, als er neun Jahre war. Es ist gut durchdacht. Nur den Gegner noch zur Ohnmacht treiben. Das Motorrad fuhr ich ohne Führerschein, weil ich den Weg mit dem Zug nicht kenne. Taube an seinem Mund oder in sein Ohr. Hostienkelch in der Hand. Dominikaner und Kirchenlehrer. Doctor angelicus. Thomas Aquinas. Er brachte sich in den Zustand der Trunkenheit, fiel in den Straßengraben, wo teilweise Wasser war, wobei er sich zum Teil auszog (er streifte Ober- und Unterhose herunter, so daß sein hinterer Körperteil und das andere zu sehen waren); damit erregte er bei den Mitbürgern Verachtung und Unmut, so wie auch Befürchtungen bei vorübergehenden Frauen und Kindern. Strahl aus der Monstranz trifft ihr Herz. Schutzengel neben ihr. Nonne. Franziska Romana. Wunder wirken – Demütigung. Laubkönig. Das Treffen mit dem Angeklagten nahm dann ein solches Ende, daß Eva Vokáčková von zwei gesunden Kindern genas. Tiefe Wunden im Nacken. Auf dem Gesicht liegend. Arme und Hände gespreizt. Der Henker hatte sie mit drei Schlägen nicht enthaupten können. Lebte noch drei Tage. Caecilia. Meine Ehefrau hat im November das Fenster zu dem Raum hin zerschlagen, wo ich schlafe, und durch das zerschlagene Fenster hat sie in das Bett, in dem ich mit meiner Gefährtin schlafe, eine Pfütze geschüttet – Geschissenes. Weiterhin wollte sie mir das Heft nicht herausgeben, in das ich die Toten eintrug, und als ich es zusammen mit dem Vorsitzenden des Örtlichen Nationalausschusses abholen kam, hat sie eine Bierflasche auf mich geworfen, und mit dem Stempel František Píša – Totengräber hat sie mich auf den Kopf geschlagen. Eisenrechen. Der Heilige wurde mit eisernem Kamm zerkratzt. Kerzen. Bischof von Sebaste in Armenien. Schweinskopf. Zur Zeit Diokletians. Blasius. Ich ersuche darum um die Rückgabe des Motorrads, das ich als Besamungsbeamter zur künstlichen Besamung von Kühen notwendig brauche. Die Jungfrau Maria erscheint ihm mit dem Neugeborenen und reicht ihm die Brust. Zisterzienser. Bienenkorb. Bernhard von Clairvaux. Ein Paradestück der Optik. Einzig durch höchsten Scharfblick kann man so hohes Glück erreichen. Er betastete sie am Busen und anderen schönen Körperteilen, ohne zu einer derartigen Tätigkeit berechtigt zu sein. Ja, gute Frau, das ist eine psychische Vergiftung durch unverdorbenes Fleisch. Verbum caro factum. Diese Worte sind ihr als Vision ins Herz geschrieben. Maria Magdalena von Pazzis. Schürze sehen – du bist von zweifacher Paralyse betroffen. Der Beschuldigte ist ein junger Mann von anständigem Äußeren, amerikanischen

Typs, wogegen die Zeugin 14 Jahre älter ist, eine unschöne, vorzeitig verblühte und heruntergekommene Person. Lediglich etwas Süßliches im Beschuldigten ermöglicht die Überwindung dieses Hindernisses. Zunge, einem Habicht vorgeworfen. Mühlstein. Von Pferden geschleift. Ritter Quirinus. Die Katastrophe herbeiführen, das ist der höchste Zug. Der König gibt nur noch schwache Lebenszeichen. Judenschule – Zwietracht. Goldenes Vlies. Der Beschuldigte hatte sich wieder betrunken, und nur einem unbegreiflichen Glück verdankt er es, daß er beim Verschieben der Waggons nicht getötet wurde, als wie durch ein Wunder die Eisenbahnwaggons über ihn hinwegfuhren, ohne ihm das Geringste anzutun. Frau neben sich. Einsiedler. Veronus. Außerdem entließ die Gegenpartei aus dem Hintern Gas in die Wohnung, aus welchem Grund es zu Mißhelligkeiten kam, denn seine Frau warf es ihm böse vor. Sich betrinkend, verwandelt Tesař sich in ein Tier und beißt wie ein tollwütiger Hund. Als der Geschädigte in Ohnmacht lag, biß er ihm den rechten Nasenflügel in einer Höhe von 2 cm so ab, daß der Nasendurchgang bloßliegt und offenklafft. Einen gerissenen Zahn in der Zange haltend, oder als wäre er ihr gerade mit einem Meißel oder einer kleinen Keule ausgeschlagen worden. Patronin gegen Zahnschmerzen. Apollonia. Als die Polizeiorgane dem Angeklagten verkündeten, daß er verhaftet sei, warf sich der Beklagte auf den Boden und schlug mit dem Kopf auf diesen. Zweig oder Dornstrauch in der Hand. Stola. Nothelfer. Achatius. Er bettelte, daß in der Gemeinde eine LPG gegründet würde, damit er nichts zu tun brauchte. In angetrunkenem Zustand ging er um 18 Uhr ins örtliche Kino, wo er während der Vorführung auf den Boden des Kinos pißte, was einen so beträchtlichen Lärm verursachte, daß er durch seine Handlung die umsitzenden Kinobesucher auf sich aufmerksam machte, wie Marie Ledečková, die ihren Mann aufmerksam machte, daß Havránek im Kino pißte, wo er eine beträchtliche Pfütze verursachte, wodurch er das Kino verunreinigte. Gegen eine derartige eiserne Umklammerung gibt es keine Rettung. Die Verwicklung der Situation ist gut durchdacht. Als es dem Polizeiorgan endlich gelang, den Angeklagten in die Auffangstation vorzuführen, lehnte es dieser ab, sich dem Reinigungsbad zu unterziehen, und als er vom Polizeiorgan zu anständigem Benehmen ermahnt wurde, sagte er zu ihm, daß er ein Ekel und Schweinigel sei, weil er seinen Körper sehen wolle. Zweig in der

Hand. Dolch in der Brust. Bibiana. Der Läufer ist lebendig, aber die Dame gleichzeitig tot. Hohes Gericht, ich schreibe so, wie Kinder einen Fisch malen. Den oberen Bogen, dann den unteren Bogen. Am Ende des Rückgrats geht einer durch den anderen, und so entsteht der Schwanz, die nützliche Flosse, die die notwendige Richtung bestimmt. Diese Stadt ist in der gemeinsamen Pflege ihrer Bewohner, der toten und der lebendigen. Ins Bett einen Ziesel, zum Saubermachen ein Wiesel. Kern. Dies alles bestätigen der Herr Doktor der Philosophie Jodl und der Böhmerwälder Schneider Herr Martinčik.

P. S. Diese Legende entstand als vermischter Text, frei gefügt nach »Attribute der Heiligen«, »Pražšké tajnosti« (Prager Geheimnisse) von Popelka Biliánová, »Mysterium der Schachkunst«, »Snáře Anny Nováková« (Traumbuch der Anna Nováková), »Historický a orientačný průvodce ulicemi hl. města Prahy« (Historischer und orientierender Führer durch die Straßen der Hauptstadt Prag), gerichtlichen Untersuchungsprotokollen und Straßengesprächen.

Legende von den Lamertz-Nadeln

Wenn eine Boeing 707 zur Startbahn rollt, bekommt jeder Passagier ein philosophisches Gesicht. Ein Weilchen Stille, und dann beginnen die Rolls-Royce-Triebwerke zu brüllen, als hätte man tausend Stieren die Schwänze gleichzeitig in den Häcksler geklemmt, und die Maschine der Luftfahrtgesellschaft startet mit regelrechtem Gusto, und alles fängt zu zittern und zu beben an, und alles jagt im Rückwärtsgang nach hinten, und die vier Triebwerke heben hundertdreißig Tonnen Material hoch, und es hebt sich der Magen, der einem durch den Schlund in den Mund und danach ins Gehirn steigt, aber die Boeing reißt sich stetig weiter empor, auf der Diagonale des Briefes, zu den Wolken, der Sonne nach in die Sonne.

Gestern sagte Herr Tischler Benda zu mir, daß er sich da nie reinsetzen würde, weil so ein Aeroplan keine Balken hätte.

An diese Balken mußte ich denken, als die Maschine in die Wolkenberge eindrang, und als sie schaltete, spuckten einen Augenblick lang zwei der Triebwerke. Und jeder Passagier kriegte einen Kurzschluß, jedem fielen für eine Weile die Sicherungen heraus. Und die Boeing riß sich lustig immer höher, nun wieder auf vier Triebwerken, die siebenhundert Liter Brennstoff pro Stunde verschlingen.

Neben mir saß ein Reisender, der hielt ein winziges Auto, Modell 1909, auf der Armlehne des Sitzes, und dieses Autochen wich ständig zurück und fuhr hinab in Richtung Flugplatz, den wir verlassen hatten.

»Wenn dieses Autochen stehenbleibt«, sprach der Reisende, »fliegen wir gerade, und dann kann uns nichts mehr passieren, weil die meisten Malheurs kurz nach dem Start geschehen. Allerdings, dieses Flugzeug heißt Dhaulagiri und wird von lauter Indern kutschiert, und die haben alles Menschliche metaphysisch gelöst.«

»Hm«, machte ich.

»Ja«, sagte der Reisende, »allerdings besteht der Vorteil dieses Flugzeuges darin, daß wir, wenn es abstürzt, keine Zeit mehr haben, in die Hosen zu machen. Das hat mir der Kapitän versichert, um mich zu trösten. Allerdings! Ist Ihnen bekannt, daß die Versicherung für jedes Flugzeug einen Sarg einkalkuliert hat?«

»Im Ernst?« fragte ich.
»Im Ernst, wir haben ja auch bei der Luftfahrtgesellschaft solche Socken zugeteilt bekommen, wie man sie Leichen in den Sarg mitgibt«, erklärte der Reisende und stellte sein Autochen weiter auf die Armlehne, und das Autochen fuhr immerzu nach hinten und fiel ihm in den Schoß.
Und die Boeing stieß durch die Wolken und riß weiterhin die hundertvierzig Passagiere empor und zur Sonne, die den Schatten unserer Boeing auf den Fußboden aus Wölkchen legte, und während die Dhaulagiri stieg, wurde der Schatten kleiner und kleiner, bis er klein war wie die Miniaturboeing im Reisebüro am Graben in Prag.
»So«, meinte der Reisende, »jetzt haben wir schon gewonnen. Jetzt fliegen wir schon gerade«, und er wies auf sein Autochen, das mitten auf der Armlehne stand, noch einen Augenblick zögerte, dann aber doch stillstand wie die Luftblase in der Wasserwaage. Der Reisende nahm sein Autochen und verstaute es in einer englischen Streichholzschachtel. Er zog die gestreiften Socken über.
Und schöne Inderinnen verteilten Silberbesteck und hatten Punkte auf Stirn und Wimpern wie Zweiglein von Weihnachtsbäumchen und waren von grüner Seide umschlungen wie Statuen von Efeu.
»In den Iljuschins gibt es Beile neben den Türen«, sprach der Reisende, »damit man uns durchhauen kann, falls was ist. Eine Menge Leute verbrennen bei Notlandungen. Eine Menge.«
»Aber hier gibt es keine Beile«, erwiderte ich.
»Nein, weil die Inder schon alles gelöst haben«, erklärte der Reisende, »so ein Inder ist ständig im Stande des Buddha, er lebt zwar, ist aber gleichzeitig tot... Und wenn er tot ist, dann ist er doppelt lebendig, verstehen Sie?«
»Ich verstehe es nicht, aber ich begreife es«, antwortete ich, »ich mag solche Dinge nämlich nicht verstehen.«
»Das höre ich gern«, sagte der Reisende erfreut.
»Darf nun ich, mein Herr, Sie etwas fragen«, sprach ich, zog die Halbschuhe aus und streifte die Socken über, »wo fliegen Sie hin?«
Die Stewardeß neigte sich vor und duftete nach exotischen Gewürzen. Sie servierte Cari de Volaille à l'indienne.
Und wir entfalteten die Servietten, die groß waren wie kleine

Tischtücher, steckten sie unters Kinn, wie in einem riesigen Friseursalon sah es in der Flugzeugkabine aus, und der Reisende verstand wunderschön zu essen und dabei zu erzählen, er sei Tschechoamerikaner und eine Woche in Prag zu Besuch gewesen, er sei von Prag begeistert, er habe um halb elf in der Nacht in der Stephansgasse selig mitten auf der Fahrbahn getanzt, für einen Amerikaner sei nichts so aufregend wie das Fahren auf einer von Bäumen gesäumten Kreisstraße, sogar auf den Weg ins Erzgebirge habe er sich gemacht und sich dort in einem Rokokoschlößchen photographieren lassen, es sei verlassen gewesen, doch nachts habe eine Kuhherde auf dem Parkett geschlafen, allerdings, daheim in Bronx habe er einen Kater zurückgelassen, der, wenn sein Herr fort sei, nichts anderes tue als im Hof sitzen und auf die Torklinke starren und warten, bis sein Herr die Klinke von der anderen Seite niederdrücke, jetzt aber sitze der Kater schon den siebenten Tag so da und schaue auf die Klinke, und das sei für seinen Herrn eine schreckliche Vorstellung, sein Herr habe sich darum mitten im Prager Urlaub entschlossen, für einen Tag nach Bronx zurückzufliegen, um die Torklinke niederzudrücken und den Kater zu streicheln und ihm Milch einzugießen, tags darauf wolle er nach Prag zurückkehren und dort seinen herrlichen Urlaub fortsetzen, wo er morgens Bei Pinkasů angefangen habe und dann hinunter in die Lîpa nach Vysočan gefahren sei, wenn denen dort das Pilsner ausging, weiter mit dem Obus auf die Hofmanka in Kobylisy, um drei Viertel vier sei er schon wieder in der Schlange vorm Goldenen Tiger gestanden, ein andermal wiederum habe er gleich morgens um sechs auf der Kovárna in Strašnice oder zur gleichen Stunde bei Linhartů neben der Sankt-Stephans-Kirche oder beim Král železnic unterhalb der Letná angefangen, dort werde auch schon um sechs geöffnet, dann fahre er zur Zehnuhrbrotzeit zu Schnellů und zum Mittagsimbiß ins Šumava, damit er gleich am frühen Nachmittag dabei wäre, wenn in Krč im Weißen Schwan das Pilsner angestochen würde, und so habe er den ganzen Tag über das prächtigste Bier der Welt genossen, das gesunde, gesundheitsfördernde, gesundheitserhaltende Pilsner Bier... Und dann sei er nachts durchs stille Prag heimgekehrt, über Ziegelhäufchen und allerlei Kramzeug auf den Gehsteigen stolpernd, die hier schon seit zwei Monaten bereitstanden, um auf Schrott- oder Ablagerungsplätze gebracht zu werden...

»Sie wissen schon, reiche Leute können sich einiges erlauben«, bemerkte der Reisende, »allerdings, woher denn Fortschritt? Wenn es nicht einmal ein Institut oder einen Professor gibt, der meinem Kater im Katzenkode die Information eingeben würde, daß ich nicht gestorben bin, sondern daß ich nur für vierzehn Tage fortgefahren bin und daß ich zu meinem Katerchen zurückkehren werde? Von wegen Fortschritt? Aber wo fliegen Sie hin?« fragte der Reisende, und da erst hörte ich, wie hart das weiche I seines Tschechisch in Amerika geworden war.
»Wissen Sie, was Lamertz-Nadeln sind?« sagte ich.
»Das weiß ich nicht«, antwortete der Reisende froh.
»Dann schauen Sie. Haben Sie einen Bleistift? Ich werde es Ihnen immer gleichzeitig aufzeichnen. Also, die Nadeln, die bei uns zu Hause zu haben sind, die haben am Öhr keine solche Vertiefung, so ein Rinnchen, so ein Kerblein, wie es eben die Lamertz-Nadeln haben.«
»Das ist mir völlig unbekannt!« frohlockte der Reisende.
»Alsdann, sehen Sie, mit den heimischen Nadeln läßt es sich nämlich schlecht nähen. Der Schneider muß mit dem Faden zuviel zucken, weil unsere Nadeln nichts haben, wohinein sich der Faden legen könnte, weil sie diese Vertiefung am Öhr, dieses Rinnchen, dieses Kerblein nicht haben. Die Lamertz-Nadeln dagegen haben dieses Rinnchen, dieses Kerblein, und der Faden legt sich hinein wie der Hase in die Ackerfurche, und der Schneider näht wie durch Butter durch, verstehen Sie?«
»Ich verstehe es nicht, und das ist herrlich«, rief der Reisende strahlend, »aber ich denke mir, daß Sie selbst der Herr Lamertz sind und nach Amerika fahren, um die Nadeln patentieren zu lassen, nicht wahr?«
»Nein«, erwiderte ich, »ich fahre bloß nach New York, um diese Nadeln zu besorgen. Der Herr Barták persönlich, der Schneider, schickt mich. Er sagt: Bei uns sind die Lamertz-Nadeln nicht zu haben, hier hast du fünfzehntausend, flieg mir schnell um die Nadeln nach Amerika, vierer und fünfer halblang und dreier bis achter gemischt, für Schneider. Herr Barták ist nämlich der uneheliche Vetter meiner Patentante.«
»Daß Sie dann nicht schnell irgendwo näher gelandet sind um die Nadeln?« quiekte der Reisende und wedelte mit seinen Händchen.
»Das habe ich schon zweimal getan, einmal in Paris, das andere-

mal in London, aber nirgends habe ich diese Nadeln gekriegt, allerdings, reiche Leute können sich einiges erlauben«, erklärte ich.
»Das ist gut, das ist gut, bravo, bravissimo! Nur weiter so!« jubelte der Reisende, schlug sich dann aber mit der Hand in den Nacken und sagte: »Genug davon, irgendwie stechen mich Ihre Nadeln schon im Kopf.« Sprach's, wurde ernst und betätigte den kleinen Hebel an der Armlehne des Sitzes, der sich in eine Liege verwandelte, woraufhin der Reisende die Augen schloß, die bis zu den Knien herabreichende Serviette immer noch unterm Kinn, und nach der Schale mit der Tarte aux Poires à la Bourdaloue langte, ich machte alles genau wie er, und dann streckten wir uns aus, wir lagen nebeneinander wie zwei Fremde, die einander nicht eben noch gewisse Geheimnisse anvertraut hatten, wir hielten die Augen geschlossen, und der Nachbar dachte gewiß an die Lamertz-Nadeln, die mich irgendwo in New York erwarteten, während ich an den Kater irgendwo in Bronx dachte, wie er im Hof saß und den siebenten Tag schon auf die Klinke schaute, wie der Kater sicher schon ganz starr vor Angst war, ob denn die Klinke noch einmal niedergedrückt und der Herr kommen würde. Der Herr, der wie ich im Flugzeug saß, die Serviette vom Kinn bis zu den Knien, und langsam einschlief...
Und die Boeing 707 donnerte unter der Sonne dahin, und die erwärmte Luft, die tausend Kilometer Geschwindigkeit und die zehntausend Meter Höhe steigerten die Müdigkeit der Passagiere.
Und dann kam der Moment, wo der Lautsprecher verkündete, daß man in einer halben Stunde landen werde. Mein Nachbar schlug die Serviette zur Seite, entnahm der englischen Streichholzschachtel vorsichtig das Autochen und stellte es auf die Armlehne. Das Autochen begann ausdauernd vorwärts zu fahren, in Richtung des amerikanischen Flughafens, zu dem die Boeing vorsichtig wie auf einem Bergpfad hinabstieg, und auf den Fußboden aus Wölkchen legte sich der Schatten der Dhaulagiri, der klein war wie die Miniaturboeing im Büro am Graben, was niemand beachtete, nur ich, und ich sagte auch niemandem etwas, machte niemand darauf aufmerksam, ich saß da, bis zu den Knien in die Serviette gehüllt, und schaute, wie der Schatten größer und größer wurde, bis zum letzten Augenblick schaute ich auf den Schatten, bis er fast schon so groß war wie die Boeing... Und jetzt

schob sich die Dhaulagiri unter eine Wolke, der Schatten glitt unters Flugzeug wie der Körper der Geliebten unter den Geliebten, wie der Lobsänger der breitkronigen Linden bei Bošin, der Finanzamtsunterbeamte und Dichter Herr Pavel Šáfr, so schön schreiben würde. Und ans Bullauge klebte sich Nebel, es wurde düster, das Autochen fuhr ausdauernd entlang der unsichtbaren Touristenmarkierungen, mit denen das Radar den Weg des Flugzeugs hinab auf die Erde säumte. Heitere Musik erklang.
»O weh«, sagte der Reisende, »wahrscheinlich ist auf dem Flughafen Nebel!«
Und alle hundertvierzig Passagiere bekamen wieder edle Züge, auf ihren Stirnen verdichteten sich die Furchen zu Notenlinien. Auch der Pfarrer, der die ganze Strecke über in der Bibel gelesen und so ein Beispiel gegeben hatte, auch er legte nun das Heilige Buch der Bücher zur Seite, er schloß ebenfalls die Augen und kaute Bonbons, und wie alle anderen Heiden dachte er an nichts anderes als an die Wonne aller Wonnen, wenn er den Halbschuh wieder auf Mutter Erde setzen würde. Nun brach das Flugzeug durch die Decke aus grauen, nassen Wolken, und es erschien die regengetränkte Erde, man erkannte Straßen, die Struktur eines Villenviertels, einer Arbeiterkolonie, eines Sees... Und dann die von violetten Feuern eingefaßte Landebahn. Weiter zog, wie schon die ganze Strecke über, das Radar die Boeing an einer unsichtbaren Schnur zu sich, ähnlich Kindern, die ihren Papierdrachen vom Himmel holen. Da setzte die Maschine mit hundertdreißig Tonnen auf die Betonpiste, landete mit einigen hundert Kilometern Geschwindigkeit, ein lustiger Walzer erfüllte die Eingeweide der Dhaulagiri mit Zuckerwatte, und die Häuser und Bäume und Gegenstände auf dem Flugfeld schlugen Purzelbäume nach rückwärts, wie es Fußballer beim Fallrückzieher tun. Die Landeklappen an den Tragflächen regten sich, die Boeing erbebte fürchterlich und drosselte die Geschwindigkeit. Die Gegenstände und Gebäude beruhigten sich.
»Na ja, die Inder«, stellte der Reisende fest, »die haben schon alles geistig gelöst. Deshalb haben sie auch die wenigsten Abstürze.«
»Nach Punkt dreißig«, zitierte ich, »bemerkst du an der Ausrüstung eines Kameraden einen Mangel, mache ihn darauf aufmerksam und beseitige ihn!« Und ich nahm die Serviette vom Knie meines Nachbarn.

»Danke«, sagte der Reisende, »aber Sie sollten Ihre Serviette ebenfalls abnehmen. Sie sitzen die ganze Zeit da wie beim Friseur.«

Nun sitze ich wieder daheim so, bei meinem Friseur Herrn Zámečník, sitze in seinem Salönchen in einem Sessel, bis zum Hals verhüllt von einem Stück abgeschnittenen Lakens, als säße ich beim Mittagessen in der Boeing. Herr Zámečník umtappst mich mit winzigen Schritten, er ist schon hoch in den Siebzig, schneidet und rasiert jedoch weiter. Niemals mehr werde ich mir woanders die Haare schneiden lassen können als bei Herrn Zámečník, weil ich tagtäglich an seinem Fenster vorbei muß, wo er lauert, wie mein Haar für ihn heranreift. Einmal war ich woanders gewesen, und nachher ging ich am Fenster Herrn Zámečníks mit hochgeschlagenem Mantelkragen und Schal vorbei und behauptete, von den Kindern der Zumrs Mumps bekommen zu haben. Aber sein Laden ist köstlich. An der Wand alte Spiegel und offene Kästen, in denen die Desinfektionsmittel und Duftwässer wie in einem einstigen Flügelaltar stehen.
»Herr Zámečník«, sprach ich, »die Haarmode der Welt hat wieder einen Schnitt, wie Sie ihn seit fünfzig Jahren machen. Ihre verkannte Frisur hat sich durchgesetzt. In New York ist die Herrenmode so: die Haare hinten bis zur Kopfmitte weggeschnitten.«
»Halbschnitte, ganz wie bei uns«, sagte Herr Zámečník, der die zitternde Schneidehand mit der weniger zitternden anderen Hand festhielt, während die Haarschneidemaschine knackte und rupfte.
Ins Salönchen stürzte Herr Barták, der Schneider, der mir das Reisegeld gegeben hatte, damit ich ihm flugschnell die Lamertz-Nadeln besorgte. Ein Weilchen schaute er mich an, und weil er erregt war, schüttelte er knallend die zweite Hälfte des zerschnittenen Lakens aus, hüllte sich damit ein und steckte die Zipfel in den Hemdkragen.
»Na, was gibt es also Neues in New York?« fragte er und nahm im zweiten Sessel Platz.
»Herr Barták«, gab ich Auskunft, »eine herrliche Herrenmode. Schwarz wird durch Scharlachrot ergänzt. Spanische Mode wie zu Zeiten Philipps IV. Wie Rabbiner gehen die Mannsbilder in den schwarzen Mänteln, wie in Kaftans, und auf dem Kopf haben sie

Hüte, zugeschnitten wie Schabbesdeckel.«
»Wie bei uns«, murmelte Herr Zámečník.
»Aber was gibt es Interessantes in den Geschäften, was?« fragte Herr Barták und stemmte sich mit den Ellbogen im Drehstuhl hoch.
»Die Geschäfte sind knallvoll bis zur Decke hinauf, eine Inflation der Werte und des Essens«, antwortete ich, »einzig in New York hat die neue Kunst entstehen können, die Pop-art. Zum Beispiel so ein Kaufhaus wie Woolworth, das verkauft Ihnen alles. Sie sagen meinetwegen, daß Sie irgendeinen fremdländischen Affen haben wollen. Hat man den nicht auf Lager, dann bezahlen Sie ihn, und am Nachmittag bringt man Ihnen den ins Haus.«
»Wie bei uns«, seufzte Herr Zámečník.
»Aber was gibt es von meinem Standpunkt aus Interessantes in den Geschäften, was?« fragte Herr Barták und versank im Sessel.
»Es sind Geschäfte mit tausend Überraschungen«, antwortete ich, »beispielsweise können Sie eine syphilitische Hand kaufen. Die ist aus Gummi, Sie streifen sie über und reichen Ihren Freunden die Hand. Oder es gibt da für Sie künstliches Erbrochenes. Sie gehen zur Einladung, und mitten in der besten Unterhaltung beugen Sie sich über den Tisch und machen: Buah! und werfen unbemerkt das künstliche Erbrochene aufs Tischtuch. Und während die Gesellschaft geht, um sich wirklich zu erbrechen, lachen Sie sie aus und ziehen das künstliche Erbrochene an einem unsichtbaren Schnürchen weg und halten es in der Luft wie hier die Uhr.«
»Wie bei uns an Josefi«, sagte Herr Zámečník genußvoll.
Und Herr Barták nahm Pinsel und Seifenschale und begann sich einzuseifen. Als er das ganze Gesicht schaumweiß hatte, beugte er sich über mich und drohte mir mit dem Pinsel.
»Sie verfluchte Seele!« Er lachte seltsam. »Sprechen Sie sich nur aus. Aber nachher werden Sie mir was ins Ohr flüstern!«
Und er drohte wieder mit dem Pinsel und seifte sich weiter ein und lief seltsam im Salönchen hin und her, so daß Herr Zámečník fast erschrak.
Der Friseur witzelte: »Wird Ihre Frau an diesem Schnitt Gefallen finden? Wird sie Sie nicht in den Karnickelstall sperren?«
»Soll sie doch«, meinte ich, »ich hab ohnehin schon alles verloren. – Aber, meine Herren, in Harlem hab ich mich auch umge-

schaut. Ich bin in einer Baptistenkirche gewesen und habe gesehen, wie der schwarzhäutige Pastor durch bloße Rede bei den Gläubigen nach dreißig Minuten einen hysterischen Anfall hervorrief.«

»Wie bei uns«, sagte Herr Zámečník und deutete mit der Haarschneidemaschine auf das Radio.

»Richtig«, pflichtete ich ihm bei, »aber, meine Herren, ich bin außerdem täglich auf der Bovery gewesen, dort liegen die Besoffenen den ganzen langen Tag herum, die Polizisten heben ihnen mit den Gummiknüppeln nur die Augenlider hoch, und wenn so einer nicht tot ist, unterhalten sich die Polizisten fröhlich über Baseball weiter, und dabei ist die Bovery Street nur ein Stückchen von der Wall Street und ein Stückchen vom Broadway entfernt! Allerdings, meine Herren, das Interessanteste ist die neue Kunst in den Galerien am Madison und in der Dreiundfünfzigsten. Ein viereckiges Stück aus dem Frontteil eines Omnibusses herausgeschnitten, mit dem Lenkrad dran...«

»Wie bei uns«, sagte Herr Zámečník, zockelte zur Tür, öffnete sie und zeigte zur Synagoge hinüber, wo in einer Ecke ein rostiges Autobusteil lag.

»Na gut, wie bei uns«, sprach ich, »aber in New York gibt es Geschäfte, wo man Vorrichtungen fürs Auto kaufen kann, die, wenn die Geschwindigkeit hundert überschreitet oder wenn so ein Kahn alles drauf hat, was er drin hat, Orgelspiel einschaltet oder einen Begräbnischor singen läßt: Komm zum Erlöser..., oder: Der Engel des Herrn geleite dich... Oder man baut einem gegen Mehrpreis eine Art Fernsehen ein, das, wenn die Geschwindigkeit den eingestellten Wert überschreitet, die Gestalt eines Heiligen erscheinen läßt, der mit dem Finger lockt und dann zum Himmel zeigt. Allerdings würde es Ihnen, meine Herren, auf Coneyland am besten gefallen, verlassen sind da bereits die Unterhaltungsetablissements, kalt ist bereits der Ozean, doch die Sonne leuchtet noch wie in der Tatra, und auf dem Strand gibt es nur alte Leutchen, auf Brettern sitzen da Greisinnen in der Sonne und stopfen und flicken alte Kleider, während um sie herum Hunderte streunender Katzen spazieren... Und über den Strand schritt ein Neger, in einer Hand einen Koffer, von dem Kabel zu Kopfhörern führten, in der anderen Hand einen Silberstock mit einem Silbergeflecht am Ende, und zu dem Stock führte ebenfalls ein Kabel, und dieser Neger untersuchte den Sand des

verlassenen Strandes Meter für Meter, das Silbergeflecht immer fünf Zentimeter über dem Boden, und so suchte er im Sand nach verlorengegangenen Münzen, Ohrringen... Unterm Gebälk und den Stützen der hölzernen Gehsteige und Wege kuschelten und drängten sich ganze Katzenrudel, hundertweise verlassene Katzenjunge und herangewachsene Kater, die ergeben jener Jahreszeit entgegensahen, da New York von Tonnen Schnee verschüttet und in eisigen Sturmwinden und tyrannischem Frost auf den Straßen nicht nur die Ärmsten und die Säufer erstarren werden, sondern auch fast alle diese von der Welt abgeschnittenen Katzen, denen niemand die Türklinke von der anderen Seite niederdrückt... Nur ein paar der Kater werden totmatt diese Katastrophe überstehen. Herr Barták, ich habe dort einer Katzenmutter in die Augen gesehen, und mich überkam der große Jammer...«
»Mich überkommt er jetzt auch«, sagte Herr Barták und erhob sich, »aber wissen Sie, was? Sie wohnen hier um die Ecke, und ich hab von dem Ganzen nachgerade genug. Gehen wir und holen wir die Nadeln sofort! Ich halte es nicht mehr aus!« verkündete er, warf den Rasierpinsel weg und ergriff meine Hand, um mich samt dem Laken aus dem Drehsessel zu ziehen und dann aus dem Salönchen zu führen. Und so geleiteten wir einander, beide in weißen Laken wie Diakone, zu uns in den Haushof.
»Herr Barták«, sprach ich, »meine Frau ist zu Hause, und wenn die uns so sieht, wird sie glauben, daß wir wieder schwer geladen haben. Wissen Sie, was die über Sie sagt? Sie wissen es nicht? Sie sagt, daß Schneider Barták der als Schneider Barták verkleidete Teufel ist.«
Der eingeseifte Herr Barták stand da, an seinem Gesicht war der Schaum getrocknet und blätterte ab wie der Verputz an den Prager Mietshäusern. Er mußte sich das Seine bereits seit geraumer Weile gedacht haben, denn er hielt, wie ich nun bemerkte, das Rasiermesser in der Hand.
Meine Frau saß in der Küche am Tisch und schrieb wie immer, wenn sie frei hatte, einen Antrag auf Ehescheidung an den Staatsanwalt, wegen unüberwindlicher Abneigung. Weil ich ständig ausgeflogen bin.
Ich kniete vor ihr nieder wie ein Ministrant, das Laken von Herrn Zámečník wallte auf den Fußboden. Ich faltete die Hände.
»Geh«, stieß meine Frau angewidert hervor. »Du bist degoutant.«

Und so gestand ich alles und zeigte ihr durchs Fenster Herrn Barták, wie er mit dem Rasiermesser im Hof wartete, ich bekannte, daß er mich nun schon zum drittenmal auf die Flugreise geschickt hatte, damit ich ihm Lamertz-Nadeln besorgte, vierer und fünfer halblang und dreier bis achter gemischt, für Schneider, aber daß ich die Nadeln nirgends bekommen hätte. Sie möge also hinausgehen und Herrn Barták irgend etwas erzählen, wenn nur ich nicht in den Hof müßte, um Herrn Barták selbst zu sagen, daß ich die kostbaren Nadeln nicht hätte.
»Was für Nadeln?« fragte meine Frau streng.
»Lamertz-Nadeln«, antwortete ich.
Meine Frau stand auf, öffnete die Tischschublade, wo sie das Nähzeug hatte, suchte eine Weile, dann legte sie sämtliche Nummern der Lamertz-Nadeln aufs Tischtuch, der einzelne Satz jeweils zu zwanzig Stück in geschmackvoller Verpackung.
Sodann tauchte sie die Feder in die Tinte, um ihr Gesuch an den Staatsanwalt weiterzuschreiben und das Schicksal zu reizen. Im selben Augenblick tappte Herr Zámečník in den Haushof, er hielt Kamm und Schere in den erhobenen Händen und rief:
»Was ist das für eine Art! Ich hab meinen besten Kunden erst bis zur Hälfte des Kopfes zusammengeschnitten! Und meine Laken!«

P. S. Der Schneider in unserer Gasse, Herr Barták, als er diese Legende gelesen und konstatiert hatte, daß es sich tatsächlich um ihn handelte und alles fast wirklich so gewesen war, drohte mir fortan mit dem Stock und rief mir zu: »Sie verfluchte Seele, Sie kriegen Prügel!« Herr Zámečník hingegen, der Friseur, erklärte mir nach der Lektüre des Textes über sich und sein Betriebchen aus Dankbarkeit den Inhalt dreier Bilder, die er im Salönchen hängen hatte: »Das ist der Traum des Musiklehrers, bitte. Das erste Bild ist die Liebeserklärung am Klavier, das zweite Bild ist der Traum von der unverwirklichten Liebe im Kloster, in das der schicke Lehrer wegen der Unerreichbarkeit seines Ideals eingetreten war, das dritte Bild dann ist die verträumte Schöne, die ihre Ablehnung bereut.« Und Frau Zámečníková fügte mit großer Geste ihres erhobenen Zeigefingers hinzu: »Hauptsache, der Herr Schriftsteller beleidigt niemanden – niemanden!« Ich jedoch muß unablässig an den Schneider Herrn Barták und die übrigen Bürger denken, die ich mit vollem Namen in meine Prosatexte hineingezogen habe und die sich genauso wie er in ihrer Ehre getroffen fühlen und meinen, ich hätte das Bild verzeichnet, das sich jeder von sich selbst mühsam erschafft. Kommt Herr Barták wieder einmal mit seinem Spazierstock auf der anderen Seite unserer Straße einher, werde ich hinübergehen und ihn bitten, mir den Stock zwischen die Hörner zu schlagen, damit ich endlich aufhöre, Namen und Zunamen unschuldiger Leute in meine theriakischen Texte zu ziehen. Oder soll ich sie jedesmal verballhornen?

Die Moritat von den Weltreisenden

Die Berge um Alpbach sind schön wie die Stiere. Der nachts beleuchtete Turm wirft seinen schwarzen, phantastischen Schatten an den Himmel. Kühe weiden auf den Mondwiesen, die Tiere sind groß wie scheckige Küchenkästen. Der Nebel auf einem Berg ist so dicht und herrlich, daß ich hingehe und den Arm bis zum Ellbogen hineinstrecke. Ich spaziere gern abends an den Bauernhäusern entlang, man sieht die von Deckenlampen mit Licht besprenkelten Tische, an denen mitgliederstarke blonde Familien sitzen. In den Gärten wuchern Studentenblumen, Dahlien und Phlox. Die Veranden sind rot von Pelargonienpolstern. Die Wiesen werden hier mit großen Haarschneidemaschinen geschnitten. Das Gras wird auf spindelförmigen Pflöcken oder gespannten Drähten getrocknet. Die Heuschober berauschen wie Schnaps. Ununterbrochen plätschert, blubbert, tost irgendwo hinter Grün verstecktes Springwasser. Die Luft kann man mit Löffeln essen. Jedes Haus hat seinen phantastischen Backofen für Brot, einen Ofen mit Powidelmund. Die Mühle im Wald ist ein schauriges deutsches Märchen. Träte ich ein, würde ich ohnmächtig. Eine alte Bäuerin, beschattet von einem Strohhut, erklärt mir giftige Pilze und Pilze mit Zauberkraft. Dann erzählt sie mir vom Föhn, bei dem, wenn dieser warme und elektrizitätsgeladene Wind kommt, die Leute verrückt werden, einige erhängen sich, springen aus dem Fenster, schneiden sich die Pulsadern auf. Hui! Den höchsten Hektarertrag Tirols erbringt freilich der Bergschnee. Ein Bauer, der seine Schafe und dann seine sieben Kinder geschoren hatte, schor nachher auch mich. Ich hatte ihn darum gebeten, und er schor mich in der Stube, wo an der Wand die Photographien von drei Soldaten hingen, die aufs Haar dem Bauern glichen, der mich schor. Und jede dieser Photographien war in der Rahmenecke mit einem schwarzen Band versehen, das dem farbigen Ordensband ähnelte, welches jeder der toten Soldaten auf der Brust seines Waffenrockes trug. Zwischen den Photographien hingen kleine Geweihe erlegter Rehböcke, zwischen denen wiederum kleine runde Spiegel hingen. Auf dem Friedhof erinnerte ich mich dann, daß ich für eine Besessene Handschellen gekauft hatte.

Den Friedhof umstanden Tirolerhäuser, jedes Grab war umsäumt von schwarzen Gittern eiserner Kinderbettchen mit Goldengeln, auf den Gräbern standen Schüsselchen voll Wasser, damit die Vögel irgendwo trinken, die Finger sich irgendwo benetzen, die Tiroler Berge und Wolken sich irgendwo spiegeln und die Gesichter sich über etwas beugen konnten. Zwei Bäuerinnen sanken gleich neben dem Tor auf die Knie, die Friedhofsmauer entlang wanderte ein dunkler Kopf im Hut, dann tauchte der ganze hochwürdige Herr vorm Friedhofstor auf, er segnete die beiden Frauen, hinter sich den Ministranten, der eine brennende Messinglampe in den sonnigen Tag trug. Am Sonntag hatte dieser Priester den Satz gesprochen: »Hinter dem Gesicht des Gesichtes von Jesus Christus ist der Ursprung deines Gesichtes, also der Ursprung deines Ursprungs.« Beim Abendessen erzählte ein Akademiepräsident, daß sich einige Anatomen zum Abendessen Menschenhirn auf Zwiebeln geschmort hätten, als Hirnhaschee. Der Philosoph Tretera suchte die Wahrheit, die Philosophin Frau Treterová suchte manchmal den Philosophen Tretera, immer aber die Wahrheit. Und so erfuhr ich beim Bier auf den Terrassen des Jakoberhofes und des Böglerhofes, daß wenn einer nicht in der Krise lebt, er ein Idiot ist, daß wenn zwei einander lieben, sie keine Leiber haben, daß das Fernsehen eine bewegliche Tapete ist, daß die Sekunde die Ewigkeit zu umfassen vermag, daß man den Berg durch den Nebel sehen kann, daß der Elefant mitunter in der Maus existiert, daß die Synthese stets als Wirrwarr erscheinen muß, daß das Dogma Tradition ohne Diskussion sei. Am späten Abend erquickte mich die Mitteilung, daß Havlíček, als er in Brixen schmachtete, allabendlich mit dem Kommandanten der Gendarmeriestation im Restaurant »Zum Elefanten« Mariage spielte. Untergebracht war ich zusammen mit drei zerbrechlichen Französinnen, die Nacht für Nacht ganze Tragen Bier schluckten, mit den Fäusten auf die Tische und Wandtäfelungen hieben und mit großer Lust sangen: Deux elefants, deux elefants, sodimissant... Ich lauerte auf die gallischen Zerbrechlichen, vermeinend, sie müßten herauskommen wie lüsterne Mägde, aber in die Mondnacht traten immer nur Mädchen mit knabenhaft kurz geschnittenem Haar, die ihre Hemdchen, nachdem sie durch den Quecksilbertau zur intimen Damentoilette im Gebüsch gewatet waren, bis auf den Boden hielten – doch kaum zurück, hieben sie wieder wie Kutscher mit den Fäusten auf den Tisch. In der Spálená-Gasse versteckte ich einmal einen Bernhardiner hinter einer

Toreinfahrt, und wenn Fußgänger kamen, rief ich in die dunkle Einfahrt: »Putzi, Putzilein, Putzi...« Und die Leute lächelten freundlich in die Dunkelheit, erschraken jedoch furchtbar, wenn der Bernhardiner herausgelaufen kam. Ein andermal versteckte ich in derselben Toreinfahrt einen Pinscher und stürzte, wenn sich Fußgänger näherten, heraus und schrie fürchterlich: »Rettet euch, Nero hat die Kette zerrissen!« Und die Leute flohen, und wenn sie dann von weitem zurückschauten, hopste aus der Einfahrt ein bibbernder Pinscher. In einer Tiroler Nacht stand ich in Innsbruck vor einem beleuchteten Lädchen, Wellensittiche küßten sich, japanische Möwchen, Weißbrustschilffinken und australische Grasmücken wippten zufrieden, nur in einem gläsernen Aquarium arbeiteten kanadische Hamster, ein Weibchen und fünf Junge standen auf den Hinterpfoten und rutschten mit den Vorderpfötchen ständig ab, diesen den Menschenhänden so ähnlichen Pfötchen, die ständig meinten, aus der hohen Glaswand werde eine Leiter, auf der sie vorwärtskämen – wohin? Nach Mitternacht kam der Besitzer in Hemdsärmeln, zog an der Gitterjalousie, doch als er die Richtung meiner Blicke bemerkte, trat er zurück ins Ladeninnere, brachte einen Blechtopf, steckte durch ein Rostloch den Zeigefinger, bog ihn wie zwinkernd auf und ab und sagte: »Der Vater dieser Hamster drängte mit solcher Macht aus dem Topf da, daß er sich den Hals zerschnitt und sich erwürgte.« Mit Donnergetöse schloß er dann die Jalousie und fügte jammernd hinzu: »Und vierzig Schilling sind futsch. Am liebsten würde ich sie alle auf den Beton knallen.« Und ich erbebte, denn ich hatte einer Besessenen in Prag Handschellen als Kinderspielzeug geschenkt, Schellen, die ich in Amerika gekauft hatte, aber die Besessene hielt sie sicher nicht für ein Geschenk, sondern für eine Chiffre, sie hielt sich für fähig, selbst die amerikanischen Fesseln an ihren beiden Handgelenken abzusperren, als Signum, um so gefesselt zu schlafen und durchs Tasterlebnis zu wähnen, eine ihrer Hände sei meine Hand, sie hielt es für möglich, die Kette durch irre Phantasie von Prag bis nach Alpbach auszudehnen und auf diese Weise mit mir zu schlafen, eingeschlossen vom Kreis der Fessel in den Ring einer mystischen Verbindung. Ein berühmter tschechischer Dichter kaufte sich weiße Tennisschuhe, stieg aber in den falschen Zug und mußte dann über Berge und durch Wälder zu Fuß gehen; ermattet, legte er sich auf einer Lichtung die Tennisschuhe unter den Kopf und schlief gründlich aus, um danach bis in die Dämmerung hinein weiter zu wandern, er sah etwas Weißes im Moos liegen und stand wieder vor seinen weißen Tennisschuhen. Abends bekam ich eine Voranmeldung aus Prag und stand mit pulsendem Hörer da. »Hallo, ist dort jemand?« rief ich. »Hier bin ich«, sagte eine angeknackte Mädchenstimme, »ich wollte dich hören.« Ich fragte: »Ist keiner zu Hause gestorben, krank geworden?« – »Nein«, antwortete sie, »ich wollte dir nur sagen, daß ich das Haus angezündet habe und daß du einen Brief bekommst, in dem der Schlüssel zu den Handschellen ist.« Ich fragte wieder: »Aber, sakra, ist zu Hause niemand krank geworden, gestorben?« Sie antwortete: »Es ist niemand gestorben, es ist jemand gestorben, weil dauernd jemand stirbt und dauernd jemand geboren wird, doch hör mal, wirf den Schlüssel irgendwo in ein tiefes Wasser, ich hab die Schellen verschlossen, schmeiß den Schlüssel in einen See, damit ihn das Wasser verschlingt – aber bist du mir böse?« An dem Abend saß ich grübelnd im Gasthaus neben der Post, und jemand erzählte, wie eine seiner Verwandten aus Böhmen über die Grenze nach Österreich gegangen war, zusammen mit ihrem kleinen Kind, dem sie sicherheitshalber ein Opiat gegeben hatte, aber weil im Grenzgebiet Nebel herrschte, legte sie das Kind ins Gesträuch, um Staatsgrenze und Weg zu suchen, aber am Ende fand sie weder den Weg noch das Kind wieder. Ich hätte die amerikanischen Handschellen nicht kaufen sollen.

Ich war nicht der einzige, der an jenem Abend den Schnellzug verpaßte. Die roten Schlußlichter am letzten Waggon entfernten sich. Inmitten von Koffern und Köfferchen stand ein bleiches Mädchen und blickte in die Unterführung, wo Träger einen jungen Mann auf Gurten anbrachten. Er hatte das Haar ins Gesicht gekämmt und blickte mißtrauisch in die Welt. Ich half dem Mädchen mit den Koffern, dann saßen wir im Bahnhofsrestaurant, ich strich dem jungen Mann über die Hände, das Mädchen sagte, daß sie Deborah heiße und ihr Bruder Jakob, daß sie beide aus Philadelphia seien und sich auf Weltreise befänden. Deborah zerschnitt ein Schnitzel und erzählte mir leise, sie und ihr Bruder hätten eine Krankheit, die muscular dystrophy heiße.

Sodann band sie mit einem grünen Bändchen die Gabel des Bruders an dessen magere Hand, die einer Krebsschere glich, weil, wie mir Deborah in gebrochenem Deutsch zuflüsterte, die Krankheit sich ernährte, indem sie das lebendige Menschenfleisch aussaugte. Ich wollte dem dünnen Burschen Mut machen, legte die Hand auf seine schmale Schulter und sagte: »Recht guten Appetit!« Aber der junge Weltreisende fiel hintüber und verstreute dabei die Schnitzelstücke auf dem Fußboden. Nachdem wir ihn aufgesetzt und wieder zu sich gebracht hatten, bestellte Deborah ein neues Schnitzel, zerschnitt es wieder, die Krankheit griff auch schon ihre Hände an, dabei erzählte sie mir leise, daß ein amerikanischer Sänger und Tänzer vom Fernsehen vierundzwanzig Stunden erbeten und in dieser Zeit eine Million Dollar ertanzt und ersungen habe, welche er, wozu er sich zuvor verpflichtet hätte, als Grundstock für den Kampf gegen die Krankheit stiftete, die muscular dystrophy heiße. Erneut band sie mit dem grünen Bändchen die Gabel an die Scherenhand des Bruders, der, hinter dem dichten Regenvorhang des ins Gesicht gekämmten Haares versteckt, mißtrauisch die Welt ringsum musterte. Wir aßen unsere Schnitzel, und Deborah berichtete leise, daß Jerry Lewis, der Sänger und Tänzer, in der Nachbarschaft einen Jungen mit muscular dystrophy hatte, welchem Jerry eines Tages versprach, ihm vom Bildschirm einen spaßigen Zuckerblick zuzuwerfen, er möge darauf achten. Am Tag danach, als Jerry Lewis sich bei seinem jungen Freund erkundigen wollte, ob er den Zuckerblick mitgenommen habe, öffnete ihm die weinende Mutter und sagte, der Junge hätte den Blick vom Bildschirm gesehen und so lachen müssen, daß er eine Minute später gestorben sei... Es kamen wieder Träger und schafften den jungen Weltreisenden auf den Bahnsteig und in den Schnellzug. Wir saßen im Abteil erster Klasse, der Zug jagte durch die Mondlandschaft. In fünf der Koffer waren Landkarten, aber die Karte des österreichischen Hochgebirges befand sich im sechsten. Deborah breitete die Karte wie ein riesiges Plaid über die Knie sämtlicher Mitreisender. Sie erhaschte den Namen der Bahnstation, durch die wir gerade rasten, und Jakob legte den Finger auf die Station, natürlich auf der Karte. Das Mädchen wischte ihm den Speichel ab. Ich erbot mich, die Namen der folgenden Stationen zu melden, und mit meiner vorgetäuschten Begeisterung erheiterte ich den jungen Weltreisenden so, daß er beide Hände hob, mit den Stäbchenfingern das nach vorn gekämmte Haar wegschob und mich mit dem Lächeln von der anderen Seite der Dinge anlächelte. Er brachte mich so weit, daß wir beide niederknieten und vom Boden aus zu den höchsten Spitzen der Schneeberge emporblickten, zwischen denen der schiefe Mond hing wie ein Baseball. Der junge Reisende traf mit dem Finger voll gewaltigen Stolzes auf der Karte den gleichen höchsten Schneeberg, der hier eins zu fünfundzwanzigtausend verkleinert war. Die Schwester wischte ihm ununterbrochen den Speichel ab, zählte mit ängstlich schwankendem Finger die Koffer und Köfferchen, seufzte erleichtert, erschrak aber gleich darauf wieder und begann die Dollars zu zählen und die Reisepapiere zu überprüfen. Dann zog ich den Schlüssel für die vernickelten Spielzeughandschellen hervor. Die Strecke führte um einen See herum, in dem sich das Hochgebirge spiegelte, und der junge Reisende verdrehte den Kopf und wollte Kopfstand machen. Seine Schwester hielt ihn fest. Ich warf den Schlüssel durchs offene Fenster, und das blaue Wasser verschlang ihn. Deborah, die junge Weltreisende, erzählte unvermittelt, daß ihr Großvater das größte Fernrohr der Welt gekauft habe und daß nun sein einbalsamierter Leichnam in der Lafette des Riesenfernrohrs liege, und zu welchen Sternen es sich drehe, drehe sich auch der Großvater; ihr Vater wiederum habe die größte Taucherkugel gekauft, eine wissenschaftliche Beobachtungsstation auf dem Grund eines Sees, und er habe sich ausbedungen, daß im Kugelboden Platz für seine einbalsamierte Familie freigehalten werde. Und sie, die beiden jungen Weltreisenden, würden am Tag vorm Heiligen Abend nach Philadelphia zurückkehren, weil sie an Christkind erfahren sollten, ob Jerry Lewis, der Sänger und Tänzer, welcher die Million Dollar ertanzt und ersungen hatte, nicht vergeblich getanzt und gesungen hätte. Die amerikanischen Handschellen hätte ich nicht kaufen sollen. Wirklich nicht.

P. S. Diese Moritat stellt die Erinnerung an den Mann mit dem silbernen Vollbart und Monokel dar, der aus Italien nach Alpbach gekommen war und der sich mit seiner ganzen Persönlichkeit dafür einsetzte, die Philosophie durch Gedanken von Ezra Pound, James Joyce, T. S. Eliot zu bereichern. Dieser schöne Herr brachte die Diskussionen durcheinander, als wäre ein Nackter eingetreten. Wir aßen einigemal miteinander zu Abend. Er nannte sich einen »Advocatus diaboli«, die »Stinkende Person von Alpbach« und behauptete, in diesem Jahr den stolzen Titel »Alpentrottel« errungen zu haben. Er sei darum von der Hoffnung erfüllt, das Gedicht endlich schreiben zu können, in dem die

Philosophie und Pound und Joyce und Eliot auf einen gemeinsamen Nenner gebracht würden, und zwar vom Standpunkt Arthur Schopenhauers, der, als er über den Satz nachdachte: »Alle Liebe ist Mitleid«, von der Dienstmagd gestört wurde und sie die Treppe hinabstieß, weswegen er ihr bis ans Lebensende eine Rente zahlte, hatte sie sich doch das Bein im Hüftgelenk ausgerenkt. Dieses erklärte er mir begeistert, das Monokel fiel ihm in den Teller, und er schnitt mit einem Schnitzelstück auch die Schnur ab, an der das Monokel hing, ohne daß er es bemerkt hätte. Mir ist heute klar, daß die Bafelei dieses Mannes ebenso schön ist wie die Weltreise der beiden Geschwister und ebenso hoffnungsvoll wie die vierundzwanzig Stunden Fernsehauftritt von Jerry Lewis, der eine Million Dollar ertanzt und ersungen und für die wissenschaftliche Forschung zur Heilung der tödlichen Krankheit gespendet hatte, die muscular dystrophy heißt, weil wirklich alle Liebe Mitleid ist.

Die Moritat von der Ermordung Anežka Hrůzovás

Nun denn, Herr Pešák, alles ist nach Ihrem Wunsch gelaufen. Wir gehören inzwischen zueinander wie die ermordete Anežka Hrůzová und ihr angeblicher Mörder Hilsner. Wir haben uns sogar angefreundet, und würden Sie nicht existieren, müßte ich mir Sie ausdenken. Wir hatten mitsammen einige Partien des Glücksspiels Siebzehn und vier auszutragen, aber nicht so, wie man dieses Spiel allgemein zu spielen pflegt, nämlich daß die Spieler ihre gezogenen Karten für sich behalten und sie auch nur für sich goutieren, nein, wir haben die vier Briefe vielmehr so gespielt, wie es nicht selten in meiner geliebten Gegend geschieht, nämlich daß man die Karten, wie man sie zieht, umdreht und auf den Tisch legt, weil sich ihre Reihenfolge ohnehin nicht mehr ändern und verändern läßt. Deswegen können wir unsere Partien Siebzehn und vier schließlich auch öffentlich austragen, auf dem Marktplatz, an Straßenecken. Es begann damit, daß Sie mir den Durchschlag Ihres Briefes schickten, der an den Verlag Československý spisovatel adressiert war und in dem Sie richtigerweise gleich blaue Bohnen fliegen ließen, in dem Sie scharf schossen. »Betreff: Verunglimpfung und Anfallen der bürgerlichen Ehre meines Vaters in einem von Ihnen herausgegebenen Buch.« Und gleich darunter: »Ihr Mitglied, Herr Bohumil Hrabal, der bei Ihnen vergangenes Jahr ein Büchlein, genannt Tanzstunden für Erwachsene und Fortgeschrittene, herausgab, hat darin das Andenken meines verstorbenen Vaters grob angefallen. Er tat solches auf Seite 64, wo er von meinem Vater, dem einzigen Kronzeugen bei zwei Schwurgerichten in Sachen der Morde von Polná, als von einem Blödian spricht und ihn lächerlich macht, er habe ›mit der einen Hand sein Fahrrad gehalten und mit der anderen gepißt‹ usw. Diese Art der Verunglimpfung eines ehrsamen Arbeiters, der bis zu seinem Tode unbescholten war und an seinem Wohnort sowie in der weitesten Umgebung hohe Ehre und Ansehen genoß, schon deshalb, weil er sich im erwähnten Prozeß durch nichts schrecken ließ, obwohl ihm auf alle mögliche Weise gedroht wurde (man unternahm den Versuch, ihn ums Augenlicht zu bringen, und statt seiner wurde sogar ›irrtümlich ein anderer ermordet‹, ein ihm ähnlich sehender Arbeiter), der sich nicht einmal durch für damalige Zeit hohe Beträge bestechen ließ, bloß

damit er seine Zeugenschaft widerriefe. Auch die Familie der ermordeten Anežka Hrůzová wird in diesem phantastischen Büchlein grob beleidigt, namentlich durch die völlig lügenhafte und ersonnene Behauptung, daß der Bruder Anežkas, Jan, der in Ždirec als ordentlicher Bürger starb, auf dem Sterbebett angeblich gestand, er selbst hätte sie ermordet, und zwar wegen Geldes!!! Wir, ich und die Hinterbliebenen nach Jan Hrůza, sind von Lesern der Volksbibliothek auf das erwähnte Büchlein von Hrabal aufmerksam gemacht worden, und wir behalten uns vor, gerichtlich einzuschreiten nach dem Bürgerlichen Gesetz vom 26./2. 1964 der Paragraphen: 11, 15 und 16 – wenn uns nicht öffentliche Satisfaktion und die schriftliche Versicherung gewährt wird, daß in einer event. weiteren Ausgabe, ggf. in Übersetzungen jenes Büchleins, diese infamen Erfindungen weggelassen bleiben, verschaffen wir uns unser Recht anderswo.«
Diesen Brief, Herr Pešák, habe ich von Ihnen ausgerechnet zu der Zeit erhalten, da mir auch andere Leser zusetzten, nicht mit Briefen, doch persönlich im Haus, sie klopften ans Fenster, daß ich erschrocken von der Schreibmaschine hochsprang, und meldeten mir, bei ihnen zu Hause laufe kein Wasser, die Aschentonnen, obgleich voll, würden nicht weggefahren, wobei sie mich streng ansahen, weil ich doch Schriftsteller sei und bestimmt Beziehungen zu höheren Stellen hätte, zum Überbau. Es kamen aber auch solche Leser, die mir, wenn es tagsüber geregnet hatte, abends mitteilten, daß es draußen gieße, oder die, wenn es heiß gewesen war, mir meldeten, draußen herrsche Hitze und sie hätten sich dieserhalb den ganzen Tag von aller Herrgottsfrühe an abgeschunden, während ich mich geaalt und an der Schreibmaschine vergnügt und mich lustig gemacht hätte über ehrliche Leute, die für ihre Arbeit einen Tausender kriegten, wogegen ich für mein Vergnügen Zehntausende erhielte. Damals, als ich Ihren Brief bekommen hatte, Herr Pešák, riß ich aus, floh ich vor meinen Lesern ins Wirtshaus, doch schon beim Verlassen des Hauses rief mir aus dem ersten Stock eine Leserin zu, ach, gehn Sie wieder ins Wirtshaus horchen, was die Leute reden, damit Sie es abschreiben und dann ein weiteres Buch rausbringen können, oder? Und dann, wenn ich im Wirtshaus saß und im Geist auf Ihren Brief antwortete, riefen mir meine Leser über vier Tische weg zu, he!, kommen Sie her, hier erzählt einer einen solchen Stuß, daß man es bloß abzuschreiben braucht, wie Sie es ja nicht anders tun,

und wieder werden ein Buch und zwanzig Tausender fällig sein. Und ein Freund, ebenfalls einer meiner Leser und selbst Schriftsteller, brachte seinen schwachsinnigen Verwandten am Strick ins Wirtshaus und schrie mir über die ganze Schwemme zu, ich solle nur bei ihm Platz nehmen, meinen Bleistift belecken, denn dieser Geisteskranke werde mir nicht nur einen, sondern fünf Eimer voll solcher Geschichtchen seichen, für die ich Tausende bekäme. Und ich schrieb Ihnen damals: »Sehr geehrter Herr Pešák, ich habe den Durchschlag des Briefes erhalten, den Sie an den Schriftstellerverlag schickten, und er warf mich fast um. Selbstverständlich wollte ich niemanden beleidigen, auch wenn ich im Text den Ausdruck Blödian benutzte. Ich schrieb nicht die Geschichte eines Städtchens, sondern Wirtshauserzählungen, einen bestimmten Tratsch, der in erster Linie die Kraft der Volkserzählung aufzeigen soll. Ich habe Jus studiert und kenne das Gesetz über den Schutz der Ehre. Hätte ich also den Bleistift genommen und wäre ich den Text von der rechtlichen Seite her angegangen, von der Sie jetzt meinen Text angehen, würde ich ihn verändert und somit schon im vorhinein Mitteilungen ausgeschieden haben, aus denen Klagegründe abzuleiten sind. Doch mir ging es einzig und allein um Literatur, wo zwar auch nicht alles erlaubt ist, wo aber gewisse, von der speziellen Absicht des Schriftstellers leicht deformierte Mitteilungen verwertet werden dürfen. Fühlen Sie Ihren Vater jedoch von mir grob verunglimpft und angefallen, entschuldige ich mich bei Ihnen nicht nur mit diesem Brief, sondern ich will es gelegentlich auch öffentlich tun, desgleichen will ich mich bei der Familie der Hrůzová entschuldigen. Ich hatte die Ereignisse erzählen hören, wie ich sie niederschrieb. Ich hätte im Text das Wort ›angeblich‹ setzen können, das im ursprünglichen Text vielleicht sogar stand. Doch ich weise nochmals darauf hin, daß es in dem Büchlein um Literatur geht, nicht um Faktographie. In Plamen stand eine Kritik meines Geschriebenen mit der Überschrift: Herr Hrabal hat es gut. Wie ich sehe, hat er es nicht sehr gut, denn dafür, daß ich einen Schuster und einen Mälzer in die Prosa berief und beiden bewies, daß die Kraft der Literatur direkt aus dem Volk kommen kann, dafür erhalte ich jetzt Briefe, die von allem möglichen zeugen, nur nicht davon, daß es Herr Hrabal gut hat.« Dergestalt schrieb ich Ihnen, Herr Pešák, als meinem mich streng überwachenden Leser, und eben schlägt wieder ein Leser an mein Fenster, um mir die freudige Mitteilung zu machen, daß er mich mehrfach fotografieren werde, mir aber kein einziges Foto geben könne, weil er sich das schönste an einen Nagel zu hängen wünsche, wenn ich demnächst stürbe. Und dann erläutert er mir mit großem Gelächter und übersetzt aus ausländischen Zeitungen, daß ich in Bälde literarisch sterben müsse, weil ich meinen Höhepunkt überschritten hätte, und daß man in Amerika, wie er mir zeigt, für solcherart Niedergang Tabellen habe, wonach ich innerhalb von zwei Jahren hin sei, auch gemäß gewisser alter afrikanischer Bräuche, beschrieben in dem Schriftchen ›Goldener Ast‹, wo der Medizinmann so lange unterm Baum herrsche, bis ein stärkerer auftrete, einen Ast vom Baum breche, mit diesem den sitzenden Medizinmann erschlage, um selbst unter dem Baum und über den Stamm zu herrschen, so lange nämlich, bis erneut ein jüngerer auftauche, einen Ast abbreche und damit jenen erschlage, der sich selbst inthronisierte, indem er als Junger einen Ast abbrach. Und so schlafe ich manchmal ein, Herr Pešák, lange nach Mitternacht, nicht ohne vorher Lupulin in Form von Bier und Bellaspon-Retard genommen zu haben, doch dann pocht jemand ans Tor des Haushofes wie die Pauke in der Schicksalssinfonie, und schon geistern meine Nachbarn, ebenfalls meine Leser, über die Pawlatsche, einer von ihnen klopft an mein Fenster, ich fahre verängstigt hoch, und der Nachbar im weißen Hemd meldet mir erbost: Da draußen steht wieder einer von Ihren Lesern. Und so gehe ich im langen weißen Hemd hinaus, mein entzückter Leser wartet, er ist total betrunken, stellt mir seinen Kameraden vor, und ich bin entsetzt, weil sein Kamerad durch eine Kanüle spricht, er hat Kehlkopfkrebs, sodann dringt mein Leser auf mich ein, denn im Wirtshaus, vorm Hinausschmiß, hatte man ihm und seinem Kameraden gesagt, nachts werde lediglich in der Schnapsbude bei Hrabals ausgeschenkt, in der Nummer vierundzwanzig. Am Morgen dann, Herr Pešák, noch bevor ich meinen Brief an Sie zur Post bringen kann, kommt eine besessene Leserin, die von mir behauptet, ich sei ein negativer Mystiker, weswegen sie es sich zur Aufgabe gemacht habe, mich zu Gott zu führen. Vergeblich schwöre ich ihr, daß dem nicht so sei, sie bleibt weiterhin voll Begeisterung und ersieht aus allem, was ich tue, daß ich ein negativer Mystiker bin und daß sie mich darum zu Gott führen muß, ob im Bösen oder Guten, weil dies Gott gleichgültig sei. Danach stoße ich in der Tür mit einer weiteren Leserin zusammen, die von vier weiteren Leserinnen beauf-

tragt worden ist, mich in ihr Leserinnenkränzchen einzuladen, um mit den Damen das Thema zu beplaudern: Warum schreibe ich so schöne Bücher? Und ich wehre mich damit, daß ich schreiben möchte, daß ich mir mit dem Schreiben übrigens gar nicht soviel Rat wüßte, daß ich dabei nicht selten, volkstümlich gesprochen, wie der Ochs vorm neuen Tor stünde. Woraufhin mir die beauftragte Leserin anbietet, das Leserinnenkränzchen jeden Tag kommen und mir beim Schreiben helfen zu lassen. Ich zeige mich skeptisch und werfe den Brief an Sie, Herr Pešák, in den Postkasten, während die Leserin gräßlich mit den Augen knirscht, den Finger wie einen finnischen Dolch gegen mich richtet und belfert, Sie wollen also sagen, daß der Schriftsteller keinen Kontakt mit seinen Lesern nötig hat?
Und da, Herr Pešák, während ich noch auf Ihre Antwort wartete, kam mir der Gedanke, daß es besser sein würde, den Lesern für eine Weile aus dem Blickfeld zu entschwinden wie das untertauchende Flüßchen Punkva, weil sich bei mir der ungesunde Horror- oder Schreckkomplex zu zeigen begann. Hörte ich Schritte im Haushof, ließ ich mich sofort zu Boden fallen und kroch unter den Tisch. Aber meine Leser sehen, auch wenn ich eingeschlossen bin, durch Tisch und Mauer. Sie trommelten ans Fenster, als sähen sie mich auf dem Stuhl sitzen. »Wir sehen Sie!« riefen die Leutchen. Und ich kroch auf allen vieren unterm Tisch vor, schloß auf und entschuldigte mich damit, mir sei der Radiergummi unter den Tisch gerollt. Später überlegte ich mir, daß ich einfach ständig weggehbereit schreiben müßte, mit dem Hut auf dem Kopf. Wenn dann ein Leser ans Fenster klopfte, nahm ich die Aktentasche und sagte mit erfreuter Stimme, leider, ich muß in einer halben Stunde bei Dilia sein. Aber die Leser, die mich sogar durch die Wand hindurch sahen, erwiderten lediglich, sie würden mich begleiten. Und ich mußte zum Višehrad fahren, mußte Ämter und Personen besuchen, von denen ich nicht eingeladen war, und ich kam stärker mitgenommen und moralisch dezimiert nach Hause, als wenn ich mit meinem Leser freundlich plaudernd daheim gesessen hätte. Als ich dann Ihren nächsten Brief bekommen hatte, wusch ich mir zuerst die Hände, machte anschließend einen kleinen Spaziergang, öffnete schließlich den Brief und las, nicht ohne mich vorher durch Zeitungslektüre vollends beruhigt zu haben. »Herr Hrabal, ich habe Ihren undatierten Brief erhalten, den ich beantworte, obwohl ich mit Ihrer Ant-

wort absolut unzufrieden bin. Vorab bemerke ich, daß ich Ihnen keine Schwierigkeiten machen oder gar einen Schaden zufügen möchte, aber Sie werden als Absolvent der Rechte sicherlich zugeben, daß das, was Sie in Ihrem Brief zur Entschuldigung für den unentschuldbaren Angriff auf die Ehre meines Vaters und die Familie der Hrůzová vorbringen, überhaupt keine Satisfaktion im rechten Sinn des Wortes ist, sondern eine Motivation, die Sie zum Schreiben Ihrer künstlerischen Phantasmagorie geführt hat. So geht es nicht, Herr Hrabal! Entweder Sie entschuldigen sich öffentlich und geben eine schriftliche Verlautbarung heraus, daß Sie in einer eventuellen zweiten Auflage der Tanzstunden beziehungsweise in einer allfälligen Übersetzung in eine andere Sprache jene unwahre Passage für immer aus dem Buch weglassen, oder wir sind gezwungen, uns anderswohin zu wenden. Das Geflüster über Hrůzas ›Geständnis‹ begannen gewisse Kreise zu verbreiten, denen es um Verdrehung der Wahrheit ging, sobald er gestorben war, aber diese Leute mußten sich rasch überzeugen, daß nicht nur Zeugen jener einst so erschütternden Tragödie existierten, sondern auch ihm Nahestehende, die ihm bis zum Tod gedient hatten und in deren Armen er aushauchte. Und aus einem völlig unbescholtenen Menschen einen ›Raubmörder‹ zu machen, das ist keine Kleinigkeit, ebenso wie aus einem ehrlichen Arbeiter, der zufällig Kronzeuge wird, einen ›Blödian‹, der obendrein ›belastet‹ ist durch natürliche Reflexe! Ich überlasse es Ihnen, sehr geehrter Herr Hrabal, wie Sie diese im ganzen unappetitliche Angelegenheit beenden wollen, vermute jedoch, daß Ihnen eine Sonntagszeitung eine kurze Berichtigung abdrucken würde, wobei dies auch eine Art Reklame für Ihre künstlerische Arbeit wäre, die, wie Sie schreiben, die Volkserzählung popularisiert.« Als ich zu Ende gelesen hatte, sank die Dämmerung nieder, mir schlug laut das Herz. Die meiste Furcht jagen mir Leser ein, Herr Pešák, die nicht anklopfen, die nicht mit der Faust durchs Fenster drohen. Horror verursachen mir diejenigen, welche in der Dämmerung kommen, leise, auf den Zehenspitzen, die, von der Wand geschützt, dastehen und nur ihr undeutliches Profil sehen lassen, das sind die Leser, die nicht mit mir sprechen wollen, die nur schauen wollen, was ich tue, wenn ich meine, man sehe mich nicht. Und ich spüre ihren Blick aus dem fortschreitenden Abend heraus, stehe auf, dann blicken wir, der verschwommene Leser und ich, einander eine Zeitlang an, er verschmilzt mit dem blauen

Abend, aus dem lediglich seine Augen leuchten, und erst wenn er sich verbeugt, werden seine Umrisse erkennbar. Solche Leser bleiben in meinem Haushöfchen manchmal stundenlang im Verborgenen. Ich laufe unversehens hinaus, taste in die Dunkelheit, berühre mit den Fingern die Lippen eines Vollbartträgers und schreie entsetzt auf. Dabei ist mein Leser nur gekommen, um mir zu sagen, er habe die Traumvision gehabt, ich hätte Selbstmord verübt. Und er entfernt sich leise, in Filzschuhen, als wehe ihn ein Lüftchen davon. Dabei sind mir unerwartete Berührungen unerträglich! Wie oft passiert es mir nunmehr, Herr Pešák, daß ich vorsichtig und gesammelt die Asche in die Tonne leere, niemand ist im Haushof, ich drehe mich um, und vor mir steht wie ein Wall der Vollbartträger in den Filzschuhen und betrachtet mich mit einem schiefen Lächeln. Er ist wohl froh, daß er mich sieht, daß ich nicht Selbstmord verübt habe. So reifte die Zeit heran, Herr Pešák, da ich Ihnen schreiben konnte. »Sehr geehrter Herr Pešák, ich beantworte Ihren Brief und teile Ihnen erfreut mit, daß die zweite Auflage der Tanzstunden, die im Herbst vorliegen soll, nicht mehr die Sätze aufweisen wird, die Sie verletzt hatten. Ich mache Sie darauf aufmerksam, daß ich die Nachricht über Hrůzas Geständnis gehört und dann in einer vorjährigen Zeitung gelesen und die Meldung über Ihren Herrn Vater der Broschüre des Herrn Peřina: Hilsneriade entnommen hatte, wo als Auszug aus den Gerichtsprotokollen zitiert wird, der Kronzeuge habe mit der einen Hand sein Fahrrad gehalten und mit der anderen gepißt. Mir geht es jedoch um etwas ganz anderes, mir geht es um Ihre Ansicht, um Ihr Gefühl, ich hätte einen ehrlichen Menschen beleidigt, wofür ich mich nicht nur entschuldigte, sondern darüber hinaus auch versprach, dies öffentlich zu tun. Sind Sie so freundlich und helfen Sie mir nun, diese Entschuldigung zu formulieren. Ja?« Nachdem ich Ihnen geschrieben hatte, Herr Pešák, und seit ich auf Ihre Antwort warte, lasse ich die Vorhänge zu, bis auf einen engen Spalt fürs Licht, ich bin eingeschlossen und habe den Schlüssel abgezogen, weil meine Leser ins Schlüsselloch schauen, ob der Schlüssel von der anderen Seite steckt. Und ich sitze daheim im Halbdunkel, mein Herz pocht, wenn ich die munteren Schritte eines Lesers höre, wenn ich höre, wie die Schritte innehalten, die Hand die Klinke niederdrückt und die Schritte dann zum verhüllten Fenster gehen, wenn ich höre, wie sich der Leser auf die Zehenspitzen stellt, wie er sich mit der Hand die Augen beschattet, sich leicht an die Scheibe drückt und durch den Vorhangspalt starrt, worauf einige tänzerische Schritte folgen, der Leser mustert das ganze Haus und lauscht, während ich mich vom Stuhl in den staubigen Vorhang hineinbeuge, mein Herz schlägt, wie Alešs »Ein Kind ist verwaist« drücke ich mich in die Ecke, mit einemmal entfernen sich die Schritte schwer auf dem Pflaster des Hofes, sie halten noch einmal inne, einen Augenblick lang herrscht Stille, und dann bricht der Leser in Lachen aus, in ein hohes, schneidendes Lachen, worauf er leichtfüßig enteilt und die Tür hinter sich zuknallt wie einen Sargdeckel. Und ich sitze vorgebeugt auf dem Stuhl hinter dem Vorhang und weiß, daß ich für meinen Leser daheim bin, auch wenn ich nicht daheim bin, der Weggegangene hatte mich hinter dem Theatervorhang erwittert und darüber so gräßlich lachen müssen. Doch das ist schon Dostojewskij, Herr Pešák, das Lachen des Lesers ist Dostojewskijs Lachen, und wenn Dostojewskij lachte, flehte man ihn an, er solle lieber weinen. Nun unterlaufen mir Fehlleistungen, ich will beispielsweise eine Ansichtskarte lesen, ziehe Brille und Taschentuch heraus, putzte aber statt der Brille gründlich die Ansichtskarte. Herr Pešák, Ihr Brief trifft ein. »Sehr geehrter Herr Hrabal, verzeihen Sie, daß ich Ihren Brief erst so spät beantworte. Ich war ein wenig krank und hatte auch die von Ihnen angeführten Quellen nicht zur Hand, aus denen Sie, wie Sie zugeben, jene ›garantierten‹ Meldungen für Ihre Tanzstunden schöpften. Erst nachträglich besorgte ich mir eine Abschrift aus dem wortgetreuen stenographischen Protokoll des Kuttenberger Schwurgerichts, wo mein seliger Vater u. a. folgendermaßen aussagte: Vorsitzender – ›Weshalb sind Sie stehengeblieben?‹ Zeuge – ›Es ist so meine Gewohnheit, ich hab vor Freude ins Jungholz geschaut, weil ich in Březina (Birkholz) billig Holz hatte kaufen können. Ich pißte und guckte.‹ Vorsitzender – ›Was haben Sie gesehen?‹ Zeuge – ›Einen Menschen in grauem Anzug, er hatte einen Stock auf die Erde gestützt und schaute zur Stadt hin.‹ Usw. Die einzige Parallele, und dazu noch merklich abweichende von der von Ihnen zitierten, führe ich nachweislich an, damit Sie sehen, daß er ›mit der einen Hand nicht sein Fahrrad gehalten und mit der anderen gepißt‹ hat – wie Sie das, weißgottwoher, gemäß Ihrer wiederholten Behauptung abgeschrieben haben. Ich bezweifle, daß es aus der Hilsneriade war, insofern sich der Autor, soweit ich das vergleichen konnte, an die amtlichen Dokumente hielt und sich nichts ausdachte. Übrigens, kennen Sie als Jurist das Urheberrecht? Doch wohl! Warum haben Sie dann die Quelle nicht angeführt und vor allem, warum haben Sie nicht das Einverständnis des Schriftstellers eingeholt, dessen Namen Sie sogar kennen? Aber seien Sie beruhigt. In der von Ihnen genannten Schrift befindet es sich nicht, und deshalb konnten Sie es nicht abschreiben, wenigstens nicht aus den von Ihnen zitierten Quellen. Am Ende wird es doch nur Wirtshausklatsch sein, geführt vom Schuster und Mälzer in angeheitertem Zustand, wie Sie das in Ihrem ersten Brief schrieben. Weiters ersuchen Sie, daß ich Ihnen – einem Juristen – als Laie helfen soll, die Entschuldigung zu formulieren. Nun, nach meiner Anschauung könnte das zum Beispiel so aussehen: *Entschuldigung.* Durch falsche Informationen in die Irre geführt, schrieb ich in den Tanzstunden eine Abhandlung über die Ermordung Anežka Hrůzovás in Polná, die vor 66 Jahren stattfand, und in diesem Zusammenhang habe ich beleidigend die Ehre des Kronzeugen Petr Pešák angetastet, den ich einen Blödian nannte. Auch den Bruder des ermordeten Mädchens habe ich der Teilnahme an der Tötung der eigenen Schwester bezichtigt, und um dieser ersonnenen Behauptung Gewicht zu verleihen, schrieb ich, daß sich der Betreffende dazu auf dem Sterbebett bekannt hätte. Nachdem ich mich überzeugte, daß in beiden Behauptungen kein Körnchen Wahrheit ist, erkläre ich diese Abhandlung für unwahr und entsage ihr. Dabei bitte ich sowohl den Sohn František Pešák als auch die Familie Jan Hrůzas um Verzeihung und bedaure, daß es zu etwas Derartigem hatte überhaupt kommen können. Boh. Hrabal, Schriftsteller. Das würde meines Erachtens der geforderten Satisfaktion entsprechen. Der Name meines verstorbenen Vaters ist in der ganzen Welt heute noch so bekannt, daß er nicht im geringsten die Öffentlichkeit zu scheuen braucht. Er ist ehrenvoll fast durch die gesamte Weltpresse gegangen, durch unzählige Publikationen in verschiedenen Sprachen, sogar in Amerika und Australien. Endlich will ich auch bemerken, daß der Fall Anežka Hrůzová an sich tragisch ist, so daß er absolut in kein satirisches Buch paßt, und deshalb braucht es Ihnen nicht leid zu tun, daß Sie ihn herausgestrichen haben.«

Also dann, ich habe es herausgestrichen und entschuldige mich, Herr Pešák. Ich schreibe Ihnen noch, daß ich so, wie ich die Oszillation unserer Briefe durchlebte, diese Aufladung der zwischen

Lieben und Polná hin und her fliegenden Pingpongbälle, auch alle anderen Briefe durchlebte und lebte, die kamen, ich lebte alle Wörter, mit denen mich meine Leser erfreuen oder verletzen wollten. Ich kann Ihnen nur schreiben, daß ich inzwischen die Vorhänge wieder aufgerissen und Tür und Fenster wieder geöffnet habe, daß mein Glück wieder die laute Einsamkeit und die Ruhe inmitten eines Lesergespräches oder des Straßenlärms ist. Nichts hat es mir geholfen – auch wenn es sein mußte –, daß ich mich einschloß und hinter dem Vorhang versteckte. Denn bin ich draußen, bin ich zu Hause, genauso wie ich zu Hause bin, wenn ich draußen bin. Ich habe aber nicht nur meine Hütte geöffnet, ich habe auch mich selbst geöffnet, mich selber erneuert, ich bin wieder und weiter die notierende Hand, welche die fliegenden weißen Pingpongbälle annimmt und zurückgibt, die aufgeladen sind mit Humor und Imagination. Ich bin nicht bloß die Hand, welche die ankommenden Bälle den anderen zurückgibt, die Bälle in Form hergeschmetterter Briefe, Wörter und Gesten, ich bin auch der Tisch, von welchem die Bälle abspringen, auf daß sie von meinen Lesern auf der anderen Seite der grünen Platte, dort jenseits des unsichtbaren Netzes, gleichfalls zurückgegeben werden. Manchmal kommen die Bälle aus der Ferne auf meinen Tisch, doch meine Aufgabe ist es, die Schläge zurückzugeben, angereichert durch meine Schläge, durch meine Neigung des Schlägers – manchmal zweifellos schlecht, aber nie absichtlich verschlagend oder den Ball überhaupt nicht annehmend.

P. S. Herr Pešák, Hand aufs Herz, es ist sakrisch schwer, in den historischen Ländern Schriftsteller zu sein, sakrisch schwer, manchmal überschwer, »ums Verrecken«, wie unser Volk deftig sagt.

Die Moritat von der öffentlichen Hinrichtung

Die Tagespresse brachte die Nachricht, daß am 14. 7. 1966 der bestialische Mörder Alois Polách, neunzehn Jahre alt, wegen Lustmordes an einem vierjährigen Mädchen und wegen Unzucht mit Kindern und siebzigjährigen Greisinnen durch das Kreisgericht in Lundenburg zum Tode verurteilt wurde.
Warum sollen sich die Leute heutzutage umbringen, wenn es die Čáslavská im Fernsehen für sie besorgt? Auch wenn ich die Čáslavská liebe, sind mir doch die Mamis lieber, die halbe Million Mamis, die von sich aus und für sich auf dem Sportplatz üben, was liegt daran, wenn eine vier Kinder hat und wenn einige schon über fünfzig sind?
Der Mörder Alois Polách ist der Prototyp eines Menschen, welchen man mit der seelischen Nahrung des »zutiefst humanen« Schriftstellers Hrabal aufzog, der in einer seiner Kreationen ausdrücklich davon spricht, daß er sich zurückhalten muß, um nicht wegen der Schönheit einen Lustmord zu begehen, und daß die Frauen Verbrecher lieben.
Übrigens, lesen wir aufmerksam die Bibel, stellen wir fest, daß sie voll ähnlicher heikler Szenen und obszöner Ereignisse ist. Nur so kann man dem Leser rechte Überraschung oder Anstößigkeit vermitteln, die Sehnsucht, mit dem Autor in einem Gasthäuschen nett zu plaudern oder ihm aufzulauern, um ihn bis zur Unkenntlichkeit zu verdreschen.
Das Werk Bohumil Hrabals ist ein Mühlstein am Hals unseres wirtschaftlichen und übrigen Lebens, ein Werk, das es uns nicht erlaubt, uns von der Stelle zu bewegen, solange unser Rundfunk, Fernsehen und Presse für unser Geld die öffentliche Meinung durch Herausstreichung des seelischen Unrats und Unflats beeinflußt, mit dem das zweibeinige Rindvieh B. Hrabal öffentlich onaniert.
Jawohl, die moderne Kunst steigert das semantische Chaos, und die Sicherheitsnadel der Synthese, eine solche Nadel sticht immer ins Lebendige. Auf diese Weise hinterläßt der wahre Winkel der Aussage gesetzmäßig den Schrei und die Narbe. Freilich nährt sich auch der Geist mit besonderem Appetit mit nichts anderem als Gallensteinen, die er mit den Tränen des Weinens und des Lachens hinunterspült.

An den Galgen! Dorthin gehört Bohumil Hrabal und die ihm ähnlichen Entarteten; er steht leider nicht allein da, es ist leider der Großteil unserer Schriftsteller und Kulturschaffenden. An den Galgen! Ist die Literatur der Misthaufen, die Großbrutstätte für Massenerzeugung bestialischer Lustmörder, jugendlicher und kindlicher Syphilitiker, Verbrecher und Säufer schlechthin? An den Galgen!
Eman Frynta sagte einmal zu mir, ich würde mich bemühen, mit meinen Texten den Menschen auf dem Höhepunkt seiner Gesprächssituation einzufangen, genau wie es der Fotograf mit der Momentaufnahme erstrebt. Und er fügte hinzu, daß er diese Art des Herantretens ans Schreiben als Leicastil bezeichnen würde. Schade, daß ich nicht selbst darauf gekommen bin! Ich schlendere tatsächlich durch die Welt, das Ohr eingestellt für solche Gesprächsmomentaufnahmen. Stoße ich dann auf eine dergestaltige Maxime, banne ich sie sogleich mit dem Leicastil in mein Gehirn. Danach beschleicht mich die Angst, herunterfallende Dachziegel könnten mir die prächtige Momentaufnahme aus dem Kopf schlagen. Wahrlich, so bin ich oftmals das trächtige Äußere.
Haltet nur aus, Genossen, weicht nicht zurück und steht hinter eurem personifizierten Repräsentanten, auch wenn er sich in einen entblößten, blanken Hintern verwandeln sollte. Für die sozialistische Kultur, für den kaiserlichen Herrn und für Bohumil Hrabal, alle wie ein Mann.
Von Kindheit an erregten mich die Begebenheiten vom Wilden Bill, von Buffalo Bill, vom Lederstrumpf, noch heute rührt mich die Freundschaft dieser Helden zu Winnetou, Wanagou und den anderen edlen Barbaren, deren Moral und Noblesse mir bis heute die Vorstellung eines goldenen Zeitalters aufdrängt, in dem fünf Minuten vor zwölf das Böse bestraft und das Gute errettet wurde durch Menschen, die besessen waren von einem naiven Glauben an Freiheit, Schönheit, Gerechtigkeit und der Notwendigkeit, für diese Kategorien auch unter Einsatz des Lebens zu kämpfen.
Aber würde Hrabal öffentlich gehängt und bekäme der Lundenburger Mörder Alois Polách nur acht Monate auf Bewährung, wäre das ein revolutionärer Meilenstein, von dem an unsere Wende zu einer tatsächlichen neuen Ordnung, zum tatsächlichen Sozialismus zu datieren wäre.
Und dennoch meine ich, daß Zehntausende Leser weiter sind. Ich schließe es daraus, daß mir Texte, die mich nach der Niederschrift

nachts weckten, verängstigten, schwitzen machten und aus dem Bett springen ließen, Aug in Aug mit dem Leser stehend und ihm aus den Zeilen heraus die Zähne zeigend, lediglich bewiesen, daß ich im Vergleich zum anspruchsvollen Leser stumpfe Zähne habe und zahm bin. Erst jetzt erkenne ich, daß man für den echten Leser alle Sätze direkt aus der Hüfte schießen, alle Maulkörbe abnehmen und alle Vorbehalte über Bord werfen muß.
Versucht nur, den Königsthron des alten Schweinigels und Lüdrians Hrabal zu verrücken! Entsetzlich, wenn im sozialistischen Staat der Hintern der Mittelpunkt des Menschen und eine öffentliche Bedürfnisanstalt der Mittelpunkt der Welt ist.
Eine der züchtigsten Gestalten des Weltromans, Schwejk, ist in gewissem Sinn Träger unseres Nationalcharakters. Mich rühren an Hašeks Schwejk-Porträt die gestreiften Badehosen, die schüchtern strickenden kurzen Finger und die kindhaft verschreckten Augen. In einem Vers sagt Ginsberg: Ignu weiß, was ein Engel weiß, Ignu ist ein Engel de facto in komischer Gestalt, Ignu lebt nur einmal und ewig und weiß es... Wer euch in Staunen versetzt, ist ein Ignu, und dies laßt mich wissen.
Unser Kulturleben setzt sich heute nämlich aus lauter größeren oder kleineren Ignoranten zusammen, d. h. aus mehr oder minder gemeinen und frechen Hrabals, dessen Name in allen Zeitschriften, im Rundfunk und im Fernsehen mit Superlativen dekliniert wird.
Für mich läuft so ein Fußball gleichzeitig durch zwei Reihen. Die eine wirkliche ist auf dem Spielfeld, die andere schwebt über den sich bewegenden Spielern wie in einem Traumspiegel. Wenn diese zwei Reihen während des Kampfes wenigstens einige Minuten lang durchschalten, entstehen die idealen Pässe, idealen Flanken, idealen Tore. Und das ist die reinste Freude. Jedoch, Fußball ist ein Spiel, in welchem der Bessere in der Regel nicht gewinnt. Deshalb die Tragödien, die Katastrophen, der Jammer.
Und es ist schade, sich mit den Abfällen der Menschheit, die sich auf dem originellen Weg durch die Pfützen ernähren, die Hände schmutzig zu machen. Sie tun alles, um zuerst sich selbst umzubringen, trotz ihrer austapezierten und weichen Futtertröge.
Wahrlich, Freunde, Hand aufs Herz, was haben die Männer auf der Welt gern, wenn sie von der Arbeit kommen? Lasse ich den Zauber des weiblichen Körpers außer acht, stelle ich fest, daß die

Männer auf der ganzen Welt am liebsten so lange trinken, bis sich die gewisse Euphorie einstellt, in der jeder so viel über sich sagt, daß er am nächsten Tag entsetzt ist, da er das Bild wieder zusammenzufügen versucht, das er am Vortag zerredet hat.
Deshalb gehört Bohumil Hrabal an den Galgen. Das, was die Gerichte verurteilen, sind nur seine Opfer und leider auch unsere und Ihre Kinder. Wenn Sie nicht helfen, den Lundenburger Richter auszuschalten, müssen Sie helfen, die öffentliche Retirade zu liquidieren, in die sich unser Kulturleben verwandelt hat. Der Mensch existiert zwar schon sehr lange und der Sex so lange wie der Mensch, doch sieh an! erst die fortschrittlichen Schriftsteller mit Genossen Hrabal an der Spitze fanden dessen wahren Platz: im Dienst am Hintern und der Stillung seiner Lüste. Bravo, bravissimo, nur weiter so!
Weil beim Schreiben das Wichtigste ist, was man weglassen und wie man die Ritzen ausfüllen soll, vermenschlichte ich den Pawlatschenklatsch und die Schmähschrift und die Nachrede, warf ich in die Grenzsituationen das Funkeln der Schwätzer und ihre Ausgelassenheit, die manchmal auf der Polizei und manchmal im Krankenhaus endet. Denn es ist nicht nur der Himmel eingestürzt, sondern es haben sich auch Mythus, Allegorie, Symbol fortgeschlichen. Ein jeder Mensch geht heute in die Arbeit, darum kann es keine Versündigung sein, wenn er in der Freizeit das eigene unwiederholbare Leben durch freie Imagination des Individuums restlos auszuschöpfen versucht, kann doch einer nicht frei im Geist sein, solange er nicht auch sozial frei ist, wie André Breton lehrte, andererseits aber kann einer, wie Herr Marysko hinzufügte, sozial nicht frei sein, solange er nicht auch im Geist frei ist.
Die Schriftsteller als solche werden sicherlich alles unternehmen, um einen Justizirrtum des Lundenburger Gerichts zu verhüten und um den Sexualmörder Alois Polách als besten und fortschrittlichsten Schüler von Hrabal zu kanonisieren.
Schade, jammerschade, daß damals nicht ich auf der Tretdraisine gefahren bin, die bei Nebel Poříčany verließ und hinter der man einen Güterzug losließ mit der Lokomotive am Schluß, und der Güterzug fuhr von hinten in die Draisine, zwei tretende Arbeiter flogen im hohen Bogen den Bahndamm hinunter, überschlugen sich und rollten in den Graben, während der Güterzug die Draisine zu Schrott zermalmte und sich den Streckenmeister über den

Kondensator hing wie ein Handtuch übers Rohr, und dann fuhr die Lokomotive aus dem Nebel, und ein Kutscher zeigte dem Lokführer mit der Peitsche, wen er da auf der Maschine transportierte. Schade, daß damals nicht ich statt des Herrn Streckenmeisters über dem Kondensator gehangen bin! Jammerschade! Das muß ein Genuß fürs ganze Leben gewesen sein.
Ich glaube jetzt, daß auch die vom alten und ausgelebten Rindvieh Hrabal verführte und verdorbene Jugend es im ganzen ohne größeres Malheur überleben wird, gerade deshalb, weil sie jung ist, wogegen sich Hrabal mit dem Maulaufreißen nur durchbringt. Das übrige ist bloß Kinderspielzeug, Babyrasseln, genau wie meinetwegen Telepathie und Spiritismus. Moderne Prosa entsteht durch eine bestimmte Opposition, durch ein bestimmtes Bemühen ums Verbotene, wenn man in die sich öffnende Tür die Schuhspitze steckt, danach das ganze Knie. Einzig durch die so offen gehaltene Tür vermag ein frisches Lüftchen zu ziehen, das man Schaffensraum nennt. Solchermaßen wird durch persönliches Tun der allgemeine Himmel ein Stückchen aufgehellt, und von Jahr zu Jahr und somit auch fürs Jahr 1968 fügen wir eine weitere Treppenstufe liebevoller Wünsche an, wobei wir ziemlich genau dem Kohlenmann von Lieben gleichen, der, als er alle Treppenstufen aneinandergefügt hatte, die er in dreißig Jahren Kohletragen für die Menschen hinauf- und hinabgestiegen war, mit seinem Tragkübel auf den Mond gelangte.

P. S. Die Montage dieser Moritat entstand durch rhythmischen Wechsel von Ausschnitten aus zwei umfänglichen anonymen Briefen sowie aus Passagen meiner Glossen und Anmerkungen, die in verschiedenen unserer Periodika sowie in unserer Tagespresse veröffentlicht wurden.

Copyrightvermerk

Bafler (Pábitelé)
Der Tod des Herrn Baltisberger (Smrt pana Baltisbergra)
Automat Welt (Automat svět)
Wollen Sie die Goldene Stadt sehn? (Chcete vidět Zlatou Prahu?)
Das Haus der Freude (aus: Bambini di Praga, Nr. 5)
Der Herr Notar (Pan notář)
Das diamantene Auge (Diamantové očko)
Abendkurs (Večerni kurs)
aus: Bohumil Hrabal, Die Bafler. Erzählungen. Ausgewählt und aus dem Tschechischen übersetzt von Franz Peter Künzel. Frankfurt am Main 1966 (edition suhrkamp Band 180)

Kafkarei (Kafkárna)
Reise nach Sondervorschrift, Zuglauf überwacht (Ostře sledované vlaky)
Schöne Poldi (Krásná Poldi)
aus: Bohumil Hrabal, Reise nach Sondervorschrift. Zuglauf überwacht. Neue Erzählungen. Aus dem Tschechischen von Franz Peter Künzel. Frankfurt am Main 1968 (edition suhrkamp Band 256)

Die Mai-Moritat oder Es war eine stille Maiennacht (Květnový moritát)
Die Legende von der schönen Julika (Legenda o krásné Julince)
Die Legende von Egon Bondy und dem Vladimírek (Legenda o Egonu Bondym a Vladimírkovi)
Legende von den Lamertz-Nadeln (Legenda o Lamertzových jchlách) spannt sind (Legenda zahraná na strunách napjatých mezi kolébkou a rakví)
Legende von den Lamertz-Nadeln (Legenda o Lamertzových jclách)
Die Moritat von den Weltreisenden (Morytát o cestovatlích kolen světa)
Die Moritat von der Ermordung Anežka Hrůzovás (Morytát o zavraždění Anežky Hrůzové)
Die Moritat von der öffentlichen Hinrichtung (Morytát o veřejné popravě)
aus: Bohumil Hrabal, Moritaten und Legenden. Aus dem Tschechischen von Franz Peter Künzel. Frankfurt am Main 1973 (Bibliothek Suhrkamp Band 360)

Bohumil Hrabal im Suhrkamp Verlag

Moritaten und Legenden. Aus dem Tschechischen von Franz Peter Künzel. 1973. *Bibliothek Suhrkamp* Band 360

Tanzstunden für Erwachsene und Fortgeschrittene. Aus dem Tschechischen von Franz Peter Künzel. 1977. *Bibliothek Suhrkamp* Band 548

Schneeglöckchenfeste. Erzählungen. Aus dem Tschechischen von Petr Šimon. 1981. *Bibliothek Suhrkamp* Band 715

Bohumil Hrabals Lesebuch. [diverse] 1981. *Bibliothek Suhrkamp* Band 726

Alphabetisches Gesamtverzeichnis der suhrkamp taschenbücher

Achternbusch, Alexanderschlacht 61
– Der Neger Erwin 682
– Die Stunde des Todes 449
– Happy oder Der Tag wird kommen 262
Adorno, Erziehung zur Mündigkeit 11
– Studien zum autoritären Charakter 107
– Versuch, das ›Endspiel‹ zu verstehen 72
– Versuch über Wagner 177
– Zur Dialektik des Engagements 134
Aitmatow, Der weiße Dampfer 51
Alegría, Die hungrigen Hunde 447
Alfvén, Atome, Mensch und Universum 139
– M 70 – Die Menschheit der siebziger Jahre 34
Allerleirauh 19
Alsheimer, Eine Reise nach Vietnam 628
– Vietnamesische Lehrjahre 73
Alter als Stigma 468
Anders, Kosmologische Humoreske 432
v. Ardenne, Ein glückliches Leben für Technik und Forschung 310
Arendt, Die verborgene Tradition 303
Arlt, Die sieben Irren 399
Arguedas, Die tiefen Flüsse 588
Artmann, Grünverschlossene Botschaft 82
– How much, schatzi? 136
– Lilienweißer Brief 498
– The Best of H. C. Artmann 275
– Unter der Bedeckung eines Hutes 337
Augustin, Raumlicht 660
Bachmann, Malina 641
v. Baeyer, Angst 118
Bahlow, Deutsches Namenlexikon 65
Balint, Fünf Minuten pro Patient 446
Ball, Hermann Hesse 385
Barnet (Hrsg.), Der Cimarrón 346
Basis 5, Jahrbuch für deutsche Gegenwartsliteratur 276
Basis 6, Jahrbuch für deutsche Gegenwartsliteratur 340
Basis 7, Jahrbuch für deutsche Gegenwartsliteratur 420
Basis 8, Jahrbuch für deutsche Gegenwartsliteratur 457
Basis 9, Jahrbuch für deutsche Gegenwartsliteratur 553
Basis 10, Jahrbuch für deutsche Gegenwartsliteratur 589
Beaucamp, Das Dilemma der Avantgarde 329
Becker, Jürgen, Eine Zeit ohne Wörter 20
– Gedichte 690
Becker, Jurek, Irreführung der Behörden 271
– Der Boxer 526
– Schlaflose Tage 626
Beckett, Das letzte Band (dreisprachig) 200
– Der Namenlose 536
– Endspiel (dreisprachig) 171
– Glückliche Tage (dreisprachig) 248
– Malone stirbt 407
– Molloy 229
– Warten auf Godot (dreisprachig) 1
– Watt 46
Das Werk von Beckett. Berliner Colloquium 225
Materialien zu Beckett »Der Verwaiser« 605
Materialien zu Becketts »Godot« 104
Materialien zu Becketts »Godot« 2 475
Materialien zu Becketts Romanen 315
Behrens, Die weiße Frau 655
Benjamin, Der Stratege im Literaturkampf 176
– Illuminationen 345
– Über Haschisch 21
– Ursprung des deutschen Trauerspiels 69
Zur Aktualität Walter Benjamins 150
Beradt, Das dritte Reich des Traumes 697
Bernhard, Das Kalkwerk 128
– Der Kulterer 306
– Frost 47
– Gehen 5
– Salzburger Stücke 257
Bertaux, Hölderlin 686
– Mutation der Menschheit 555
Beti, Perpétue und die Gewöhnung ans Unglück 677
Bierce, Das Spukhaus 365
Bingel, Lied für Zement 287
Bioy Casares, Fluchtplan 378
– Schweinekrieg 469
Blackwood, Besuch von Drüben 411
– Das leere Haus 30
– Der Griff aus dem Dunkel 518
Blatter, Zunehmendes Heimweh 649
Bloch, Spuren 451
– Atheismus im Christentum 144
Böni, Ein Wanderer im Alpenregen 671
Börne, Spiegelbild des Lebens 408
Bonaparte, Edgar Poe, 3 Bde. 592
Bond, Bingo 283
– Die See 160
Brasch, Kargo 541
Braun, J. u. G., Der Fehlfaktor 687
– Unheimliche Erscheinungsformen auf Omega XI 646
Braun, Das ungezwungne Leben Kasts 546
– Gedichte 499
– Stücke 1 198
– Stücke 2 680
Brecht, Frühe Stücke 201
– Gedichte 251
– Gedichte für Städtebewohner 640
– Geschichten vom Herrn Keuner 16
– Schriften zur Gesellschaft 199
Brecht in Augsburg 297
Bertolt Brechts Dreigroschenbuch 87
Brentano, Berliner Novellen 568
– Prozeß ohne Richter 427
Broch, Hermann, Barbara 151
– Briefe I 710
– Briefe II 711
– Briefe III 712
– Dramen 538
– Gedichte 572
– Massenwahntheorie 502
– Novellen 621
– Philosophische Schriften 1 u. 2 2 Bde. 375
– Politische Schriften 445
– Schlafwandler 472
– Schriften zur Literatur 1 246
– Schriften zur Literatur 2 247
– Schuldlosen 209
– Tod des Vergil 296
– Unbekannte Größe 393
– Verzauberung 350
Materialien zu »Der Tod des Vergil« 317
Brod, Der Prager Kreis 547
– Tycho Brahes Weg zu Gott 490

Broszat, 200 Jahre deutsche Polenpolitik 74
Brude-Firnau (Hrsg.), Aus den Tagebüchern Th. Herzls 374
Büßerinnen aus dem Gnadenkloster, Die 632
Bulwer-Lytton, Das kommende Geschlecht 609
Buono, Zur Prosa Brechts. Aufsätze 88
Butor, Paris–Rom oder Die Modifikation 89
Campbell, Der Heros in tausend Gestalten 424
Casares, Schlaf in der Sonne 691
Carossa, Ungleiche Welten 521
Über Hans Carossa 497
Carpentier, Explosion in der Kathedrale 370
– Krieg der Zeit 552
Celan, Mohn und Gedächtnis 231
– Von Schwelle zu Schwelle 301
Chomsky, Indochina und die amerikanische Krise 32
– Kambodscha Laos Nordvietnam 103
– Über Erkenntnis und Freiheit 91
Cioran, Die verfehlte Schöpfung 550
– Vom Nachteil geboren zu sein 549
– Syllogismen der Bitterkeit 607
Cisek, Der Strom ohne Ende 724
Claes, Flachskopf 524
Condrau, Angst und Schuld als Grundprobleme in der Psychotherapie 305
Conrady, Literatur und Germanistik als Herausforderung 214
Cortázar, Bestiarium 543
– Das Feuer aller Feuer 298
– Die geheimen Waffen 672
– Ende des Spiels 373
Dahrendorf, Die neue Freiheit 623
– Lebenschancen 559
Dedecius, Überall ist Polen 195
Degner, Graugrün und Kastanienbraun 529
Der andere Hölderlin. Materialien zum »Hölderlin«-Stück von Peter Weiss 42
Dick, LSD-Astronauten 732
– UBIK 440
Doctorow, Das Buch Daniel 366
Döblin, Materialien zu »Alexanderplatz« 268
Dolto, Der Fall Dominique 140
Döring, Perspektiven einer Architektur 109
Donoso, Ort ohne Grenzen 515
Dorst, Dorothea Merz 511
– Stücke 1 437
– Stücke 2 438
Duddington, Baupläne der Pflanzen 45
Duke, Akupunktur 180
Duras, Hiroshima mon amour 112
Durzak, Gespräche über den Roman 318
Edschmidt, Georg Büchner 610
Ehrenberg/Fuchs, Sozialstaat und Freiheit 733
Ehrenburg, Das bewegte Leben des Lasik Roitschwantz 307
– 13 Pfeifen 405
Eich, Ein Lesebuch 696
– Fünfzehn Hörspiele 120
Eliade, Bei den Zigeunerinnen 615
Eliot, Die Dramen 191
Zur Aktualität T. S. Eliots 222
Ellmann, James Joyce 2 Bde. 473
Enzensberger, Gedichte 1955–1970 4
– Der kurze Sommer der Anarchie 395
– Der Untergang der Titanic 681
– Museum der modernen Poesie, 2 Bde. 476
– Politik und Verbrechen 442
Enzensberger (Hrsg.), Freisprüche. Revolutionäre vor Gericht 111
Eppendorfer, Der Ledermann spricht mit Hubert Fichte 580
Eschenburg, Über Autorität 178
Ewald, Innere Medizin in Stichworten I 97
– Innere Medizin in Stichworten II 98
Ewen, Bertolt Brecht 141
Fallada/Dorst, Kleiner Mann – was nun? 127
Fanon, Die Verdammten dieser Erde 668
Feldenkrais, Abenteuer im Dschungel des Gehirns 663
– Bewußtheit durch Bewegung 429
Feuchtwanger (Hrsg.), Deutschland – Wandel und Bestand 335
Fischer, Von Grillparzer zu Kafka 284
Fleißer, Der Tiefseefisch 683
– Eine Zierde für den Verein 294
– Ingolstädter Stücke 403
Fletcher, Die Kunst des Samuel Beckett 272
Frame, Wenn Eulen schreien 692
Franke, Einsteins Erben 603
– Paradies 3000 664
– Schule für Übermenschen 730
– Sirius Transit 535
– Ypsilon minus 358
– Zarathustra kehrt zurück 410
– Zone Null 585
v. Franz, Zahl und Zeit 602
Friede und die Unruhestifter, Der 145
Fries, Das nackte Mädchen auf der Straße 577
– Der Weg nach Oobliadooh 265
Frijling-Schreuder, Was sind das – Kinder? 119
Frisch, Andorra 277
– Der Mensch erscheint im Holozän 734
– Dienstbüchlein 205
– Herr Biedermann / Rip van Winkle 599
– Homo faber 354
– Mein Name sei Gantenbein 286
– Montauk 700
– Stiller 105
– Stücke 1 70
– Stücke 2 81
– Tagebuch 1966–1971 256
– Wilhelm Tell für die Schule 2
Materialien zu Frischs »Biedermann und die Brandstifter« 503
– »Stiller« 2 Bde. 419
Frischmuth, Amoralische Kinderklapper 224
Froese, Zehn Gebote für Erwachsene 593
Fromm/Suzuki/de Martino, Zen-Buddhismus und Psychoanalyse 37
Fuchs, Todesbilder in der modernen Gesellschaft 102
Fuentes, Nichts als das Leben 343
Fühmann, Bagatelle, rundum positiv 426
– Erfahrungen und Widersprüche 338
– 22 Tage oder Die Hälfte des Lebens 463
Gadamer/Habermas, Das Erbe Hegels 596
Gall, Deleatur 639
García Lorca, Über Dichtung und Theater 196
Gespräche mit Marx und Engels 716
Gibson, Lorcas Tod 197
Gilbert, Das Rätsel Ulysses 367
Glozer, Kunstkritiken 193
Goldstein, A. Freud, Solnit, Jenseits des Kindeswohls 212
Goma, Ostinato 138
Gorkij, Unzeitgemäße Gedanken über Kultur und Revolution 210
Grabiński, Abstellgleis 478
Griaule, Schwarze Genesis 624

Grossmann, Ossietzky. Ein deutscher Patriot 83
Gulian, Mythos und Kultur 666
Habermas, Theorie und Praxis 9
- Kultur und Kritik 125
Habermas/Henrich, Zwei Reden 202
Hammel, Unsere Zukunft - die Stadt 59
Han Suyin, Die Morgenflut 234
Handke, Als das Wünschen noch geholfen hat 208
- Begrüßung des Aufsichtsrats 654
- Chronik der laufenden Ereignisse 3
- Das Ende des Flanierens 679
- Das Gewicht der Welt 500
- Die Angst des Tormanns beim Elfmeter 27
- Die linkshändige Frau 560
- Die Stunde der wahren Empfindung 452
- Die Unvernünftigen sterben aus 168
- Der kurze Brief 172
- Falsche Bewegung 258
- Hornissen 416
- Ich bin ein Bewohner des Elfenbeinturms 56
- Stücke 1 43
- Stücke 2 101
- Wunschloses Unglück 146
Hart Nibbrig, Ästhetik 491
- Rhetorik des Schweigens 693
Heiderich, Mit geschlossenen Augen 638
Heilbroner, Die Zukunft der Menschheit 280
Heller, Die Wiederkehr der Unschuld 396
- Enterbter Geist 537
- Nirgends wird Welt sein als innen 288
- Thomas Mann 243
Hellman, Eine unfertige Frau 292
Henle, Der neue Nahe Osten 24
v. Hentig, Die Sache und die Demokratie 245
- Magier oder Magister? 207
Herding (Hrsg.), Realismus als Widerspruch 493
Hermlin, Lektüre 1960–1971 215
Herzl, Aus den Tagebüchern 374
Hesse, Aus Indien 562
- Aus Kinderzeiten. Erzählungen Bd. 1 347
- Ausgewählte Briefe 211
- Briefe an Freunde 380
- Demian 206
- Der Europäer. Erzählungen Bd. 3 384
- Der Steppenwolf 175
- Die Gedichte. 2 Bde. 381
- Die Kunst des Müßiggangs 100
- Die Märchen 291
- Die Nürnberger Reise 227
- Die Verlobung. Erzählungen Bd. 2 368
- Die Welt der Bücher 415
- Eine Literaturgeschichte in Rezensionen 252
- Glasperlenspiel 79
- Innen und Außen. Erzählungen Bd. 4 413
- Klein und Wagner 116
- Kleine Freuden 360
- Kurgast 383
- Lektüre für Minuten 7
- Lektüre für Minuten. Neue Folge 240
- Narziß und Goldmund 274
- Peter Camenzind 161
- Politik des Gewissens, 2 Bde. 656
- Roßhalde 312
- Siddhartha 182
- Unterm Rad 52
- Von Wesen und Herkunft des Glasperlenspiels 382
Materialien zu Hesses »Demian« 1 166
Materialien zu Hesses »Demian« 2 316
Materialien zu Hesses »Glasperlenspiel« 1 80
Materialien zu Hesses »Glasperlenspiel« 2 108
Materialien zu Hesses »Siddhartha« 1 129
Materialien zu Hesses »Siddhartha« 2 282
Materialien zu Hesses »Steppenwolf« 53
Über Hermann Hesse 1 331
Über Hermann Hesse 2 332
Hermann Hesse - Eine Werkgeschichte von Siegfried Unseld 143
Hermann Hesses weltweite Wirkung 386
Hildesheimer, Hörspiele 363
- Mozart 598
- Paradies der falschen Vögel 295
- Stücke 362
Hinck, Von Heine zu Brecht 481
Hinojosa, Klail City und Umgebung 709
Hobsbawm, Die Banditen 66
Hofmann (Hrsg.), Schwangerschaftsunterbrechung 238
Hofmann, Werner, Gegenstimmen 554
Höllerer, Die Elephantenuhr 266
Holmqvist (Hrsg.), Das Buch der Nelly Sachs 398
Hortleder, Fußball 170
Horváth, Der ewige Spießer 131
- Der jüngste Tag 715
- Die stille Revolution 254
- Ein Kind unserer Zeit 99
- Jugend ohne Gott 17
- Leben und Werk in Dokumenten und Bildern 67
- Sladek 163
Horváth/Schell, Geschichten aus dem Wienerwald 595
Hsia, Hesse und China 673
Hudelot, Der Lange Marsch 54
Hughes, Hurrikan im Karibischen Meer 394
Huizinga, Holländische Kultur im siebzehnten Jahrhundert 401
Ibragimbekow, Es gab keinen besseren Bruder 479
Ingold, Literatur und Aviatik 576
Innerhofer, Die großen Wörter 563
- Schattseite 542
- Schöne Tage 349
Inoue, Die Eiswand 551
Jakir, Kindheit in Gefangenschaft 152
James, Der Schatz des Abtes Thomas 540
Jens, Republikanische Reden 512
Johnson, Berliner Sachen 249
- Das dritte Buch über Achim 169
- Eine Reise nach Klagenfurt 235
- Mutmassungen über Jakob 147
- Zwei Ansichten 326
Jonke, Im Inland und im Ausland auch 156
Joyce, Ausgewählte Briefe 253
Joyce, Stanislaus, Meines Bruders Hüter 273
Junker/Link, Ein Mann ohne Klasse 528
Kappacher, Morgen 339
Kästner, Der Hund in der Sonne 270
- Offener Brief an die Königin von Griechenland. Beschreibungen, Bewunderungen 106
Kardiner/Preble, Wegbereiter der modernen Anthropologie 165
Kasack, Fälschungen 264
Kaschnitz, Der alte Garten 387
- Ein Lesebuch 647
- Steht noch dahin 57
- Zwischen Immer und Nie 425
Katharina II. in ihren Memoiren 25
Kawerin, Das doppelte Portrait 725
Keen, Stimmen und Visionen 545
Kerr (Hrsg.), Über Robert Walser 1 483

– Über Robert Walser 2 484
– Über Robert Walser 3 556
Kessel, Herrn Brechers Fiasko 453
Kirde (Hrsg.), Das unsichtbare Auge 477
Kluge, Lebensläufe. Anwesenheitsliste für eine Beerdigung 186
Koch, Anton, Symbiose – Partnerschaft fürs Leben 304
Koch Werner, Jenseits des Sees 718
– Pilatus 650
– See-Leben I 132
– Wechseljahre oder See-Leben II 412
Koehler, Hinter den Bergen 456
Koeppen, Das Treibhaus 78
– Der Tod in Rom 241
– Eine unglückliche Liebe 392
– Nach Rußland und anderswohin 115
– Reise nach Frankreich 530
– Romanisches Café 71
– Tauben im Gras 601
Koestler, Der Yogi und der Kommissar 158
– Die Nachtwandler 579
– Die Wurzeln des Zufalls 181
Kolleritsch, Die grüne Seite 323
Komm schwarzer Panther, lach doch mal 714
Komm, der Idiot des Haußes 728
Konrád, Der Stadtgründer 633
– Besucher 492
Konrád/ Szelényi, Die Intelligenz auf dem Weg zur Klassenmacht 726
Korff, Kernenergie und Moraltheologie 597
Kracauer, Das Ornament der Masse 371
– Die Angestellten 13
– Kino 126
Kraus, Magie der Sprache 204
Kroetz, Stücke 259
Krolow, Ein Gedicht entsteht 95
Kücker, Architektur zwischen Kunst und Konsum 309
Kühn, Josephine 587
– Ludwigslust 421
– N 93
– Siam-Siam 187
– Stanislaw der Schweiger 496
Kundera, Abschiedswalzer 591
– Das Leben ist anderswo 377
– Der Scherz 514
Lagercrantz, China-Report 8
Lander, Ein Sommer in der Woche der Itke K. 155
Laqueur, Terrorismus 723
Laxness, Islandglocke 228
le Fanu, Der besessene Baronet 731
le Fort, Die Tochter Jephthas und andere Erzählungen 351
Lem, Astronauten 441
– Der futurologische Kongreß 534
– Der Schnupfen 570
– Die Jagd 302
– Die Untersuchung 435
– Die vollkommene Leere 707
– Imaginäre Größe 658
– Memoiren, gefunden in der Badewanne 508
– Mondnacht 729
– Nacht und Schimmel 356
– Solaris 226
– Sterntagebücher 459
– Summa technologiae 678
– Transfer 324
– Über Stanisław Lem 586
Lenz, Hermann, Andere Tage 461
– Der russische Regenbogen 531
– Der Tintenfisch in der Garage 620
– Die Augen eines Dieners 348
– Neue Zeit 505
– Tagebuch vom Überleben 659
– Verlassene Zimmer 436
Lepenies, Melancholie und Gesellschaft 63
Lese-Erlebnisse 2 458
Leutenegger, Ninive 685
– Vorabend 642
Lévi-Strauss, Rasse und Geschichte 62
– Strukturale Anthropologie 15
Lidz, Das menschliche Leben 162
Link, Das goldene Zeitalter 704
Literatur aus der Schweiz 450
Lovecraft, Cthulhu 29
– Berge des Wahnsinns 220
– Das Ding auf der Schwelle 357
– Die Katzen von Ulthar 625
– Die Stadt ohne Namen 694
– Der Fall Charles Dexter Ward 391
MacLeish, Spiel um Job 422
Mächler, Das Leben Robert Walsers 321
Mädchen am Abhang, Das 630
Machado de Assis, Posthume Erinnerungen 494
Malson, Die wilden Kinder 55
Martinson, Die Nesseln blühen 279
– Der Weg hinaus 281
Mautner, Nestroy 465
Mayer, Außenseiter 736
– Georg Büchner und seine Zeit 58
– Wagner in Bayreuth 480
Materialien zu Hans Mayer, »Außenseiter« 448
Mayröcker. Ein Lesebuch 548
Maximovič, Die Erforschung des Omega Planeten 509
McCall, Jack der Bär 699
McHale, Der ökologische Kontext 90
Melchinger, Geschichte des politischen Theaters 153, 154
Meyer, Die Rückfahrt 578
– Eine entfernte Ähnlichkeit 242
– In Trubschachen 501
Miłosz, Verführtes Denken 278
Minder, Dichter in der Gesellschaft 33
– Kultur und Literatur in Deutschland und Frankreich 397
Mitscherlich, Massenpsychologie ohne Ressentiment 76
– Thesen zur Stadt der Zukunft 10
– Toleranz – Überprüfung eines Begriffs 213
Mitscherlich (Hrsg.), Bis hierher und nicht weiter 239
Molière, Drei Stücke 486
Mommsen, Goethe und 1001 Nacht 674
– Kleists Kampf mit Goethe 513
Morante, Lüge und Zauberei 701
Morselli, Licht am Ende des Tunnels 627
Moser, Gottesvergiftung 533
– Lehrjahre auf der Couch 352
Muschg, Albissers Grund 334
– Entfernte Bekannte 510
– Gegenzauber 665
– Gottfried Keller 617
– Im Sommer des Hasen 263
– Liebesgeschichten 164
– Noch ein Wunsch 735
Myrdal, Asiatisches Drama 634
– Politisches Manifest 40

Nachtigall, Völkerkunde 184
Nizon, Canto 319
– Im Hause enden die Geschichten. Untertauchen 431
Norén, Die Bienenväter 117
Nossack, Das kennt man 336
– Der jüngere Bruder 133
– Die gestohlene Melodie 219
– Nach dem letzten Aufstand 653
– Spirale 50
– Um es kurz zu machen 255
Nossal, Antikörper und Immunität 44
Offenbach, Sonja 688
Olvedi, LSD-Report 38
Onetti, Das kurze Leben 661
Painter, Marcel Proust, 2 Bde. 561
Paus (Hrsg.), Grenzerfahrung Tod 430
Payne, Der große Charlie 569
Pedretti, Harmloses, bitte 558
Penzoldts schönste Erzählungen 216
– Der arme Chatterton 462
– Die Kunst das Leben zu lieben 267
– Die Powenzbande 372
Pfeifer, Hesses weltweite Wirkung 506
Phaïcon 3 443
Phaïcon 4 636
Plenzdorf, Die Legende vom Glück ohne Ende 722
– Die Legende von Paul & Paula 173
– Die neuen Leiden des jungen W. 300
Pleticha (Hrsg.), Lese-Erlebnisse 2 458
Plessner, Diesseits der Utopie 148
– Die Frage nach der Conditio humana 361
– Zwischen Philosophie und Gesellschaft 544
Poe, Der Fall des Hauses Ascher 517
Politzer, Franz Kafka. Der Künstler 433
Portmann, Biologie und Geist 124
– Das Tier als soziales Wesen 444
Prangel (Hrsg.), Materialien zu Döblins »Alexanderplatz« 268
Prinzhorn, Gespräch über Psychoanalyse zwischen Frau, Dichter, Arzt 669
Proust, Briefe zum Leben, 2 Bde. 464
– Briefe zum Werk 404
– Im Schatten junger Mädchenblüte, 2 Bde. 702
– In Swanns Welt 644
Psychoanalyse und Justiz 167
Puig, Der schönste Tango 474
– Verraten von Rita Hayworth 344
Raddatz, Traditionen und Tendenzen 269
– ZEIT-Bibliothek der 100 Bücher 645
– ZEIT-Gespräche 520
Ramos, Karges Leben 667
Rathscheck, Konfliktstoff Arzneimittel 189
Recht, Verbrecher zahlen sich aus 706
Regler, Das große Beispiel 439
– Das Ohr des Malchus 293
Reik (Hrsg.), Der eigene und der fremde Gott 221
Reinisch (Hrsg.), Jenseits der Erkenntnis 418
Reinshagen, Das Frühlingsfest 637
Reiwald, Die Gesellschaft und ihre Verbrecher 130
Riedel, Die Kontrolle des Luftverkehrs 203
Riesman, Wohlstand wofür? 113
– Wohlstand für wen? 114
Rilke, Materialien zu »Cornet« 190
– Materialien zu »Duineser Elegien« 574
– Materialien zu »Malte« 174
– Rilke heute 1 290
– Rilke heute 2 355
Rochefort, Eine Rose für Morrison 575
– Frühling für Anfänger 532
– Kinder unserer Zeit 487
– Mein Mann hat immer recht 428
– Ruhekissen 379
– Zum Glück gehts dem Sommer entgegen 523
Rosei, Landstriche 232
– Wege 311
Roth, Der große Horizont 327
– die autobiographie des albert einstein. Künstel. Der Wille zur Krankheit 230
Rottensteiner (Hrsg.), Blick vom anderen Ufer 359
– Polaris 4 460
– Polaris 5 713
– Quarber Merkur 571
Rüegg, Antike Geisteswelt 619
Rühle, Theater in unserer Zeit 325
Russell, Autobiographie I 22
– Autobiographie II 84
– Autobiographie III 192
– Eroberung des Glücks 389
v. Salis, Rilkes Schweizer Jahre 289
Sames, Die Zukunft der Metalle 157
Sarraute, Zeitalter des Mißtrauens 223
Schäfer, Erziehung im Ernstfall 557
Scheel/Apel, Die Bundeswehr und wir. Zwei Reden 522
Schickel, Große Mauer, Große Methode 314
Schimmang, Der schöne Vogel Phönix 527
Schneider, Der Balkon 455
– Die Hohenzollern 590
– Macht und Gnade 423
Über Reinhold Schneider 504
Schulte (Hrsg.), Spiele und Vorspiele 485
Schultz (Hrsg.), Der Friede und die Unruhestifter 145
– Politik ohne Gewalt? 330
– Wer ist das eigentlich – Gott? 135
Scorza, Trommelwirbel für Rancas 584
Semprun, Der zweite Tod 564
Shaw, Der Aufstand gegen die Ehe 328
– Der Sozialismus und die Natur des Menschen 121
– Die Aussichten des Christentums 18
– Politik für jedermann 643
Simpson, Biologie und Mensch 36
Sperr, Bayrische Trilogie 28
Spiele und Vorspiele 485
Steiner, George, In Blaubarts Burg 77
– Der Tod der Tragödie 662
Steiner, Jörg, Ein Messer für den ehrlichen Finder 583
– Sprache und Schweigen 123
– Strafarbeit 471
Sternberger, Panorama oder Ansichten vom 19. Jahrhundert 179
– Gerechtigkeit für das 19. Jahrhundert 244
– Heinrich Heine und die Abschaffung der Sünde 308
– Über den Tod 719
Stierlin, Adolf Hitler 236
– Das Tun des Einen ist das Tun des Anderen 313
– Eltern und Kinder 618
Stolze, Innenansicht 721
Strausfeld (Hrsg.), Materialien zur lateinamerikanischen Literatur 341
– Aspekte zu Lezama Lima »Paradiso« 482
Strehler, Für ein menschlicheres Theater 417
Strindberg, Ein Lesebuch für die niederen Stände 402
Struck, Die Mutter 489

– Lieben 567
– Trennung 613
Strugatzki, Die Schnecke am Hang 434
– Picknick am Wegesrand 670
Stuckenschmidt, Schöpfer der neuen Musik 183
– Maurice Ravel 353
– Neue Musik 657
Suvin, Poetik der Science Fiction 539
Swoboda, Die Qualität des Lebens 188
Szabó, I. Moses 22 142
Szillard, Die Stimme der Delphine 703
Szczepański, Vor dem unbekannten Tribunal 594
Tendrjakow, Mondfinsternis 717
Terkel, Der Große Krach 23
Timmermans, Pallieter 400
Trocchi, Die Kinder Kains 581
Ueding (Hrsg.), Materialien zu Hans Mayer, »Außenseiter« 448
Ulbrich, Der unsichtbare Kreis 652
Unseld, Hermann Hesse – Eine Werkgeschichte 143
– Begegnungen mit Hermann Hesse 218
– Peter Suhrkamp 260
Unseld (Hrsg.), Wie, warum und zu welchem Ende wurde ich Literaturhistoriker? 60
– Bertolt Brechts Dreigroschenbuch 87
– Zur Aktualität Walter Benjamins 150
– Mein erstes Lese-Erlebnis 250
Unterbrochene Schulstunde. Schriftsteller und Schule 48
Utschick, Die Veränderung der Sehnsucht 566
Vargas Llosa, Das grüne Haus 342
– Die Stadt und die Hunde 622
Vidal, Messias 390
Waggerl, Brot 299
Waley, Lebensweisheit im Alten China 217
Walser, Martin, Das Einhorn 159
– Der Sturz 322
– Die Anselm Kristlein Trilogie, 3 Bde. 684
– Ein fliehendes Pferd 600
– Ein Flugzeug über dem Haus 612
– Gesammelte Stücke 6
– Halbzeit 94
– Jenseits der Liebe 525
Walser, Robert, Briefe 488
– Der »Räuber« – Roman 320
– Poetenleben 388
Über Robert Walser 1 483
Über Robert Walser 2 484
Über Robert Walser 3 556
Weber-Kellermann, Die deutsche Familie 185
Weg der großen Yogis, Der 409
Weill, Ausgewählte Schriften 285
Über Kurt Weill 237
Weischedel, Skeptische Ethik 635
Weiss, Peter, Das Duell 41
Weiß, Ernst, Georg Letham 648
– Rekonvaleszenz 31
Materialien zu Weiss' »Hölderlin« 42
Weissberg-Cybulski, Hexensabbat 369
Weltraumfriseur, Der 631
Wendt, Moderne Dramaturgie 149
Wer ist das eigentlich – Gott? 135
Werner, Fritz, Wortelemente lat.-griech. Fachausdrücke in den biolog. Wissenschaften 64
Wie der Teufel den Professor holte 629
Wiese, Das Gedicht 376
Wilson, Auf dem Weg zum Finnischen Bahnhof 194
Winkler, Menschenkind 705
Wittgenstein, Philosophische Untersuchungen 14
Wolf, Die heiße Luft der Spiele 606
– Pilzer und Pelzer 466
– Punkt ist Punkt 122
Wollseiffen, König Laurin 695
Zeemann, Einübung in Katastrophen 565
Zimmer, Spiel um den Elefanten 519
Zivilmacht Europa – Supermacht oder Partner? 137